天津市“十四五”职业教育规划教材

新编21世纪高等职业教育精品教材 财务会计类

第五版

财务报表分析

主　编／王　娜　梁雪萍
副主编／王　婧　付秀娜　孙一玲
　　　　苏　鹏　刘秋红

中国人民大学出版社
·北京·

图书在版编目（CIP）数据

财务报表分析 / 王娜，梁雪萍主编．-- 5 版．
北京：中国人民大学出版社，2025.9．--（新编 21 世纪高等职业教育精品教材）．-- ISBN 978-7-300-33106-5

Ⅰ．F231.5

中国国家版本馆 CIP 数据核字第 2024ZZ2587 号

天津市“十四五”职业教育规划教材
新编 21 世纪高等职业教育精品教材・财务会计类
财务报表分析（第五版）
主　编　王　娜　梁雪萍
副主编　王　婧　付秀娜　孙一玲　苏　鹏　刘秋红
Caiwu Baobiao Fenxi

出版发行	中国人民大学出版社		
社　　址	北京中关村大街 31 号	**邮政编码**	100080
电　　话	010－62511242（总编室）		010－62511770（质管部）
	010－82501766（邮购部）		010－62514148（门市部）
	010－62511173（发行公司）		010－62515275（盗版举报）
网　　址	http://www.crup.com.cn		
经　　销	新华书店		
印　　刷	北京宏伟双华印刷有限公司	**版　　次**	2013 年 2 月第 1 版
开　　本	787 mm×1092 mm　1/16		2025 年 9 月第 5 版
印　　张	15.5	**印　　次**	2025 年 9 月第 1 次印刷
字　　数	370 000	**定　　价**	48.00 元

前　言

本教材坚持落实立德树人根本任务，将新时代党的创新理论以素养园地、知识链接等形式融入，培育学生经世济民、诚信服务、德法兼修的职业素养，启智润心、培根铸魂。

本教材突出职业教育类型特征，依据财政部发布的政策规定、财务报表分析逻辑框架、1+X证书标准、会计实务大赛知识点打造“三进阶”的“岗课赛证”融通教材体系。布局“财务报表分析认知、财务报表初步阅读与分析、企业短期偿债能力分析、企业长期偿债能力分析、企业盈利能力分析、企业现金流量分析、企业资产营运能力分析、企业发展能力分析、企业综合财务分析、撰写财务报表分析报告”10大模块，构建了“财务分析入门—单项能力分析—综合能力分析—撰写分析报告”四个梯度空间，凝练了构建财务报表分析逻辑框架等典型工作任务，融合了编制公司财务分析报告等场景实例。教材中设置“讨论”、“素养园地”和“知识链接”等栏目，突出“以学生为中心”“做中学，做中教”，旨在培养学生多维度财务分析能力，包括阅读报表技巧的能力，洞察报表质量的判断力，运用财务分析方法和工具的能力，捕捉关键财务信息的能力，为企业经营管理提供有效信息的能力。同时，注意塑造学生“对数据敏感，对数据忠诚，诚信为本，操守为重”的职业素养。

本教材辅以微课视频、在线测试等辅助学生学习，服务教师因材施教的教学方法及教学模式改革。本教材具有以下特色：

1. 践行“立德树人、坚守诚信”育人主线

本教材全面贯彻党的二十大精神，紧扣加快建设教育强国、建设高质量教育体系的教育新要求，深入推进习近平新时代中国特色社会主义思想进教材，落实立德树人根本任务，以“爱国、敬业、诚信”等育人元素为引领，打造一模块一素养主题。例如，在编写素养园地“隐含在盈利指标中的量、质辩证关系”时，引入党的二十大报告中提出的“以高质量发展为主题”“推动经济实现质的有效提升和量的合理增长”，引导学生树立严谨细致、精益求精的工作态度，弘扬劳模精神、劳动精神。全书把坚持诚信、守正创新的职业道德与财务分析的知识体系有机融合，实现教材育人目标。

2. 校企“双元”深度开发，突出学生主体

组建“专任教师+企业大师”双元主编团队，其中，来自中审华会计师事务所（特殊普通合伙）的主编拥有丰富的实践经验和丰硕的研究成果；编写团队拥有注册会计师3名，正高级会计师、全国高端会计人才1名，双师比例达100%。团队成员深耕财务实践，开发反映企业财务场景中真实的财务分析项目和典型的报表分析工作任务，建设模块化、

任务式编排架构。每个模块按照学生的认知规律进行编排，从“学习目标”出发，构建“任务导学—引导案例—任务下达—任务实施—素养提升—效果检验—学习评价”的闭环设计，引导学生主动分析问题、解决问题，进行生评师评，检验学习效果。

3. “三进阶”“四空间”布局教材内容

本教材紧扣大数据与会计专业培养高素质财经人才的目标，以财务分析活动为导向，以工作任务为载体，按照“识记基本技能＋应用核心技能＋拓展实践落地”的“三进阶”岗位能力布局了“财务分析入门—单项能力分析—综合能力分析—撰写分析报告”四个梯度空间，促进学生关键能力螺旋式上升。

4. “岗课赛证”一体化设计，赋能类型职教本质

编者将行业、企业最新标准，1＋X业财一体化标准，初级会计师考试、会计技能大赛赛点融入教材，实现“在校所学即就业所用”，帮助学生增强职业自信，提高取证通过率。

5. “新”“实”相融，推进场景式学习样态

本教材在内容选取上对接财务前沿技术、企业最新业务、学界最新成果，企业导师把财务分析工作搬进教材，保障教材的内容新、业务实，达成工作领域到学习场景的有效转换。

6. 纸数融合迭代，打造智慧教学空间

本教材在前几版的基础上迭代为具有纸数融合特色的第5版，建有“教材＋微课＋MOOC＋SPOC”的个性化教师教和学生学的生态环境。学习者可利用多种主流移动学习终端设备，进行可听、可视、可标记、可注释、可互动的学习。教材在获批天津市“十四五”职业教育规划教材的基础上再次优化，通过配套开发的校级精品在线课程完成教改内容的实时更新，借助数字化技术助推教材向数字化转型。校级精品在线课程网址为 https://mooc1.chaoxing.com/course/80796116.html，学员自行登录即可学习。

本书既可作为高等职业院校、成人高等院校的财经与管理类专业教材，也可作为企事业单位管理人员的参考读物。

本书由天津滨海职业学院王娜、中审华会计师事务所（特殊普通合伙）梁雪萍担任主编，天津滨海职业学院王婧、付秀娜、孙一玲、苏鹏、刘秋红参与编写。具体编写分工如下：王娜编写模块一、模块二、模块三、模块四，梁雪萍、王娜编写模块九，王婧、刘秋红编写模块五，付秀娜、苏鹏编写模块六，付秀娜、刘秋红编写模块七，孙一玲、梁雪萍编写模块八和模块十。王娜编写全书的“素养目标”“素养园地”，并负责本书总体框架设计、大纲的编写、初稿的修订和最后的统稿与定稿。

本书在编写过程中参考了大量相关著作、教材和文献，吸取和借鉴了同行的相关研究成果，在此向有关作者表示衷心的感谢。

由于编者水平有限，书中难免有不当之处，恳请广大读者批评指正。

编　者

目　录

模块一　财务报表分析认知 …… 1

任务一　构建财务报表分析逻辑框架 …… 3

任务二　筛选财务报表分析方法 …… 8

任务三　收集财务报表分析的信息资料 …… 15

模块二　财务报表的初步阅读与分析 …… 32

任务一　初步阅读与分析资产负债表 …… 34

任务二　初步阅读与分析利润表 …… 47

模块三　企业短期偿债能力分析 …… 62

任务一　企业短期偿债能力认知 …… 64

任务二　企业短期偿债能力指标计算与分析 …… 65

模块四　企业长期偿债能力分析 …… 78

任务一　企业长期偿债能力认知 …… 79

任务二　企业长期偿债能力指标计算与分析 …… 82

模块五　企业盈利能力分析 …… 98

任务一　企业盈利能力认知 …… 100

任务二　企业盈利能力指标计算与分析 …… 101

模块六　企业现金流量分析 …… 113

任务一　企业现金流量和现金流量表认知 …… 115

任务二　企业现金流量表结构阅读与分析 …… 117

任务三　企业现金流量质量分析 …… 124

模块七　企业资产营运能力分析 …… 134

任务一　企业资产营运能力认知 …… 136

任务二　企业资产营运能力指标计算与分析 …… 137

模块八　企业发展能力分析 …… 154

任务一　企业发展能力认知 …… 156

任务二　企业发展能力指标计算与分析 …… 158

模块九　企业综合财务分析 …… 170

任务一　企业综合财务分析逻辑框架 …… 172

任务二　企业综合财务分析方法选用 …… 174
模块十　撰写财务报表分析报告 …… 199
任务一　财务报表分析报告逻辑 …… 200
任务二　撰写财务报表分析报告的方法 …… 201

参考文献 …… 242

模块一　财务报表分析认知

学习目标

能力目标

1. 能运用财务报表分析的主体、内容、方法等知识，做好财务分析的全面准备工作；
2. 能收集完整的财务信息资料；
3. 能选用恰当的财务分析方法；
4. 能设计合理的分析步骤，确定准确的分析目的和内容。

知识目标

1. 掌握财务报表分析的方法；
2. 熟悉财务报表分析的意义、内容、原则和步骤；
3. 了解进行财务报表分析需要收集的信息资料及其来源渠道，为全面地进行财务分析做好准备。

素养目标

1. 具备数据挖掘、分析能力；
2. 具备通理论、强技能、讲诚信、善沟通、重协作的职业素养，增强就业自信心；
3. 具备高质量发展理念，精益求精、追求卓越，树立做一名高素质财务人的职业理想。

任务导学

序号	任务	教师活动	学生活动
1	构建财务报表分析逻辑框架	(1) 以“引导案例：分析天津润达惠集团财务分析岗位招聘书”为切入点，指导学生讨论该公司“财务分析岗位职责”，厘清学习目标； (2) 根据引导案例中的“任职资格”，引导学生树立通理论、强技能、讲诚信的职业精神，增强就业自信心； (3) 组织学生研讨财务分析主体、目的及意义，并进行抽查； (4) 组织学生研讨财务分析内容、原则和步骤； (5) 组织学生班内交流。	(1) 倾听教师讲解； (2) 讨论引导案例中的岗位职责和任职资格，明确课程学习目标； (3) 以小组为单位共同研讨财务分析的主体、目的及意义，组内交流； (4) 以小组为单位共同研讨财务分析的内容、原则和步骤； (5) 班内交流。

续表

序号	任务	教师活动	学生活动
2	筛选财务报表分析方法	（1）讲解财务报表分析的方法； （2）组织学生研讨、记忆公式； （3）组织学生班内展示学习成果。	（1）倾听教师讲解； （2）组内研讨报表常用的分析方法； （3）独立计算指标、记忆公式； （4）班内展示学习成果。
3	收集财务报表分析的信息资料	组织学生研讨进行财务分析所需的“四表一注”以及信息来源的渠道。	以小组为单位共同研讨进行财务分析需准备哪些资料，组内交流。
4	综合素养提升	布置训练任务：查找制造业、建筑业、交通运输业、采矿业、批发零售业五个行业中的任意一家上市公司的年报，设计报表分析路径，汇报交流。	5人为一组，确定组长，组织完成训练任务，报告提交至课程平台，进行汇报交流。
5	学习效果检验	在课程平台布置测试内容，完成教师评价并汇总评价结果，发布评价结果。	完成测试，进行自我评价。

引导案例

分析天津润达惠集团财务分析岗位招聘书

一、招聘岗位

财务分析岗

二、岗位目的

1. 财务分析，满足利益相关者的使用需求。

2. 管理分析，满足经营管理层的使用需求。

三、岗位职责

1. 从产量及销售等方面对公司本期的生产经营活动作简单评价并与上年同期水平作对比说明。

2. 将原材料消耗与上期对比，分析增减变化情况，对变化原因做出说明。

3. 将管理费用与销售费用与上年同期对比，分析增减变化情况，并说明变化的原因，对业务费、销售佣金单列分析。

4. 以本期各产品产量大小为依据确定本公司主要产品，分析其销售毛利，并根据具体情况分析降低产品单位成本的可行途径。

5. 分析主要产品利润占利润总额的比例。

6. 分析金额较大的应收账款的形成原因及处理情况，包括催收或上诉的进度。

7. 本期未取得货款的收入占总销售收入的比例，如比例较大，应说明原因。

8. 分析偿债能力、营运能力、盈利能力、发展能力、生产能力等。

9. 季度分析和年度分析应根据各项借款的利息率与资金利润率的对比，分析各项借款的经济性，以作为调整借款渠道和计划的依据之一。

10. 对发生重大变化的有关资产和负债项目做出分析说明。

11. 对其他影响企业效益和财务状况较大的项目和重大事件做出分析说明。
12. 完成上级临时交办的其他工作任务。
四、任职资格
教育水平：专科及以上。
专业要求：财务、会计、金融等经济类专业。
技能要求：熟练使用各种办公软件和各种财务软件。
能力素质要求：具备良好的归纳能力、判断能力和学习能力。
态度要求：具备良好的团队合作精神、敬业精神和责任感，诚信、正直。
资格证书：会计初级资格证、经济类中级以上职称。

思考：

（1）谁需要财务信息？进行财务分析的意义是什么？
（2）财务分析要分析哪些内容，应遵循哪些原则和步骤？
（3）财务分析的方法有哪些？
（4）进行财务分析需要获取哪些信息？
下面，让我们一起来解决这些问题。

任务一　构建财务报表分析逻辑框架

相关知识

财务报表分析是以企业的基本活动为对象，以财务报表为主要信息来源，运用一系列财务指标，对企业的财务状况、经营成果及现金流量加以分析和比较，进而了解企业过去、评价现在、预测未来，以帮助报表使用者改善决策的一种财务活动。

一、财务报表分析的主体

财务报表分析的主体是指“谁”进行财务报表分析。这些报表分析人是与企业利害相关的各个群体，其根据各自的目的，使用各种技术对企业的财务报表中的数据进行分析、比较和解释，据以对企业的经营状况作出判断，进行决策。不同利害关系群体关心企业的目的和侧重点不同，为了从一般目的的财务报表中得到自己感兴趣的信息，他们往往需要根据自己的目的，使用各种技术对财务报表数据进行加工分析。

一般而言，财务报表分析的主体包括投资者、债权人、企业经营者、税务部门和行政监管部门、企业员工和工会组织。概括起来，分为内部分析人和外部分析人。所以，财务报表分析的主体是由各种各样的群体所组成的，不同的分析主体有不同的分析目的。财务报表分析是根据分析目的，有针对性地运用各种分析方法从财务报表中提炼有用的信息。

二、财务报表分析的目的

（一）投资者分析财务报表的目的

投资者是指将款项、产权或实物投入某项目或组织，参与管理和分享利益的法人或自然人。根据企业组织形式的不同，投资者分为企业业主、合伙人和股东；根据是否已经实际投资企业，投资者分为现有的投资者和潜在的投资者。不论是哪一类投资者，他们都关心投入企业资本的保值增值问题，而在现代企业制度的所有权与经营权分离的治理方式下，他们更多地是通过阅读财务报表来评价经营者的业绩。其分析的目的在于了解股东权益的变化及股东权益是否受到伤害，企业的财务成果及盈利能力，企业的财务状况及偿债能力，企业的经营状况及经营能力。

（二）债权人分析财务报表的目的

债权人是指那些对企业提供需偿还的融资的机构或个人，包括给企业提供贷款的机构或个人（贷款债权人）和以出售货物或劳务形式提供短期融资的机构或个人（商业债权人）。债权人向企业提供资金的方式尽管有所不同，但这些债权因为契约签订而具有法律约束力。

贷款债权人向企业提供融资服务，并得到企业的承诺——在未来的特定日期偿还借款并支付利息。贷款债权人在决定是否授予企业信用之前，必须通过审阅债务人的财务报表来评判其偿债能力。贷款债权人最关心的是债权的安全，包括贷款到期的收回和利息的偿付。因此，他们分析财务报表的目的是了解企业的获利能力和现金流量，以及有无其他需要到期偿还的贷款。

商业债权人在向企业提供商品或服务时，往往为了扩大销售量而允许企业在一个合理的期限内延期付款。这个期限根据行业惯例确定。为了尽早收回款项，商业债权人可以为企业提供现金折扣，如果企业延期还款，商业债权人经常得不到延期的利息。商业债权人的利润直接来源于销售的毛利，而不是借款的利息。他们最关心的是企业准时偿还贷款的能力，因此，他们分析财务报表的目的是了解企业的短期偿债能力，其指标包括流动比率、速动比率、现金比率。

企业债权人根据企业借款期限的不同，可以分为长期债权人和短期债权人，其对反映企业财务状况的财务信息的关注点有差异。一般地，短期债权人主要关心企业的短期偿债能力等近期财务状况而不是长期财务状况；长期债权人则相反，更关注决定企业长期偿债能力的长期财务状况。不论是长期债权人还是短期债权人，都需要对企业财务报表进行深入、细致的分析研究。

（三）企业经营者分析财务报表的目的

经营者是指被所有者聘用的、对企业资产和负债进行管理的人。经营者为了改善经营管理，促进企业发展壮大，关心企业的盈利能力、成长能力、财务实力、利润分配和资本状况、现金流量等情况。他们管理企业，要随时根据变化的情况调整企业的经营，而财务分析是他们监控企业营运的有力工具之一。他们可以根据需要随时获取各种会计信息和其他数据，因而能全面地、连续地进行财务报表分析。

经营者可以获取外部使用人无法得到的内部信息。但是，他们对于公开财务报表的重视程度并不低于外部使用人。由于存在被解雇的威胁，他们不得不从外部使用人（债权人和权益投资者）的角度看待企业。他们通过财务报表分析，发现有价值的线索，设法改善业绩，使得财务报表能让投资者和债权人满意。他们分析财务报表的主要目的是改善财务报表。

（四）监管部门分析财务报表的目的

政府机构也是企业财务报表的使用人，包括税务部门、国有企业的管理部门、证券监管机构、会计监管机构和社会保障部门等，它们使用财务报表是为了履行自己的监督管理职责。

我国的政府机构既是财务报表编制规范的制定者，又是会计信息的使用者。税务部门通过财务报表分析，可以审查企业纳税申报数据的合法性；国有企业的管理部门通过财务报表分析，可以评价国有企业政策的合理性；证券监管机构通过财务报表分析，可以评价上市公司遵守政府规章和市场秩序的情况；会计监管机构通过财务报表分析，可以审查企业遵守会计法规、财务报表编制规范的情况；社会保障部门通过财务报表分析，可以评价职工的收入和就业情况。

（五）企业员工及社会其他人士分析财务报表的目的

企业员工分布于公司的不同岗位，履行不同的职责，个体素质千差万别，与企业共存亡。他们主要从自身利益出发，关心工资、保险、福利等待遇问题，而这些都与企业的盈利性和财务实力息息相关，这就是他们分析财务报表的目的。社会其他人士包括中介机构、审计人员、咨询人员、供应商、客户。审计人员通过财务分析可以确定审计的重点，财务分析领域的逐渐扩展与咨询业的发展有关，在一些国家，“财务分析师”已经成为专门的职业，他们为各类报表使用人提供专业咨询。供应商为决定是否建立长期合作关系，需要分析公司长期盈利能力和偿债能力；为决定信用政策，需要分析公司短期偿债能力。客户为决定是否与公司建立长期合作关系，需要分析公司持续供货能力和售后服务能力。

?讨论　上述财务报表分析者哪些是内部分析人？哪些是外部分析人？其分析报表的侧重点是什么？

三、财务报表分析的意义

财务报表是企业信息披露的核心，也是分析企业基本面的最重要资料，它能够全面反映企业的财务状况、经营成果和现金流量情况。但是，财务报表上的数据还不能直接或全面地说明企业的财务状况，特别是不能说明企业经营状况的好坏和经营成果的大小，只有将企业的财务指标与有关的数据进行比较，才能说明企业财务状况所处的地位，因此，要进行财务报表分析。

做好财务报表分析工作，可以正确评价企业的财务状况、经营成果和现金流量情况，揭示企业未来的报酬和风险；可以判断企业的偿债能力，建立良好的信用关系；可以检查企业预算完成情况，考核经营管理人员的业绩，为建立健全合理的激励机制提供帮助。

四、财务报表分析的内容

由于财务报表使用者与企业的利害关系不同，因此在进行报表分析时有各自的侧重点，但综合起来主要有以下内容。

（一）短期偿债能力分析

短期偿债能力是指企业以流动资产偿还流动负债的现金保障程度。它主要取决于流动资产和流动负债的比例关系，以及流动资产的变现能力。

（二）长期偿债能力分析

长期偿债能力是指企业偿还长期债务本金和支付长期债务利息的现金保障程度。它既与资本结构有关，又与公司的收益能力有关。

（三）盈利能力分析

盈利能力是指运用资产赚取利润的能力。它主要取决于利润与获取利润的资产或销售收入的比例关系。

（四）现金流量分析

现金是企业的血液，有充足的现金是保证企业良性循环的基础。现金一方面不断流入企业，另一方面又不断流出企业，对现金流动状况进行分析，可以了解企业在经营、投资、筹资活动中产生或消耗现金的程度，从而对利润的质量做出判断。

（五）资产营运能力分析

资产营运能力是指企业资产营运产生的经营效果。它主要取决于资产利用的有效性和充分性。资产的营运能力强，企业的偿债能力和获利能力就强；反之，企业的偿债能力和获利能力就弱。

通过资产营运能力分析，发现并改进企业经营过程中对各项资产的利用状况，从而为提高企业盈利能力和核心竞争力打下良好的基础。

（六）发展能力分析

企业的发展能力，也称企业的成长性，它是企业通过自身的生产经营活动，不断扩大积累而形成的发展潜能。企业能否健康发展取决于多种因素，包括外部经营环境、企业内在素质及资源条件等。衡量发展能力的核心指标是企业价值增长率。

总之，财务报表分析总是针对特定目的的。每个分析人收集与特定目的有关的各种资料，予以适当组织，以显示各项资料的相关联系，然后解释其结果，以达到特定的目的。

五、财务报表分析的原则

不管报表分析者出于什么目的，分析时都应遵循一定的原则，这有助于分析者准确地从报表中发现可能存在的问题和风险，以便及时加以处置和防范。

（一）实事求是原则

要从实际出发，坚持实事求是，反对主观臆断、结论先行、搞数字游戏。

报表分析者，尤其是专业分析人员，不能为达到既定目的而利用数据拼凑理由，所有结论都应该是在系统地进行报表分析之后得出的。一切为了粉饰业绩或操纵股价而歪曲财务数据的行为都是不道德的。

（二）系统分析原则

报表分析者应注重事物的联系，坚持全面地看问题，反对孤立地看问题。要注意局部与全局的关系、偿债能力与盈利能力的关系、报酬与风险的关系，从总体上把握企业的状况。分析时要有层次地展开，逐步深入，不能仅仅根据一个指标的高低就做出结论。

（三）动态分析原则

要发展地看问题，反对静止地看问题。要注意过去、现在和未来之间的关系。财务报表本身是“过去”业务的综合反映，人们的决策是关于未来的。未来不会是历史的重演，但却是历史的延续。过去可以告诉未来许多有用的东西。

（四）定量分析与定性分析结合原则

定性的判断和定量的计算同样重要，定性分析是基础和前提，没有定性分析就弄不清本质、趋势和与其他事物的联系。定量分析是工具和手段，没有定量分析就弄不清数量界限、阶段性和特殊性。财务报表分析要透过数字看本质，没有数字就得不出结论。

（五）成本效益原则

要把最大的成本应用于能取得最大收益的地方。报表分析者应当注意：所要分析解决的问题是否具有足够的重要性，值得花费的代价有多大；对于所需的结果，分析数据是否需要非常精确等。

六、财务报表分析的步骤

财务报表分析的步骤如图 1－1 所示。

? 讨论　遵循财务报表分析的原则和步骤的重要性是什么？

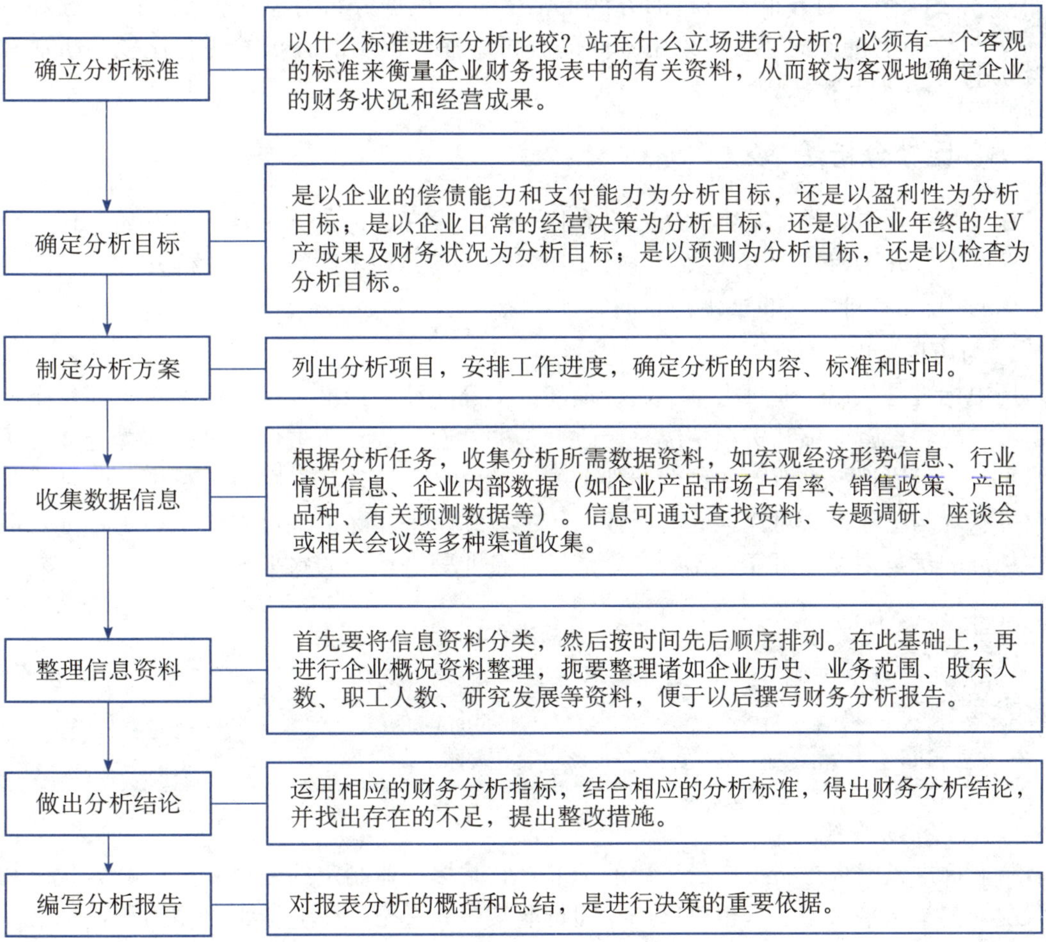

图 1－1　财务报表分析的步骤

素养园地 **做一名合格的财务人**

财务报表就像企业的“听诊器”，在数据背后隐含着企业经营状况与潜在的风险。在数智化时代，财务人员不仅要具备精湛的专业技能，能写会算，思维敏捷，善于沟通，有高度的责任心和崇高的使命感，还要具备跨界学习能力，运用数字技术赋能财务决策，助力企业高质量发展。大学生要为此目标立大志、明大德、担大任。正如习近平总书记在纪念五四运动100周年大会上发表重要讲话时指出的：青年志存高远，就能激发奋进潜力，青春岁月就不会像无舵之舟漂泊不定。正所谓“立志而圣则圣矣，立志而贤则贤矣”。

任务二 筛选财务报表分析方法

财务报表分析方法

相关知识

财务报表分析的方法灵活多样。根据分析对象、企业实际情况和分析者的不同，可以采用不同的分析方法。常用的分析方法有比较分析法和因素分析法。

一、比较分析法

比较是认识事物的最基本方法，没有比较，就没有鉴别，分析就无法开始。比较分析法是对两个或几个有关的可比数据进行对比，揭示差异和矛盾的一种分析方法。

（一）按比较对象（和谁比）分类

1. 与历史标准比较

历史标准是指以企业过去某一会计期间的实际业绩为标准。这种标准对于评价企业自身财务状况、经营业绩和资金情况是否改善是非常有益的。历史标准可以选择企业历史最高水平，也可以选择企业正常经营条件下的业绩水平。另外，在财务分析中，经常将本年的财务状况与上年进行对比，此时企业上年的业绩水平实际上也可看作是历史标准。应用历史标准的优点主要是可靠性比较高，能反映企业曾经达到的水平。

提 示 **历史标准的不足**

运用历史标准可能引起企业“故步自封”或者“夜郎自大”，既有可能脱离企业战略要求，丧失挑战性，又有可能使企业落后于同行业的竞争对手。因此，财务报表使用者除了应用历史标准，还可以应用其他财务分析标准。

2. 与行业标准比较

行业标准是财务分析中广泛采用的标准，它是按行业制定的能反映行业财务状况和经营状况的基本水平。当然，也可以选择同行业某一先进企业的业绩水平作为行业标准。企业在报表分析中运用行业标准，可说明企业在行业中所处的地位与水平。

提　示　　**运用行业标准的三个限制条件**

第一，同行业内的两个企业并不一定是可比的。例如，同是石油行业的两个企业，一个是从市场购买原油生产石油产品，另一个则是融开采、生产、提炼及销售石油产品为一体，这两个企业的经营就是不可比的。

第二，一些大的企业往往跨行业经营，企业的不同经营业务可能有着不同的盈利水平和风险程度，这时用行业统一标准进行评价显然是不合适的。解决这一问题的方法是将企业经营的不同业务的资产、收入、费用、利润等分项报告。

第三，运用行业标准还受不同企业采用的不同会计政策、会计估计方法的限制。同行业企业如果采用不同的会计政策、会计估计方法，会影响评价的准确性，例如，由于存货发出的计价方法不同，不仅可能影响存货的价值，而且可能影响成本的水平。

因此，在采用行业标准时，要注意这些限制。

?讨论　财务报表使用者获得行业标准的途径有哪些?

3. 与预算标准比较

预算就是企业在一定的时期内（一般为一年或一个既定期间内）的各项业务活动、财务表现等方面的总体的数量说明。它包括生产经营预算、资本性支出预算和财务预算。把分析期的实际数与预算数比较，那么预算数就是比较的标准，其差距反映完成预算的程度。这种比较的主要作用是说明计划的完成情况，为进一步提高和挖掘企业的潜力提供依据。

值得注意的是，预算是预算期前编制并获得通过的，未来环境的变化会影响预算的执行效果，所以在比较时应考虑多方面的因素。

（二）按比较内容（比什么）分类

1. 比较会计要素的总量指标

总量是指财务报表某个项目的金额总量，如总资产、总负债、净资产、总收入、净利润等。总量比较主要用于时间序列分析，如研究利润的逐年变化趋势，看其增长潜力。有时也用于同业对比，看公司的相对规模和竞争地位，如比较不同企业之间的总资产和净利润。

2. 比较结构百分比指标

结构百分比分析，是把常规的财务报表换算成结构百分比报表，然后逐项比较不同年份的报表，查明某一特定项目在不同年度间百分比的差额。

同一报表中不同项目的结构分析的计算公式为：

$$结构百分比=\frac{部分}{总体}\times 100\%$$

通常，利润表的“总体”是“营业收入”，资产负债表的“总体”是“总资产”。

【例 1-1】　甲公司的利润表结构百分比如表 1-1 所示。

要求：分析甲公司的期间费用和净利润。

表 1-1　利润表结构百分比

编制单位：甲公司　　　　　　　　　　　　　　　　　　　　单位：元

项目	2024 年		2023 年	
	金额	百分比(%)	金额	百分比(%)
一、营业收入	4 000 000	100	3 885 000	100
减：营业成本	3 320 000	83	3 234 651	83.26
税金及附加	111 200	2.78	108 003	2.78
销售费用	200 000	5	174 825	4.50
管理费用	120 000	3	108 780	2.80
研发费用				
财务费用	80 000	2		
资产减值损失				
加：其他收益				
投资收益（损失以“一”号填列）	128 800	3.22	116 550	3.00
公允价值变动收益（损失以“一”号填列）				
资产处置收益（损失以“一”号填列）				
二、营业利润（亏损以“一”号填列）	297 600	7.44	375 291	9.66
加：营业外收入	48 000	1.2	34 965	0.90
减：营业外支出	32 000	0.8	38 850	1.00
三、利润总额（亏损总额以“一”号填列）	313 600	7.84	371 406	9.56
减：所得税费用	134 000	3.35	126 262.5	3.25
四、净利润（净亏损以“一”号填列）	179 600	4.49	245 143.5	6.31
五、综合收益总额	179 600	4.49	245 143.5	6.31
六、每股收益				

解：

从甲公司的利润表结构百分比中可以看出，销售费用、管理费用、财务费用三大期间费用有所上升，净利润有所下降。

3. 比较财务比率指标

财务比率是用倍数或比例表示的分数式，它反映各会计要素的相互关系和内在联系，代表了企业某一方面的特征、属性或能力。主营业务收入与资产总额的比率称为总资产周转率，它说明企业的总资产在一定时期内（通常为一年）周转的次数，该指标数值越大，说明企业资产运用效率越高。

比较分析法的主要作用在于揭示客观存在的差距以及形成这种差距的原因，帮助人们发现问题，挖掘潜力，改进工作。比较分析法是各种分析方法的基础，不仅报表中的绝对数要通过比较才能说明问题，计算出来的财务比率和结构百分数也都要与有关资料（比较标准）进行对比，这样才能得出有意义的结论。

提　示　**财务比率的比较是最重要的比较**

财务比率指标是相对数，排除了规模的影响，使不同比较对象建立起可比性，因此广泛用于历史比较、同业比较和预算比较。

二、因素分析法

因素分析法是依据财务指标与其驱动因素之间的关系，从数量上确定各因素对指标影响程度的一种方法。

（一）比率因素分解法

比率因素分解法是把一个财务比率分解为若干个影响因素进行分析的方法。例如，资产净利率可以分解为总资产周转率和销售净利率两个比率的乘积。财务比率是财务报表分析的特有概念，财务比率分解是财务报表分析所特有的方法。企业的偿债能力、获利能力等是用财务比率评价的，对这些能力的分析必须通过财务比率的分解来完成。

（二）差异因素分解法

为了解释比较分析中形成差异的原因，需要使用差异因素分解法。例如，产品所耗材料费用差异可以分解为产量差异、单耗差异和单价差异。

差异因素分解法可分为连环替代法、差额分析法和定基替代法。

1. 连环替代法

连环替代法是根据因素之间的内在依存关系，依次测定各因素变动对经济指标差异影响的一种分析方法。连环替代法的主要作用在于分析综合经济指标变动的原因及各因素的影响程度。

连环替代法的程序如下：

（1）将要分析的某项经济指标分解为若干个因素的乘积。

（2）计算经济指标的实际数与基期数（如计划数、上期数等），从而形成两个指标体系。

（3）确定各因素的替代顺序。替代的顺序一般是先替代数量指标，后替代质量指标；先替代实物量指标，后替代货币量指标；先替代主要指标，后替代次要指标。

（4）计算替代指标。其方法是以基期数为基础，用实际指标体系中的各个因素逐步顺序地替换。每次替换后，实际数保留下来，有几个因素就替换几次，就可以得出几个指标。在替换时要注意替换顺序，应采取连环的方式，不能间断，否则，计算出来的各因素的影响程度之和，就不能与经济指标实际数与基期数的差异额（即分析对象）相等。

（5）计算各因素变动对经济指标的影响程度。其方法是将每次替代所得到的结果与这一因素替代前的结果进行比较。

（6）将各因素变动对经济指标影响程度的数额相加，得出的数额应与该项经济指标实际数与基期数的差额（即分析对象）相等。

【例 1-2】　某公司生产甲产品，有关材料消耗的计划和实际资料如表 1-2 所示。

表 1-2　材料消耗的计划和实际资料

项目	标准	实际
产量（件）	200	210
单位产品材料消耗量（千克）	40	36
材料单价（元）	10	12
材料消耗总额（元）	80 000	90 720

要求：运用连环替代法分析甲产品材料消耗总额的差异原因。

解：

计算过程如下：

材料消耗总额的差异数＝90 720－80 000＝10 720（元）

计划材料消耗总额＝200×40×10＝80 000（元）

第一次替代：

以实际产量替代计划产量＝210×40×10＝840 00（元）

第二次替代：

以实际单耗替代计划单耗＝210×36×10＝75 600（元）

第三次替代：

以实际单价替代计划单价＝210×36×12＝90 720（元）

产量变动对差异的影响数＝84 000－80 000＝4 000（元）

单耗变动对差异的影响数＝75 600－84 000＝－8 400（元）

单价变动对差异的影响数＝90 720－75 600＝15 120（元）

汇总各因素总影响＝4 000－8 400＋15 120＝10 720（元）

这种分析方法得出的差异之和（10 720）等于总差异（10 720）。连环替代法便于将全部差异分配给不同的责任人，也便于核对计算的正确性。

2. 差额分析法

差额分析法直接利用各因素的预算（计划）与实际的差异来按顺序计算，确定其变动对分析对象的影响程度。它是由连环替代法简化而成的一种分析方法的特殊形式，是利用各个因素的比较值与基准值之间的差额来计算各因素对分析指标的影响。它通过分析财务报表中有关项目的绝对数值的大小，判断公司的财务状况和经营成果。连环替代法和差额分析法得出的结论是一致的。

【例 1-3】　承例 1-2 资料。

要求：运用差额分析法，分析甲产品材料消耗总额的差异原因。

解：

计算过程如下：

产量增加对材料费用的影响＝(210－200)×40×10＝4 000（元）

材料单耗变动对材料费用的影响＝210×(36－40)×10＝－8 400（元）

材料单价变动对材料费用的影响＝210×36×(12－10)＝15 120（元）

各因素变动对材料费用的影响＝4 000－8 400＋15 120＝10 720（元）

两种方法的计算结果相同，但采用差额分析法显然要比连环替代法简化得多。

3. 定基替代法

定基替代法是测定比较差异成因的一种定量方法。按照这种方法，需要分别用标准值（历史的、同业企业的或预算的标准）替代实际值，以测定各因素对财务指标的影响。计算公式为：

数量差异＝实际价格×(实际数量－标准数量)

价格差异＝实际数量×(实际价格－标准价格)

成本总差异＝数量差异＋价格差异

【例 1－4】 承例 1－2 资料。

要求：运用定基替代法分析甲产品材料消耗总额的差异原因。

解：

计算过程如下：

直接材料数量差异＝12×(210×36－200×40)＝－5 280（元）

直接材料价格差异＝210×36×(12－10)＝15 120（元）

直接材料成本总差异＝15 120－5 280＝9 840（元）

这种分析方法得出的差异是纯粹的数量差异和价格差异，但两种差异之和（9 840）不一定等于总差异（10 720）。另外的 880 元差异是由数量和价格共同作用形成的“混合差异”，无法分配给特定的责任人。

? 讨论　连环替代法和定基替代法在使用中有什么区别？

知识链接

理想财务报表

理想财务报表是根据标准财务比率和企业规模确定的财务报表，它代表企业理想的财务状况，为报表分析提供了更方便的依据。

1. 理想资产负债表

理想资产负债表的百分比结构来自行业平均水平，同时需要进行必要的推理分析和调整。表 1－3 是以百分比表示的理想资产负债表。

表 1－3　理想资产负债表

编制单位：利达公司

项目	理想比率	项目	理想比率
流动资产	60%	负债	40%
速动资产	30%	流动负债	30%
盘存资产	30%	长期负债	10%
固定资产	40%	所有者权益	60%
		实收资本	20%
		公积金	30%
		未分配利润	10%
总计	100%	总计	100%

表 1－3 中的比例数据按如下过程确定：

(1) 资产总计为 100%，根据资产负债率确定负债百分率和所有者权益百分率。通常认为，负债应小于自有资本，这样的企业在经济环境恶化时能保持稳定。但是过小的负债率，会使企业失去经济繁荣时期获取额外利润的机会。一般认为，自有资本占 60%、负债占 40%是比较理想的。这个比率会因国家、历史时期和行业的不同而不同。

(2) 确定固定资产占总资产的百分率。通常，固定资产的数额应小于自有资本，以占自有资本的 2/3 为宜。

(3) 确定流动资产的百分率。一般认为流动比率以 2 为宜，那么在流动资产占 60%的情况下，流动负债是其一半占 30%，因此在总负债占 40%、流动负债占 30%时，长期负债占 10%。

(4) 确定所有者权益的内部百分比结构，其基本要求是实收资本应小于各项积累，以积累为投入资本的 2 倍为宜。这种比例可以减少分红的压力，使企业有可能重视长远的发展，每股净资产达到 3 元左右，可在股市上树立良好的企业形象。因此，实收资本为所有者权益（60%）的 1/3 即 20%，公积金和未分配利润是所有者权益（60%）的 2/3 即 40%。至于公积金和未分配利润之间的比例，并非十分重要，因为未分配利润的数字经常变化。

(5) 确定流动资产的内部结构。一般认为速动比率以 1 为宜，因此，速动资产占总资产的比率与流动负债相同，也为 30%，则盘存资产（主要是存货）亦占总资产的 30%，后者也符合存货占流动资产一半的情况。

在确定了以百分率表示的理想资产负债表后，可以根据具体企业的资产总额建立绝对数的理想资产负债表。然后再将企业报告期的实际资料与之进行比较分析，以判断企业财务状况的优劣。

2. 理想利润表

理想利润表的百分率以销售收入为基础。一般来讲，毛利率因行业而异。周转快的企业奉行薄利多销的方针，毛利率低；周转慢的企业将毛利率定得比较高。实际上，每个行业都有一个自然形成的毛利率水平。表 1－4 是以百分比表示的理想利润表。

表 1－4　理想利润表

编制单位：利达公司

项目	理想比率
营业收入	100%
营业成本	75%
毛利	25%
期间费用	13%
营业利润	12%
营业外收支净额	1%
税前利润	11%
所得税	6%
净利润	5%

假设利达公司所在行业的毛利率为25%，则销售成本为75%。在毛利当中，可用于期间费用的约占一半，也可以稍多一点，在本例中按13%处理，余下的12%是营业利润。营业外收支净额的数量不大，本例按1%处理。虽然所得税税率为25%，但是由于纳税调整等原因，实际负担在一半左右，多数还可能超过一半，故本例按税前利润（11%）的一半多一点处理，定为6%，这样，余下的税后利润为5%。在确定了以百分比表示的理想利润表之后，就可以根据企业某期间的销售收入数额来设计绝对数额表示的理想利润表，然后再与企业的实际利润表进行比较，以判断其优劣。

任务三 收集财务报表分析的信息资料

相关知识

财务报表分析使用的主要资料是对外发布的财务报告，但财务报告不是财务分析唯一的信息来源。公司还以各种形式发布补充信息，分析时经常需要查阅这些补充来源的信息。

一、信息资料内容

（一）财务报告

财务报告是上市公司信息披露制度中定期报告的重要组成部分，是反映企业一定时期或时点上财务状况、经营成果和现金流量的书面文件，包括基本财务报表和财务报表附注。企业基本财务报表包括资产负债表、利润表、现金流量表、所有者权益变动表及财务报表附注。

1. 资产负债表

资产负债表是反映企业在某一特定日期（如年末、季末、月末等）全部资产、负债和所有者权益等财务状况的报表。

资产负债表的基本结构是以“资产＝负债＋所有者权益”这一会计平衡公式为理论基础的。等式的左方是企业的资产，即企业在商品经营活动中持有的各项经济资源。等式的右方是企业的投资者（债权人、股权人）投入企业的资金及企业留利部分。整张报表反映的是企业持有的各项经济资源及其产权归属的对照关系，不论企业资金运动处于何种状态，这种平衡的对照关系始终存在。

资产负债表分为左、右两方。左方的项目分为五大类：流动资产、长期投资、固定资产、无形及递延资产、其他长期资产。它是根据资产变现能力的顺序排列的。流动资产中的货币资金本身就是可用于支付的现金或银行存款，排在首位。之后是变现能力较强，在一年内或一个营业周期内可以变现的各种流动资产。长期投资、固定资产、无形及递延资产、其他长期资产等长期资产不容易变为现金，排在后面。按变现先后排列资产项目，可以反映企业的支付能力状况，与该表右方项目联系起来，可以看出企业的偿债能力。资产负债表的右方项目分为四大类：流动负债、长期负债、递延税项、所有者权益。右方项目是按照需要偿还的先后顺序排列的。短期借款等需要在一年内或一个营业周期内偿还的流动负债排在前面。在一年以上或一个营业周期以上偿还的长期负债排在中间。在企业解散之前不需要偿还的所有者权益排在后面。按需要偿还的先后顺序排列，可以反映企业各种债务需要偿还的时间性，联系该表左方可以看出企业的偿债能力。资产负债表的基本格式如表1-5所示。

表1-5 资产负债表

编制单位： 年 月 日 单位：元

资产	期末余额	年初余额	负债和所有者权益（或股东权益）	期末余额	年初余额
流动资产：			流动负债：		
货币资金			短期借款		
交易性金融资产			交易性金融负债		
衍生金融资产			衍生金融负债		
应收票据			应付票据		
应收账款			应付账款		
应收款项融资			预收款项		
预付款项			合同负债		
其他应收款			应付职工薪酬		
存货			应交税费		
合同资产			其他应付款		
持有待售资产			持有待售负债		
一年内到期的非流动资产			一年内到期的非流动负债		
其他流动资产			其他流动负债		
流动资产合计			流动负债合计		
非流动资产：			非流动负债：		
债权投资			长期借款		
其他债权投资			应付债券		
长期应收款			其中：优先股		
长期股权投资			永续债		
其他权益工具投资			租赁负债		
其他非流动金融资产			长期应付款		
投资性房地产			预计负债		
固定资产			递延收益		
在建工程			递延所得税负债		
生产性生物资产			其他非流动负债		
油气资产			非流动负债合计		
使用权资产			负债合计		
无形资产			所有者权益（或股东权益）：		
开发支出			实收资本（或股本）		
商誉			其他权益工具		

续表

资产	期末余额	年初余额	负债和所有者权益（或股东权益）	期末余额	年初余额
长期待摊费用			其中：优先股		
递延所得税资产			永续债		
其他非流动资产			资本公积		
非流动资产合计			减：库存股		
			其他综合收益		
			专项储备		
			盈余公积		
			未分配利润		
			所有者权益（或股东权益）合计		
资产总计			负债和所有者权益（或股东权益）总计		

注：此报表格式适用于已执行新金融准则、新收入准则和新租赁准则的企业。

资产负债表的附表有资产减值准备明细表、所有者权益（或股东权益）增减变动表、应交增值税明细表。其具体内容如下：

资产减值准备明细表是反映企业各项资产减值准备增减变动情况的报表。本表按照资产减值准备的类别，分别设立八类项目：坏账准备、短期投资跌价准备、存货跌价准备、长期投资减值准备、固定资产减值准备、无形资产减值准备、在建工程减值准备、委托贷款减值准备。企业应当定期或至少于每年年度终了对各项资产进行全面检查，并根据谨慎性原则的要求，合理地估计各项资产可能发生的损失，对可能发生的各项资产损失计提资产减值准备。编制资产减值准备明细表的目的是全面反映企业资产减值准备情况，为会计报表使用者提供深入分析企业资产减值情况及对企业未来发展前景进行预测的有用信息。

所有者权益（或股东权益）增减变动表是反映企业年末所有者权益（或股东权益）增减变动情况的报表。所有者权益（或股东权益）增减变动表各项目应根据“实收资本（或股本）”“资本公积”“盈余公积”“利润分配”账户的发生额分析填列。股东权益增减变动表便于会计信息使用者深入分析企业股东权益的增减变化情况，进而对企业的资本保值增值情况作出正确判断，从而提供对决策有用的信息。

应交增值税明细表是反映企业一定时期内应交增值税和未交增值税情况的报表，按月编制。通过该表可以了解企业期初未抵扣的数额、当期发生的销项税额、当期抵扣情况和未交增值税数额。

2. 利润表

利润表也称损益表，是反映企业在一定期间的经营成果的报表。利润表的理论基础是“收入－费用＝利润（或亏损）”。利润表的基本格式如表 1－6 所示。创造利润离不开企业的基本活动，形成利润的各项要素与企业的基本活动的关系如表 1－7 所示。

表 1-6　利润表

编制单位：　　　　　　　　年　月　　　　　　　　单位：元

项目	本期金额	上期金额
一、营业收入		
减：营业成本		
税金及附加		
销售费用		
管理费用		
研发费用		
财务费用		
其中：利息费用		
利息收入		
加：其他收益		
投资收益（损失以“—”号填列）		
其中：对联营企业和合营企业的投资收益		
以摊余成本计量的金融资产终止确认收益（损失以“—”号填列）		
净敞口套期收益（损失以“—”号填列）		
公允价值变动收益（损失以“—”号填列）		
信用减值损失（损失以“—”号填列）		
资产减值损失（损失以“—”号填列）		
资产处置收益（损失以“—”号填列）		
二、营业利润（亏损以“—”号填列）		
加：营业外收入		
减：营业外支出		
三、利润总额（亏损总额以“—”号填列）		
减：所得税费用		
四、净利润（净亏损以“—”号填列）		
（一）持续经营净利润（净亏损以“—”号填列）		
（二）终止经营净利润（净亏损以“—”号填列）		
五、其他综合收益的税后净额		
（一）不能重分类进损益的其他综合收益		
1. 重新计量设定受益计划变动额		
2. 权益法下不能转损益的其他综合收益		
3. 其他权益工具投资公允价值变动		
4. 企业自身风险公允价值变动		
……		
（二）将重分类进损益的其他综合收益		
1. 权益法下可转损益的其他综合收益		

续表

项目	本期金额	上期金额
2. 其他债权投资公允价值变动		
3. 金融资产重分类计入其他综合收益的金额		
4. 其他债权投资信用减值准备		
5. 现金流量套期储备		
6. 外币财务报表折算差额		
……		
六、综合收益总额		
七、每股收益		
（一）基本每股收益		
（二）稀释每股收益		

注：此报表格式用于已执行新收入准则和新租赁准则的企业。

表 1-7　利润表与企业的基本活动

编制单位：　　　　　　　　　　　　　　　　　　　　　　单位：元

项目	企业的基本活动
一、营业收入	经营活动收入
减：营业成本	经营活动费用
税金及附加	经营活动费用
销售费用	经营活动费用
管理费用	经营活动费用
研发费用	经营活动费用
财务费用	筹资活动费用（债权人所得）
加：其他收益	政府补助收入
投资收益（损失以“－”号填列）	投资活动收益（损失）
公允价值变动收益	全部经营活动利润
息税前利润（报表中未列示）	非经营活动损失
信用减值损失	投资活动收益（损失）
资产减值损失	全部经营活动利润（已扣债权人利息）
资产处置收益（损失以“－”号填列）	非经营活动收益
二、营业利润（亏损以“－”号填列）	非经营活动损失
加：营业外收入	未扣除政府所得的净利润
减：营业外支出	政府所得
三、利润总额（亏损总额以“－”号填列）	扣除政府所得的净利润
减：所得税费用	投资活动收益扣除所得税后的净收益
四、净利润（净亏损以“－”号填列）	全部活动净利润（投资者所得）
五、其他综合收益的税后净额	
六、综合收益总额	

利润表以“营业利润”为分界，上半部分反映三大基本活动，下半部分反映非经营活动。经营活动部分应当是企业最主要的获利来源，三项期间费用是利润的减少因素。在这里把“财务费用”作为筹资活动费用，现金流量表中“筹资活动的现金支出”指利息支出，两者概念一致。息税前利润是指支付利息和所得税之前的利润，反映全部经营活动利润。无论企业营业利润多少，债务利息都是固定不变的。当息税前利润增大时，每一元盈余所负担的固定财务费用就会相对减少，这能给普通股股东带来更多的盈余。

提示　经营活动损益与非经营活动损益的区分非常重要

经营活动损益是正常的、有目的的经营活动的产物，与企业经营管理的水平密切相关，可以反映企业的获利能力。而非经营活动损益是非正常的损益或者并非原定目的的损益，与经营管理水平的关系不密切，不能代表企业的获利能力。濒临破产企业的一个特征就是经营利润逐年减少，而非经营损益的比重逐步增加。获利能力下降的企业，总是本能地利用其他途径粉饰报表（如证券买卖、资产置换、债务重组等非经营活动），“制造”利润。值得注意的是，“投资收益”不属于原定目的的收益。投资活动的利益将体现在经营收益之中。如果单纯为取得投资收益，还不如把钱还给股东，让他们自己去投资，这样可以节约交易费用，更有利于增加股东财富。一般企业对外投资的收益，只是获得控制权的附带成果。至于短期证券投资，只是现金管理的一种形式，以此减少持有现金的机会成本，而非企业获利的基本手段。

利润表有 6 项补充资料，反映利润总额中的非正常损益，包括：

(1) 出售部门或投资的所得收益。

(2) 自然灾害发生的损失。

(3) 会计政策变更增加（或减少）的利润总额。

(4) 会计估计变更增加（或减少）的利润总额。

(5) 债务重组损失。

(6) 其他非正常损益。

提示　区分正常损益和非正常损益

区分正常损益和非正常损益，对于考察企业的业绩有重要意义。非正常损益不具有可持续性，并非企业的经营目的，在分析企业收益能力时应将其排除。

利润表的附表有利润分配表、分部报表（业务分部和地区分部）。

利润分配表是反映企业一定期间对实现净利润的分配或亏损弥补的会计报表，是利润表的附表，说明利润表上反映的净利润的分配去向。利润分配表包括在年度会计报表中，是利润表的附表。通过利润分配表，可以了解企业净利润的分配情况或亏损的弥补情况，了解利润分配的构成，以及年末未分配利润的数据。

分部报表反映企业各行业、各地区经营业务的收入、成本、费用、营业利润、资产总额以及负债总额的情况，是对企业整体利润以分部为基础进行的进一步细分和说明。利润表为报表使用者提供了一个企业总体的盈利能力信息，但对于经营多种业务或者跨行业、跨地区经营销售的企业来说，企业整体盈利能力信息不能满足报表使用者决策分析的需要。企业的盈利能力受到行业竞争和地区政治经济环境的影响很大，不同的行业和地区具有不同的机会和风险。报表使用者不仅需要了解企业整体盈利能力，还需要了解企业在某一领域（包括行业和地区）的利润信息，然后结合行业和地区的机会与风险信息进一步分析企业未来的盈利能力、偿债能力以及现金流量情况。因此，我国现行会计制度要求那些从事多种行业和在多个地区生产销售服务的企业，在编制利润表之后，还应编制以业务和地区为分部的分部报表。通过分部报表，可以更好地评估企业的财务状况和风险，可以更好地了解企业以往的经营业绩，分部报表是投资决策分析必不可少的会计信息。

3. 现金流量表

现金流量表是反映企业在一定期间现金和现金等价物流入和流出的报表。编制现金流量表，主要是为企业提供一定会计期间内现金和现金等价物流入和流出的信息，以便于报表使用者了解和评价企业获得现金和现金等价物的能力、企业偿债能力、支付能力和周转能力，并据以预测企业未来现金流量，分析企业投资和理财活动对经营成果和财务状况的影响，评价企业收益的质量。现金流量表的基本格式如表 1－8 所示。

表 1－8　现金流量表

编制单位：　　　　年　月　　　　单位：元

项目	本期金额
一、经营活动产生的现金流量：	
销售商品、提供劳务收到的现金	
收到的税费返还	
收到其他与经营活动有关的现金	
经营活动现金流入小计	
购买商品、接受劳务支付的现金	
支付给职工以及为职工支付的现金	
支付的各项税费	
支付其他与经营活动有关的现金	
经营活动现金流出小计	
经营活动产生的现金流量净额	
二、投资活动产生的现金流量：	
收回投资收到的现金	
取得投资收益收到的现金	
处置固定资产、无形资产和其他长期资产收回的现金净额	
处置子公司及其他营业单位收到的现金净额	
收到其他与投资活动有关的现金	
投资活动现金流入小计	
购建固定资产、无形资产和其他长期资产支付的现金	

续表

项目	本期金额
投资支付的现金	
取得子公司及其他营业单位支付的现金净额	
支付其他与投资活动有关的现金	
投资活动现金流出小计	
投资活动产生的现金流量净额	
三、筹资活动产生的现金流量：	
吸收投资收到的现金	
取得借款收到的现金	
收到其他与筹资活动有关的现金	
筹资活动现金流入小计	
偿还债务支付的现金	
分配股利、利润或偿付利息支付的现金	
支付其他与筹资活动有关的现金	
筹资活动现金流出小计	
筹资活动产生的现金流量净额	
四、汇率变动对现金及现金等价物的影响	
五、现金及现金等价物净增加额	
加：期初现金及现金等价物余额	
六、期末现金及现金等价物余额	

现金流量表项目，按经营活动、投资活动和筹资活动三项基本活动分别列示。现金流量表项目与企业的基本活动如表 1－9 所示。

表 1－9　现金流量表项目与企业的基本活动

现金流量表项目	企业的基本活动
经营现金流入	经营活动：会计期间经营活动现金流量
经营现金流出	
经营现金流量净额	
投资现金流入	投资活动：会计期间投资活动现金流量
投资现金流出	
投资现金流量净额	
筹资现金流入	筹资活动：会计期间筹资活动现金流量
筹资现金流出	
筹资现金流量净额	

现金流量表是对资产负债表和利润表的补充说明。它的补充主要表现在反映现金流量状况方面。对于经营活动业绩，利润表以权责发生制为基础进行反映，而现金流量表以收付实现制为基础进行反映。对于筹资和投资活动，资产负债表反映其在会计期末的“存量”，而现金流量表反映其整个会计期间的“流量”。

4. 所有者权益变动表

所有者权益变动表（见表 1－10）解释在某一特定时间内，股东权益如何因企业经营的盈亏及现金股利的发放而发生变化。它是说明管理阶层是否公平对待股东的最重要的信息。股东权益增减变动表包括在年度会计报表中，是资产负债表的附表。股东权益增减变动表全面反映了企业的股东权益在年度内的变化情况，便于会计信息使用者深入分析企业股东权益的增减变化情况，进而对企业的资本保值增值情况作出正确判断，从而提供对决策有用的信息。

5. 财务报表附注

财务报表附注是对在资产负债表、利润表、现金流量表和所有者权益变动表等报表中列示项目的文字描述或明细资料，以及对未能在这些报表中列示项目的说明等。附注应当披露财务报表的编制基础，相关信息应当与资产负债表、利润表、现金流量表和所有者权益变动表等报表中列示的项目相互参照。

提　示　**其他企业报告**

其他企业报告是指除了财务报表之外的企业报告。企业报告是一个比财务报表内涵更宽泛的概念，它不仅包括财务报表，还包括其他传输信息的手段。其他企业报告的内容直接或间接地与企业提供的信息有关，如与企业的资产、收益和债务有关的信息等。其他企业报告主要是指企业的年度报告、招股说明书、呈送证监会的年报、新闻发布稿、管理层的预测或计划等。

（二）审计报告

审计报告与财务报表的可信性有密切关系，财务分析人员必须注意注册会计师出具的有关审计报告。

审计报告分为四种类型：无保留意见的审计报告、保留意见的审计报告、否定意见的审计报告、拒绝表示意见的审计报告。

？讨论　查阅相关审计资料，总结四种审计报告的基本格式。分析不同类型的审计报告对报表分析者的重要作用。

二、财务报表分析的信息资料来源

在分析企业会计报表的真实程度时，我们首先需要收集大量的公开信息资料。这些信息资料可以分为两大类：一类是上市公司历年公布的年度报告、中期报告、季度报告、董事会公告和其他公告；另一类是政府部门公布的统计数据和报告。

这些信息资料的主要来源是互联网、报纸、期刊。

表 1-10　所有者权益变动表

编制单位：　　　　　　　　________年度　　　　　　　　单位：元

项目	本年金额										上年金额									
	实收资本（或股本）	其他权益工具			资本公积	减：库存股	其他综合收益	盈余公积	未分配利润	所有者权益合计	实收资本（或股本）	其他权益工具			资本公积	减：库存股	其他综合收益	盈余公积	未分配利润	所有者权益合计
		优先股	永续债	其他								优先股	永续债	其他						
一、上年年末余额																				
加：会计政策变更																				
前期差错更正																				
其他																				
二、本年年初余额																				
三、本年增减变动金额（减少以“－”号填列）																				
（一）综合收益总额																				
（二）所有者投入和减少资本																				
1. 所有者投入的普通股																				
2. 其他权益工具持有者投入资本																				
3. 股份支付计入所有者权益的金额																				
4. 其他																				

续表

项目	本年金额											上年金额										
	实收资本（或股本）	其他权益工具			资本公积	减：库存股	其他综合收益	盈余公积	未分配利润	所有者权益合计		实收资本（或股本）	其他权益工具			资本公积	减：库存股	其他综合收益	盈余公积	未分配利润	所有者权益合计	
		优先股	永续债	其他									优先股	永续债	其他							
（三）利润分配																						
1. 提取盈余公积																						
2. 对所有者（或股东）的分配																						
3. 其他																						
（四）所有者权益内部结转																						
1. 资本公积转增资本（或股本）																						
2. 盈余公积转增资本（或股本）																						
3. 盈余公积弥补亏损																						
4. 设定受益计划变动额结转留存收益																						
5. 其他综合收益结转留存收益																						
6. 其他																						
四、本年年末余额																						

任务实施

内容	结论
1. 谁需要财务信息?	
2. 进行财务报表分析的意义是什么?	
3. 财务报表分析工作的内容有哪些?	
4. 财务报表分析工作应遵循哪些原则?	
5. 财务报表分析工作的步骤是什么?	
6. 财务报表分析的方法有哪些?	
7. 进行财务报表分析需要获取哪些信息?	
教师评价	

组号		姓名		组长签字	
教师签字		日期			

知识链接

财务报告编制的法律规范

1. 现行的会计法律规范

（1）会计法律。会计法律是指由全国人民代表大会及其常务委员会经过一定立法程序制定的有关会计工作的法律。

（2）会计行政法规。会计行政法规是指由国务院制定发布或者国务院有关部门拟定经国务院批准发布的、调整经济生活中某些方面会计关系的法律规范。

（3）国家统一的会计制度。国家统一的会计制度是指国务院财政部门根据《中华人民共和国会计法》制定发布的关于会计核算、会计监督、会计机构和会计人员以及会计工作管理的制度。

（4）地方性会计法规。地方性会计法规是各省、自治区、直辖市的人民代表大会及其常务委员会在与会计法律、会计行政法规不相抵触的前提下制定的地方性会计法律规范。

2. 企业财务会计报告条例规定

（1）企业不得编制和对外提供虚假的或者隐瞒重要事实的财务会计报告。企业负责人对本企业财务会计报告的真实性、完整性负责。

（2）任何组织或者个人不得授意、指使、强令企业编制和对外提供虚假的或者隐瞒重要事实的财务会计报告。

（3）注册会计师、会计师事务所审计企业财务会计报告，应当依照有关法律、行政法规以及注册会计师执业规则的规定进行，并对所出具的审计报告负责。

（4）财务会计报告分为年度、半年度、季度和月度财务会计报告。

综合素养提升

利用财经网络平台，查找以下五个行业中的任意一家上市公司的上年年报，了解该企业的经营状况，设计报表分析路径，做成幻灯片，汇报交流。

（1）五个行业：制造业、建筑业、交通运输业、采矿业、批发零售业。

（2）分组完成任务（五人一组，确定一名组长，组织任务的实施）。

【学习效果检验】

在线测试

一、判断题

1. 企业的基本活动主要是供应、生产和销售。（　　）
2. 财务报表分析最主要的方法是因素分析法。（　　）
3. 比较分析有三个标准：历史标准、同业标准、预算标准。（　　）
4. 经营活动业绩评价使用的利润表和现金流量表都以权责发生制为基础反映。（　　）
5. 坏账是否发生以及坏账准备提取的数额属于会计政策。（　　）

二、单选题

1. 资产负债表的附表是（　　）。

A. 利润分配表　　B. 分部报表　　C. 财务报表附注　　D. 应交增值税明细表

2. 利润表反映企业的（　　）。

A. 财务状况　　B. 经营成果　　C. 财务状况变动　　D. 现金流量

3. 我国会计规范体系的最高层次是（　　）。

A. 企业会计制度　　B. 企业会计准则　　C. 会计法　　D. 会计基础工作规范

4. 注册会计师对财务报表的（　　）发表意见。

A. 公允性　　B. 真实性　　C. 正确性　　D. 完整性

5. 下列选项中，属于比较分析法的是（　　）。

A. 连环替代法　　B. 比率分析法　　C. 差异分析法　　D. 差额计算法

6. 企业财务报表的主表不包括（　　）。

A. 利润表　　B. 资产负债表　　C. 成本报表　　D. 现金流量表

7. 下列财务比率中，投资者可能最关注的是（　　）。

A. 流动比率　　B. 存货比率　　C. 投资报酬率　　D. 现金比率

8. 下列项目中，属于长期债权的是（　　）。

A. 短期贷款　　B. 融资租赁　　C. 商业信用　　D. 短期债务

三、多选题

1. 财务报表分析的主体有（　　）。

A. 债权人　　B. 投资者　　C. 经理人员　　D. 审计师

E. 职工和工会

2. 作为财务报表分析主体的政府机构，包括（　　）。

A. 税务部门　　B. 国有企业的管理部门

C. 证券管理部门　　D. 会计监管部门

E. 社会保障部门

3. 财务报表分析的原则可以概括为（　　）。

A. 目的明确原则　　B. 动态分析原则　　C. 系统分析原则　　D. 成本效益原则

E. 实事求是原则

4. 对财务报表进行分析，主要是对企业的（　　）进行分析，为进一步分析奠定基础。

A. 投资情况　　B. 筹资情况　　C. 财务状况　　D. 经营成果

E. 现金流量

5. 在财务报表附注中应披露的会计政策有（　　）。

A. 坏账的数额　　B. 收入确认的原则

C. 所得税的处理方法　　D. 存货的计价方法

E. 固定资产的使用年限

6. 企业在报表附注中进行披露的或有负债包括（　　）。

A. 已贴现商业承兑汇票　　B. 预收账款

C. 为其他单位提供的债务担保　　D. 应付账款

E. 未决诉讼

7. 审计报告的类型分为(　　)。

A. 无保留意见的审计报告　　B. 赞成意见的审计报告

C. 否定意见的审计报告　　D. 保留意见的审计报告

E. 拒绝表示意见的审计报告

8. 企业的基本活动包括(　　)。

A. 经营活动　　B. 投资活动　　C. 筹资活动　　D. 销售活动

E. 经济活动

9. 财务报表的作用包括(　　)。

A. 财务报表所提供的信息是投资者进行投资决策的依据

B. 财务报表所提供的信息是国家经济管理部门进行宏观调控和管理的依据

C. 财务报表所提供的信息是企业加强和改善经营管理的重要依据

D. 财务报表所提供的信息是企业投资者进行筹资决策的依据

10. 因素分析法包括(　　)。

A. 连环替代法　　B. 差额计算法　　C. 平衡分析法　　D. 比重分析法

四、计算分析题

某企业202×年3月某种材料费用的实际数是6 720元，其计划数是5 400元，实际比计划增加1 320元。由于材料费用由产品产量、材料单耗和材料单价三个因素的乘积构成，因此，可以把材料费用这一总指标分解为三个因素，然后逐个分析它们对材料费用总额的影响程度。现假设这三个因素的数值如表1-11所示。

表1-11　三个因素的数值

项目	单位	计划数	实际数	差异
产品产量	件	120	140	20
材料单耗	千克/件	9	8	−1
材料单价	元/千克	5	6	1
材料费用	元	5 400	6 720	1 320

要求：分析材料费用总额的差异原因。

【学习评价】

1. 学生自我评价表

学生自我评价表

<table>
<tr><td>班级</td><td></td><td>姓名</td><td></td><td>学号</td><td></td></tr>
<tr><td>模块名称</td><td colspan="5"></td></tr>
<tr><td>评价指标</td><td colspan="3">评价内容</td><td>分数</td><td>自我评分</td></tr>
<tr><td>数字素养</td><td colspan="3">能够快速有效地获取上市公司财务信息并具备评价、整合、交流信息的能力。</td><td>5 分</td><td></td></tr>
<tr><td>职前工作</td><td colspan="3">能感知工作岗位职责，认同工作价值。</td><td>5 分</td><td></td></tr>
<tr><td>参与态度</td><td colspan="3">积极主动参与课上讨论、课后组内任务，与教师、同学之间相互尊重、理解。</td><td>5 分</td><td></td></tr>
<tr><td>学习能力</td><td colspan="3">主动探究、自主学习；能发表个人见解；能按要求完成实训任务；能够虚心倾听、协作共享。</td><td>5 分</td><td></td></tr>
<tr><td>学习方法</td><td colspan="3">学习方法得体；实操技能得到提高。</td><td>5 分</td><td></td></tr>
<tr><td>学习过程</td><td colspan="3">遵守实训室管理规程；出勤、任务完成等情况良好。</td><td>5 分</td><td></td></tr>
<tr><td>知识目标</td><td colspan="3">掌握财务报表分析的方法；熟悉财务报表分析的意义、内容、原则和步骤等。</td><td>20 分</td><td></td></tr>
<tr><td>能力目标</td><td colspan="3">能收集完整的信息资料；能选用恰当的分析方法；能设计合理的分析步骤，确定准确的分析内容和目的。</td><td>20 分</td><td></td></tr>
<tr><td>素养目标</td><td colspan="3">能吃苦耐劳，崇尚劳动光荣、技能宝贵；有职业自信心。</td><td>20 分</td><td></td></tr>
<tr><td>自评反馈</td><td colspan="3">按时按质完成工作任务；较好地掌握专业知识点；具有较强的信息分析能力和理解能力；具有较为全面严谨的思维能力并能条理清晰地进行有效沟通。</td><td>10 分</td><td></td></tr>
<tr><td colspan="4">自评分数</td><td colspan="2"></td></tr>
<tr><td>存在的不足</td><td colspan="5"></td></tr>
<tr><td>努力的方向</td><td colspan="5"></td></tr>
</table>

2. 教师评价表

教师评价表

班级		组名		姓名	
模块名称					
评价内容	评价要点			分数	教师评分
1. 数据获取情况	任务实施过程中数据获取能力			10 分	
2. 互动交流情况	组内交流，教学互动			10 分	
3. 任务完成情况	掌握财务报表分析的方法			10 分	
	能收集完整的信息资料			10 分	
	能选用恰当的分析方法			20 分	
	能设计合理的分析步骤			10 分	
	准确确定财务报表分析的内容和目的			10 分	
4. 素养目标达成情况	团队协作			20 分	
	自主探究				
	学习态度				
	课堂纪律				
	出勤情况				
	责任意识				
	劳动纪律				
合计				100 分	
教师签名					

模块二 财务报表的初步阅读与分析

学习目标

能力目标

1. 通过阅读资产负债表能判断企业的财务实力，能分析企业的资产结构、负债结构和资本结构，能初步判断企业偿债能力；

2. 通过阅读利润表能判断企业经营成果的动态趋势，能初步预测企业的经营前景和成长性。

知识目标

1. 掌握资产负债表和利润表初步分析的步骤和方法；

2. 了解财务报表初步分析的目的。

素养目标

1. 具备数字伦理、数字文明、数字合规的职业意识，塑造数据敏感、数据忠诚的职业素养；

2. 具备专注、专心、专业的工作态度，坚定做一名德智体美劳全面发展的财经人的信心和决心。

任务导学

序号	任务	教师活动	学生活动
1	初步阅读与分析资产负债表	(1) 以“引导案例：滨海利达公司报表中的异动项目分析”为切入点，指导学生讨论该公司资产项目和负债项目出现大幅变动的几种情况，厘清学习目标； (2) 组织学生研讨资产负债表初步分析的步骤和方法； (3) 运用 Excel 工具示范资产结构、负债结构、资本结构相关指标的计算，讲解一般规律。	(1) 倾听教师讲解； (2) 讨论引导案例中的异动项目，明确课程学习目标； (3) 以小组为单位共同研讨资产负债表初步分析的步骤和方法，组内交流； (4) 运用 Excel 工具计算资产结构、负债结构、资本结构相关指标并分析其合理性，记忆资本结构类型。

续表

序号	任务	教师活动	学生活动
2	初步阅读与分析利润表	(1) 以引导案例中的异动项目分析为切入点，指导学生讨论该公司营业收入增加而营业成本下降的可能原因，厘清学习目标； (2) 组织学生研讨利润表初步分析的步骤和方法； (3) 运用 Excel 工具示范利润结构相关指标的计算，讲解一般规律。	(1) 倾听教师讲解； (2) 讨论引导案例中异动项目，明确课程学习目标； (3) 以小组为单位共同研讨利润表初步分析的步骤和方法，组内交流； (4) 运用 Excel 工具计算利润结构相关指标并分析其合理性。
3	综合素养提升	布置训练任务：泰达股份资产负债表和利润表的初步分析。	5 人为一组，确定组长，组织完成训练任务，将分析报告提交至课程平台，线上汇报交流。
4	学习效果检验	在课程平台布置测试内容，完成教师评价并汇总评价结果，发布评价结果。	完成测试，进行自我评价。

引导案例

滨海利达公司报表中的异动项目分析

滨海利达公司的资产负债表和利润表的部分项目如表 2-1 和表 2-2 所示。请认真比对项目增减率，你会发现存在很多问题。

表 2-1　资产负债表部分项目增减率表　　单位：元

项目	2023 年	2024 年	增减率	2025 年	增减率
应收账款	204 955 385.89	196 978 423.69	−3.89%	217 978 370.09	10.66%
预付款项	497 010 521.03	283 946 051.86	−42.87%	568 839 075.36	100.33%
短期借款	890 904 693.87	2 703 000 000.00	203.40%	2 684 879 780.10	−0.67%
长期借款	94 629 000.00	54 629 000.00	−42.27%	109 729 000.00	100.86%

表 2-2　利润表部分项目增减率表　　单位：元

项目	2023 年	2024 年	增减率	2025 年	增减率
营业收入	19 359 694 864.94	21 658 590 273.00	11.87%	24 323 547 500.31	12.30%
营业成本	14 347 272 657.06	15 849 142 905.62	10.47%	15 778 073 722.70	−0.45%
税金及附加	82 608 269.22	121 515 778.58	47.10%	108 832 765.09	−10.44%
销售费用	3 911 268 086.50	5 532 389 959.26	41.45%	6 496 091 518.77	17.42%
管理费用	884 390 861.36	1 915 430 908.85	116.58%	1 190 963 077.55	−37.82%
财务费用	29 153 007.50	14 454 502.28	−50.42%	22 402 705.89	54.99%
资产减值损失	17 439 149.70	295 682 527.15	1 595.51%	76 895 264.14	−73.99%
利润总额	106 392 183.55	−1 955 643 359.65	−1 938.15%	811 876 849.96	−141.51%

思考：

(1) 资产负债表中的资产项目和负债项目出现大幅变动，原因可能有哪些？长期借款 2025 年比 2024 年增加了 5 500 万元左右，是否存在短期借款到期而用长期借款来偿付的可能？

(2) 2025 年，利润表中的营业收入增加了 12.30%，而营业成本不增反降的原因是什么？税金及附加、管理费用、资产减值损失的变动与利润总额变动的关系是什么？

下面，让我们一起来解决这些问题。

任务一　初步阅读与分析资产负债表

相关知识

财务报表是企业的“听诊器”，在密密麻麻的数据背后包含的是企业经营状况与潜在的风险。读懂和理解企业的财务报表有助于报表分析者更好地调整企业战略、把握投资机会、管控经营风险。财务报表的阅读就是比较分析法、因素分析法的综合运用过程，也是主表与附表、附注结合起来阅读的过程，只有把握好这些阅读方法，才能更深入地分析企业的各项经济指标。

资产负债表分析

一、资产负债表内涵解读

（一）资产负债表的概念

资产负债表是反映企业在某一特定日期（如年末、季末、月末等）全部资产、负债和所有者权益等财务状况的报表。资产负债表的理论依据是“资产＝负债＋所有者权益”。

（二）资产负债表的重要作用

(1) 通过对企业所拥有的各种经济资源及其分布情况的分析，了解企业资产结构。

(2) 通过对企业当前所负担的债务及其结构的分析，评价企业财务风险。

(3) 通过对企业相关资产与负债的对比关系的研究，分析企业偿债能力。

(4) 通过对企业长期债务资本与自有资本的构成及比例关系的分析，评价企业的资本结构及特征。

(5) 通过对企业自有资本相对份额的分析，评价企业的财务实力与财务弹性。

(6) 对企业未来的财务状况与发展前景做出初步判断。

二、初步阅读资产负债表

初步阅读资产负债表的步骤如下：

第一，阅读第一类项目，即阅读资产、负债、所有者权益的总额，分析企业的财务实力。

第二，阅读第二类项目，即阅读流动资产合计、非流动资产合计、流动负债合计、非流动负债合计、所有者权益合计，分析企业的资产结构、负债结构和资本结构（注：集团公司分析母公司股东权益合计和少数股东权益合计）。

第三，有重点地阅读第三类项目，即阅读具体的资产、负债、所有者权益内部各项目，分析企业的偿债能力和支付能力。

（一）资产负债表第一类项目的阅读与分析

资产负债表第一类项目反映企业的总体财务状况。

所谓第一类项目，是指反映资产负债表总额的项目，即资产总计、负债合计、所有者权益合计。这三个项目的关系是“资产总计＝负债合计＋所有者权益合计”，体现了企业的资产来源。

【例 2－1】　天津国际货运公司 2025 年 12 月 31 日经审计后的资产负债表如表 2－3 所示。天津国际货运公司属于交通运输行业，经营范围包括商品储存、中转联运、装卸搬运、货运代理等。

表 2－3　资产负债表

2025 年 12 月 31 日

编制单位：天津国际货运公司　　　　单位：百万元

资产	期末余额	年初余额	负债和股东权益	期末余额	年初余额
流动资产			流动负债		
货币资金	249.24	184.94	短期借款	130.03	146.44
交易性金融资产	0	0	交易性金融负债		
衍生金融资产			衍生金融负债		
应收票据	0	0	应付票据	0	0
应收账款	194.60	130.90	应付账款	135.32	160.45
应收款项融资			预付款项	40.57	36.69
预付款项	13.92	6.86	合同负债		
其他应收款	3.03	2.34	应付职工薪酬	6.18	5.22
存货	23.03	14.63	应交税费	5.96	4.28
合同资产			其他应付款	34.11	27.02
持有待售资产			持有待售负债		
一年内到期的非流动资产			一年内到期的非流动负债	72.20	48.50
其他流动资产			其他流动负债		
流动资产合计	483.82	339.67	流动负债合计	424.37	428.60
非流动资产			非流动负债		
债权投资	28.65	15.72	长期借款	421.66	358.66
其他债权投资			应付债券		
长期应收款			其中：优先股		
长期股权投资	165.60	167.60	永续债		
其他权益工具投资			租赁负债		
其他非流动金融资产			长期应付款		
投资性房地产			预计负债		

续表

资产	期末余额	年初余额	负债和股东权益	期末余额	年初余额
固定资产	1 132.45	968.32	递延收益		
在建工程	7.54	165.94	递延所得税负债	7.03	3.78
生产性生物资产			其他非流动负债	0.08	0.08
油气资产			非流动负债合计	428.77	362.52
使用权资产			负债合计	853.14	791.12
无形资产	313.54	319.27	所有者权益(或股东权益)		
开发支出			实收资本（或股本）	167.48	167.48
商誉	0.02	0.02	其他权益工具		
长期待摊费用	1.67	1.91	其中：优先股		
递延所得税资产	8.56	6.52	永续债		
其他非流动资产			资本公积	360.17	349.80
非流动资产合计	1 658.03	1 645.30	减：库存股		
			其他综合收益		
			专项储备		
			盈余公积	66.74	56.86
			未分配利润	694.32	619.71
			所有者权益(或股东权益)合计	1 288.71	1 193.85
资产总计	2 141.85	1 984.97	负债和所有者权益（或股东权益）总计	2 141.85	1 984.97

要求：阅读并分析第一类项目。

解：

天津国际货运公司 2025 年 12 月 31 日资产负债表第一类项目分析内容，如表 2－4 所示。

表 2－4　天津国际货运公司 2023 年财务状况表　　单位：百万元

项目	期末余额	年初余额	项目	期末余额	年初余额
资产总计	2 141.85	1 984.97	负债合计	853.14	791.12
			所有者权益（或股东权益）合计	1 288.71	1 193.85

从表 2－4 可知，公司期末的资产总额 21 亿多元，负债总额将近 9 亿元，股东权益总额将近 13 亿元。与年初比，资产增长了将近 1.6 亿元，负债增长了 6 000 多万元，股东权益增长了 9 000 多万元。可见，公司资产总额的增长主要来自自有资金的增加，说明公司的财务实力增强，发展前景广阔。

？讨论　资产负债表反映了哪些内容？如何对其进行总括分析？

（二）资产负债表第二类项目的阅读与分析

资产负债表第二类项目反映企业的资产结构、负债结构和资本结构，据此可以分析出企业的资源配置是否合理、偿债压力的大小、企业的经营风险和财务风险如何。

1. 资产结构分析

资产结构是指资产负债表左边的各种资产占企业总资产的比重。从企业盈利性和风险性来讲，也可指流动资产和非流动资产占总资产的比例关系。

流动资产是指可以在一年或者超过一年的一个营业周期内变现或者耗用的资产，包括货币资金、交易性金融资产、应收票据、应收账款和存货等。其特点是循环周转速度快，变现能力强，具有波动性。流动资产为企业创造收益的能力较弱，但由于其流动性强，到期无力偿债的风险性较小。

非流动资产是指在一年或者超过一年的一个营业周期内不能变现或者耗用的资产，主要包括债权投资、其他债权投资、长期应收款、长期股权投资、投资性房地产、固定资产、在建工程、无形资产、长期待摊费用等。其特点是占用资金多，周转速度慢，变现能力差。非流动资产为企业创造收益的能力强，但由于其流动性弱，到期无力偿债的风险性较大。

流动资产构成比重和非流动资产构成比重的计算公式为：

流动资产构成比重＝流动资产合计/资产总额×100%

非流动资产构成比重＝非流动资产合计/资产总额×100%

提 示 **资产结构一般规律**

企业流动资产比重高，说明其资产的流动性和变现能力强，企业的抗风险能力和应变能力强，但这必须以雄厚的固定资产做后盾。如果没有大量的固定资产支持，其经营的稳定性就会较差。

非流动资产的比重过高意味着企业长期资产周转缓慢，变现能力低，势必会增大企业经营风险；长期资产比重过高意味着企业固定费用刚性强，经营风险较大，如果企业所在行业全面退出市场，企业将面临两难的境地。

一般来说，当流动资产占资产总额的60%、固定资产占资产总额的30%时，资产结构较为理想。这样的结构不仅使企业具备了较强的资产流动性和变现能力，还使企业具有了适应生产经营规模的劳动资料，可以保持较强的市场竞争力和应变能力。不同的行业，指标有不同的合理区间，纺织、化工、冶金、航空、啤酒、建材、重型机械等行业，流动资产占资产总额的比重一般为30%～60%，而商业批发、房地产行业，该指标则有可能高达90%以上。所以，评价一个企业的资产构成是否合理，要结合企业的经营领域、经营规模、市场环境及企业所处的市场地位等因素，参照行业的平均水平或先进水平确定。

如果一家企业流动资产占资产总额的比重低于合理区间，并逐年不断减少，一般来说，其业务处于萎缩之中，生产经营亮起了红灯，需及时找出原因并谋求相应对策，以求尽快脱离险境。无形资产不断增加的企业，其开发创新能力较强；固定资产折旧比例较高的企业，其技术更新换代快。

【例 2-2】 天津国际货运公司 2025 年 12 月 31 日的资产结构比率表，如表 2-5 所示。

表 2-5 天津国际货运公司资产结构比率表 单位：百万元

项目	期末余额	年初余额	期末结构比	年初结构比
流动资产合计	483.82	339.67	22.59%	17.11%
货币资金	249.24	184.94	11.63%	9.32%
应收票据	0	0	—	—
应收账款	194.60	130.90	9.09%	6.59%
预付款项	13.92	6.86	0.65%	0.35%
其他应收款	3.03	2.34	0.14%	0.12%
存货	23.03	14.63	1.08%※	0.74%
非流动资产合计	1 658.03	1 645.30	77.41%	82.89%
债权投资	28.65	15.72	1.34%	0.79%
长期股权投资	165.60	167.60	7.73%	8.44%
固定资产	1 132.45	968.32	52.87%	48.78%
在建工程	7.54	165.94	0.35%	8.36%
无形资产	313.54	319.27	14.64%	16.08%
商誉	0.02	0.02	忽略不计	忽略不计
长期待摊费用	1.67	1.91	0.08%	0.10%
递延所得税资产	8.56	6.52	0.40%	0.33%
资产总计	2 141.85	1 984.97	100.00%	100.00%

※ 为倒挤。

要求：分析天津国际货运公司的资产结构。

解：

随着业务的开展，天津国际货运公司资产规模不断扩大，截至 2025 年 12 月 31 日，公司资产总计 2 141.85 百万元，较 2024 年 12 月 31 日增加 156.88 百万元，增长幅度为 7.9%。

从资产结构来看，流动资产年末比年初增长了 5 个百分点，而非流动资产下降了 5 个百分点，说明公司资产的流动性在增强。流动资产中的货币资金、应收账款在年初、年末所占比例均较大，体现了公司较强的资产变现能力。非流动资产在总资产中所占比重较大，体现了企业创造收益的能力较强。非流动资产中的固定资产和无形资产在年初、年末占总资产的比例较大，说明企业的经营规模和生产能力较强，同时开发创新能力较强。在建工程所占比例下降较多，由 2024 年年末的 8.36%降至 0.35%，主要是因 2024 年在建工程的完工和新建工程的减少所致。

总体来看，公司的资产结构正在向较理想的状态迈进。

? 讨论　分析企业资产结构的目的是什么？

2. 负债结构分析

负债结构是指流动负债和非流动负债占负债总额的比重。

提　示

负债结构一般规律

一个企业流动负债占负债总额的比重越大，说明企业对短期资金的依赖性越强，企业偿还债务的压力越大，要想改变这种状况，唯一的办法就是加快资金周转速度。评价一个企业流动负债占负债总额的比重是否合理，主要看企业是否存在债务风险，同时还要考虑企业资产的周转速度和流动性。如果企业目前不存在债务风险，企业就可以尽可能多地利用流动负债；如果企业的流动资产周转速度快且流动性强，则企业可以有较多的流动负债。

同时，流动负债比例较高，说明企业信誉良好，能够通过商业信用获得融资支持，公司与银行的关系良好，采用短期借款滚动使用的方式可以以较低的利率获得贷款。

非流动负债占负债总额比重的高低反映了企业借入资金成本的高低和筹措非流动负债成本的水平。在企业资本需求量一定的情况下，非流动负债占负债总额的比重越高，表明企业在经营过程中借助外来长期资金的程度越高，相应地，企业偿债压力也就越大。

【例 2-3】　天津国际货运公司 2025 年 12 月 31 日的负债结构分析表，如表 2-6 所示。

表 2-6　天津国际货运公司 2025 年 12 月 31 日的负债结构分析表　单位：百万元

项目	期末余额	年初余额	期末结构比	年初结构比
流动负债合计	424.37	428.60	49.74%	54.18%
短期借款	130.03	146.44	15.24%	18.51%
应付票据	0	0	—	—
应付账款	135.32	160.45	15.86%	20.28%
预收款项	40.57	36.69	4.76%	4.64%
应付职工薪酬	6.18	5.22	0.72%	0.66%
应交税费	5.96	4.28	0.70%	0.54%
其他应付款	34.11	27.02	4.00%	3.42%
一年内到期的非流动负债	72.20	48.50	8.46%	6.13%
非流动负债合计	428.77	362.52	50.26%	45.82%
长期借款	421.66	358.66	49.42%	45.34%
递延所得税负债	7.03	3.78	0.82%	0.48%
其他非流动负债	0.08	0.08	忽略不计	忽略不计
负债合计	853.14	791.12	100.00%	100.00%

要求：分析天津国际货运公司的负债结构。

解：

截至 2025 年 12 月 31 日，天津国际货运公司负债总额 853.14 百万元，较年初增加 62.02 百万元，增幅为 7.84%，增长幅度与总资产的增长幅度相当。从负债构成分析，

2025 年年末流动负债与非流动负债的比重相当，而年初流动负债比非流动负债多了 8.36 个百分点，说明公司的偿债压力减小了。但是流动负债中短期借款比重较高，占负债总额的 15.24%，非流动负债中长期借款的比重较高，占负债总额的 49.42%。这说明公司的融资渠道简单，主要集中在约束性强、附带条件多、成本较高、风险较大的银行借款上。商业信用（包括应付票据、应付账款、预收账款等）项目金额占负债的比重为 20.63%，说明公司在利用商业信用融资方面做得较好。

总体而言，天津国际货运公司在 2025 年财务压力和偿债压力均较大。

? 讨论 分析企业负债结构的目的是什么？

3. 资本结构分析

资本结构是指企业各种长期资金筹集来源的构成及比例关系。短期资金的需要量和筹集是经常变化的，且在整个资金总量中所占比重不稳定，因此不列入资本结构管理范围，而作为营运资金管理。企业的长期资金来源主要是长期负债和所有者权益。通常，债务筹资有抵税作用，筹资成本较低，但负债到期要还本付息，当企业支付能力不足时，会带来较大的财务风险。权益资本虽然成本较高，但对于企业来讲不需要偿还，没有财务风险。所以，债务资本和权益资本在企业中要确定一个合理的结构，这样才会使企业享有双重安全。

（1）资本结构对不同的报表使用者有不同的作用。

1）对债权人来说，可以了解企业负债和所有者权益在全部资本来源中所占的比重，判断企业债权的保障程度，评价企业的偿债能力。

2）对投资者来说，可以了解企业负债在全部资本来源中所占的比重，评价企业偿债能力，判断其投资所承担的财务风险的大小，以及负债对投资报酬的影响。

3）对经营者来说，可以评价企业偿债能力的高低和承担风险能力的大小，发现企业理财中存在的问题，采取措施调整资本结构，降低融资成本。

4）对政府和市场监管者来说，可以评价企业经济实力、判断企业发展是否稳定，从而确定企业是否可以进入有限制的领域经营和进行财务运作。

（2）资本结构类型。

根据资产结构与资本结构的适应程度，可将现代企业的财务结构归纳为保守型财务结构、稳健型财务结构、平衡型财务结构和风险型财务结构四种类型。

1）保守型财务结构（见图 2-1）。

保守型财务结构指资产负债表左方的全部资产的资金来源都是长期资本，即所有者权益和非流动负债。非流动负债与所有者权益的比例高低不影响这种结构形式。其优点是风险较低，其缺点是资本成本较高。

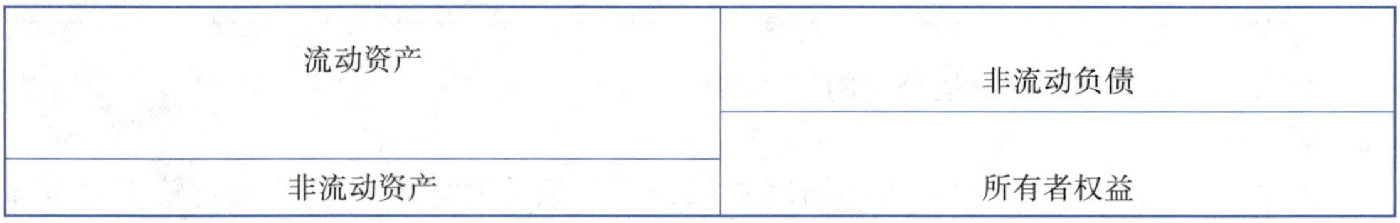

图 2-1 保守型财务结构

2）稳健型财务结构（见图 2－2）。

稳健型财务结构是非流动资产依靠长期资金解决，流动资产需要长期资金和短期资金共同解决。其优点是风险较小，负债资本相对较低，大部分企业适用。

<table>
<tr><td rowspan="2">流动资产</td><td>临时性占用流动资产</td><td>流动负债</td></tr>
<tr><td>永久性占用流动资产</td><td>非流动负债</td></tr>
<tr><td colspan="2">非流动资产</td><td>所有者权益</td></tr>
</table>

图 2－2　稳健型财务结构

3）平衡型财务结构（见图 2－3）。

平衡型财务结构是非流动资产用长期资金（非流动负债及所有者权益）满足，流动资产用流动负债满足。其优点是当二者适应时，企业风险较小，且资本成本较低。其缺点是当二者不适应时，可能使企业陷入财务危机。一般经营状况良好，流动资产与流动负债内部结构相互适应的企业较为适用。

<table>
<tr><td>流动资产</td><td>流动负债</td></tr>
<tr><td>非流动资产</td><td>非流动负债
所有者权益</td></tr>
</table>

图 2－3　平衡型财务结构

4）风险型财务结构（见图 2－4）。

流动负债不仅用于满足流动资产的资金需要，且用于满足部分非流动资产的资金需要。其优点是资本成本最低，缺点是财务风险较大。一般情况下适用于资产流动性很好且经营现金流量较充足的企业。

<table>
<tr><td>流动资产</td><td rowspan="2">流动负债</td></tr>
<tr><td rowspan="2">非流动资产</td></tr>
<tr><td>非流动负债
所有者权益</td></tr>
</table>

图 2－4　风险型财务结构

【例 2－4】　天津国际货运公司 2025 年 12 月 31 日的资本结构分析表，如表 2－7 所示。

表 2－7　天津国际货运公司公司 2025 年 12 月 31 日的资本结构分析表　　单位：百万元

项目	期末余额	年初余额	期末比重	年初比重
长期负债	428.77	362.52	25%	23%
所有者权益	1 288.71	1 193.85	75%	77%
合计	1 717.48	1 556.37	100%	100%

要求：分析天津国际货运公司的资本结构。

解：

从表 2－7 可以看出，天津国际货运公司的资金来源以权益资本为主，约占资金来源的 3/4，但 2025 年负债资本比年初上升了 2%，说明公司加大了债务融资的步伐，更多地享受抵税的好处。不过，公司的自有资本非常雄厚，财务风险较低，筹资能力很强。

? 讨论　分析企业资本结构的目的是什么？

（三）资产负债表第三类项目的阅读与分析

1. 资产内部各重点项目分析

（1）货币资金项目分析。

货币资金包括库存现金、银行存款和其他货币资金。资产负债表正表只提供了三者之和，而欲知每一个项目的具体数额，则必须阅读资产负债表的附注。通过比较年初与年末资料，确定报告期增减变化。若是增加了，对于债权人来说可能是好消息，因为他的债权收回有保障。对于投资者来说，可能会认为经营者目前未找到合适的投资项目，否则为何会有如此充足的现金流呢？但这些判断只是表面的、肤浅的，其真正的含义还需要借助相应的分析方法进行深入细致的分析，这样才可以最终下结论。

从表 2－5 可知，天津国际货运公司 2025 年的货币资金占总资产的 11.63%，比年初提高了 2.31%，是由公司的经营利润形成的。另外，该公司在报表附注中披露 2025 年公司要进行基本建设投资，那么年末的货币资金持有量增大是正常的。

天津国际货运公司 2025 年年初、年末交易性金融资产均为零，说明公司尚无该类投资。

（2）应收票据项目分析。

应收票据指企业持有的、尚未到期兑现的商业票据。通过比较年初与年末数据，确定报告期增减变化。若是增加，意味着短期债权的增加，降低了资金周转速度；若是减少，则可能是资金的收回，也可能是转成了应收账款，具体情况需通过进一步分析报表来了解。从表 2－5 可知，天津国际货运公司 2025 年和年初的应收票据均为零。

（3）应收账款项目分析。

应收账款是企业因赊销商品、提供劳务等业务而形成的商业债权。与应收票据相比，这类债权的风险要大。如果报告期期末增加了大量应收账款，会形成企业资金流转的障碍。它的减少通常是债权的收回，货币资金实现回笼，但也可能是发生坏账或抵偿其他债务。分析此项目要借助于报表附注，通过账龄分析、坏账准备提取分析和债务人构成分析来判断应收账款的质量。应收账款的质量好，资金收回力度大；质量差，发生坏账的可能性大。总之，该项目金额不宜过大。

从表 2－5 可知，天津国际货运公司 2025 年的应收账款占总资产的 9.09%，比年初提高了 2.5%。这表明短期债权增加，资金周转速度降低。

? 讨论　应收款项如何影响企业的偿债能力？

（4）存货项目分析。

存货是企业在生产经营中为销售或耗用而储备的资产。存货是企业的流动资产，也是实物资产，不宜过多，过多意味着企业的存货可能滞销或者积压，资金不能迅速回笼，影响企业正常经营，长期维持此种情况，企业经营会出现问题，必须考虑转产或停产，因此存货增加一般来说不是好消息，但小幅变动影响不大。

从表 2－5 可知，天津国际货运公司 2025 年的存货占总资产的 1.08%，比年初提高了 0.34%，属于小幅变动，不会影响公司的偿债能力。

提　示　**几点警示**

第一，失败企业一般有较少的现金和较多的应收账款。

第二，当把现金和应收账款加在一起，列入速动资产和流动资产之中时，失败企业和成功企业之间的不同被掩盖了，因为现金和应收账款不同，向相反的方向起作用。

第三，失败企业的存货一般较少。

第四，对于现金及存货较少而应收账款较多的企业，分析者应引起特别警觉。

（5）债权投资项目分析。

债权投资是企业以摊余成本计量的长期债权投资的期末账面价值。本项目根据“债权投资”科目期末余额，减去“债权投资减值准备”科目期末余额后的金额分析填列。

从表 2－5 可知，天津国际货运公司 2025 年的债权投资占总资产的 1.34%，比年初提高了 0.55%。这说明公司增强了投资的意识，偿债能力增强了。

（6）长期股权投资项目分析。

长期股权投资是指取得被投资单位股权的投资，包括对子公司、合营公司、联营企业的权益性投资，以及持有的不具有控制或重大影响且在活跃市场中没有报价、公允价值不能可靠计量的权益性投资。本项目反映企业对外进行长期投资的资金实力，对外投资多，说明企业资金充足；但若企业对外投资过多，可能意味着自身发展潜力的缺乏。分析此项目应考虑投资规模、投资质量、投资核算的方法、投资收益等问题。

从表 2－5 可知，天津国际货运公司 2025 年的长期股权投资占总资产的 7.73%，比年初降低了 0.71%。这说明公司长期股权投资的规模减小了。

（7）固定资产项目分析。

固定资产是使用期限较长、单位价值较高、在使用过程中保持其实物形态基本不变的资产项目，主要指厂房、机器、设备等可供企业长期使用的实物资产。此项目反映的是固定资产的账面价值，即固定资产的账面余额与累计折旧、固定资产减值准备的差。固定资产项目的增加或减少是否合理，需根据企业的实际情况，结合未来的发展趋势做出合理的分析与判断。增加可能是企业欲扩大经营规模，减少可能是企业欲缩小经营规模或缩减经营或转产或是其他情况。此数额小幅变动属于正常情况。

从表 2－5 可知，天津国际货运公司 2025 年的固定资产占总资产的 52.87%，比年初提高了 4.09%，小幅变动属于正常情况。

提　示　**固定资产占比差别**

不同行业，固定资产占比差别较大。一般来说，生产性行业固定资产占比较高，服务业则很低。固定资产过高的占比会产生大量的折旧费，增大企业经营风险。分析此项目要结合收益进行。

（8）无形资产项目分析。

无形资产是指企业长期使用而没有实物形态的资产，包括专利权、商标权、著作权、土地使用权、特许经营权和转让技术等。报表列示的是无形资产的账面净值，由无形资产的账面余额减去累计摊销、减值准备后得到。无形资产是商品经济高度发达的产物，伴随着科技进步特别是知识经济时代的到来，无形资产对企业生产经营活动的影响越来越大。在知识经济时代，企业的无形资产越多，可持续发展的能力和竞争力就越强。

值得注意的是：因为无形资产所提供的经济利益具有不确定性，同时又不易变现，所以分析此项目时，一要看无形资产的构成及内部利用价值和对外投资或转让价值的效益；二要看是否存在表外项目，如人力资源、品牌、市场营销网络和渠道、企业文化等。

从表 2－5 可知，天津国际货运公司 2025 年的无形资产占总资产的 14.64%，比年初降低了 1.44%，小幅变动属于正常情况。

？讨论 资产减值准备的计提对资产项目有什么影响？

2. 负债内部各重点项目分析

（1）短期借款项目分析。

短期借款是向银行或其他金融机构借入的期限在一年（含一年）以下的各种借款。其用途主要是生产周转，一定数目的短期借款是经营所必需的，但如果数量太大，超出了企业的偿债能力，就会增加及时还本付息的财务风险。分析此项目时要结合短期借款的还款时间、借款来源进行。阅读这一项目可以知晓报告企业的金融负债，为金融企业发放贷款提供必要的信息。

从表 2－6 可知，天津国际货运公司 2025 年的短期借款占总负债的 15.24%，比年初减少了 3.27%。这说明公司流动资金充足，近期偿还借款较多，这是利好消息。

提示 **注意“短贷长投”现象的出现**

短贷长投，即企业将短期借款用于长期用途，这是一种非常危险的现象。在这种情况下，企业必须能持续创造良好的经营活动现金流；否则，如果企业资产的盈利能力不强，经营活动现金流量匮乏，就会使企业资金的周转发生困难，造成流动比率下降，偿债能力恶化，陷入难以自拔的财务困境。

（2）应付票据项目分析。

应付票据是企业购买材料、商品和接受劳务供应等开出、承兑的商业汇票，包括商业承兑汇票和银行承兑汇票。按照《中华人民共和国票据法》的规定，票据最长期限为六个月。我国的票据一般为不带息票据。票据在现实经济交易中应用广泛，是企业延期支付的自发性筹资的重要金融工具，但是应付票据的法律性决定了其到期必须归还，否则便要缴付罚金，是典型的硬约束负债。分析此项目时要结合应付账款项目的变化，因为有些票据逾期会转为应付账款。从表 2－6 可知，天津国际货运公司 2025 年和年初的应付票据均为零。

（3）应付账款项目分析。

应付账款是企业因购买材料、商品和接受劳务供应等应支付的价、税等款项。应付账款属于企业的一种短期资金来源，且无须支付利息。应付账款的规模适当扩大，对企业是有好处的，企业可以无偿占用应该支付的资金，提高自有资金使用效率，增加资金利息收入。但过多的应付账款可能导致短期偿债风险，影响企业的信誉。应付账款的还款期限一旦被拉长，则往往预示着财务风险。

从表 2-6 可知，天津国际货运公司 2025 年应付账款占总负债的 15.86%，比年初减少了 4.42%，小幅变动属于正常情况。

（4）预收款项项目分析。

预收款项是向购货单位预先收取的款项。预收款项是一种特殊的债务，其在偿付时不是以现金支付，而要以实物（存货）支付，所以，预收款项的偿还一般不会对现金流量产生影响。预收款项是一种“良性”债务，对企业来说，预收款项越多越好，企业可以无偿占用，同时预示产品销售情况良好，供不应求。

从表 2-6 可知，天津国际货运公司 2025 年的预收款项占总负债的 4.76%，比年初减少了 0.12%，小幅变动属于正常情况。

（5）其他应付款项目分析。

其他应付款是核算企业应付、暂存其他单位或个人的款项，如应付租入固定资产和包装物的租金、应付保险费、存入保证金、应付统筹退休金等。分析此项目时，应关注其他应付款项目是否有异常变动，如数额过大、持续时间过长等。此种情况可能隐含企业之间不正常的资金拆借，或转移营业收入等不正常的挂账行为。如变化不大，是正常现象。

从表 2-6 可知，天津国际货运公司 2025 年的其他应付款占总负债的 4.00%，比年初增加了 0.58%，小幅变动属于正常情况。

（6）一年内到期的非流动负债项目分析。

该项目反映的是企业的非流动负债距到期日还有不到一年（含一年），如长期借款还有不到一年到期等，这一项目提醒报表使用者注意近期需要偿还这些债务。

从表 2-6 可知，天津国际货运公司 2025 年年末的一年内到期的非流动负债占总负债的 8.46%，比年初增长了 2.33%。这说明公司短期还款的压力增大了。

（7）长期借款项目分析。

长期借款是向银行或其他金融机构借入的期限在一年以上（不含一年）的借款本息。一年内到期的长期借款已在流动负债中列示，本项目反映的是实质上的长期借款。长期借款一般用于固定资产的购建、固定资产改扩建工程、固定资产大修理工程等。分析此项目时，注意长期借款的占比、还款时间、借款来源等问题，防范财务风险。

从表 2-6 可知，天津国际货运公司 2025 年的长期借款占总负债的 49.42%，比年初增长了 4.08%。这一方面说明公司长期资产有稳定的资金来源，另一方面说明公司增加了长期借款额，财务成本增高，财务风险加大。

提 示 **关于长期负债增加，流动负债减少**

企业长期负债增加，流动负债减少，说明企业生产经营资金有长期保证，是扩大业务的好机会。在这种情况下，如果销售收入确实增长，则表明企业抓住了机会，经营有方。如果销售收入并未增长，有两种可能：一是企业通过增加在建工程进行结构性调整，这时要分析项目的预期效益；二是企业通过恶化资金结构，用降低结构稳定性的办法，暂时回避短期资金紧张的问题。

?讨论 影响负债项目变动的因素有哪些？

3. 所有者权益内部各重点项目分析

（1）实收资本（股本）项目分析。

实收资本是指投资者（股东）按照章程、合同、协议的规定，实际投入企业的资本。实收资本并不等于注册资本，注册资本是企业在公司登记机关登记的全体股东认缴的出资额。本项目一般在年度内不会发生增减变动。

如表2-3所示，天津国际货运公司2025年的实收资本（或股本）和年初持平，均为167.48百万元。这说明公司未进行扩大资本和减持资本的部署。

（2）资本公积项目分析。

资本公积是指企业收到投资者的超出在企业注册资本（或股本）中所占份额的投资，以及直接计入所有者权益的利得和损失等。在不同类型的企业中，所有者投入资本大于其在注册资本中所占份额的差额的表现形式有所不同。在股份有限公司，表现为超面值缴入股本，即实际出资额大于股票面值的差额（股本溢价）；在其他企业，则表现为资本溢价。直接计入所有者权益的利得和损失是指不应计入当期损益、会导致所有者权益发生增减变动、与所有者投入资本或向所有者分配利润无关的利得和损失。

阅读这一项目时，不能只关注资产负债表主表，还应关注附表和报表附注，结合财务分析方法，进行细致的分析与判断。

由表2-3经计算可知，天津国际货运公司2025年的资本公积占所有者权益合计的27.95%，比年初降低了1.35%。

（3）盈余公积项目分析。

盈余公积是指企业按照有关规定从净利润中提取的积累资金，包括法定盈余公积和任意盈余公积。法定盈余公积按照《中华人民共和国公司法》的规定从净利润中提取10%，任意盈余公积按照股东大会决议提取。法定盈余公积达注册资本50%时可不再提取。盈余公积可用于弥补亏损、转增资本或派发现金股利等。对于一个经营平稳的企业而言，这一项目各年之间会平稳增加。

由表2-3经计算可知，天津国际货运公司2025年的盈余公积占所有者权益合计的5.18%，比年初降低了0.42%，变动幅度正常。

（4）未分配利润项目分析。

未分配利润是企业实现的净利润经过弥补亏损、提取盈余公积、向投资者分配利润后留存在企业的历年结存的利润。这一项目的平稳增加，一是表明企业经营情况平稳上升，二是表明企业经营稳健；这一项目的减少，一是可能企业经营发生亏损，二是可能企业多分配了以往留存的未分配利润。

由表2-3经计算可知，天津国际货运公司2025年的未分配利润占所有者权益合计的53.88%，比年初提高了1.98%，是由于经营业绩良好导致的平稳增加。同时，未分配利润占所有者权益合计的50%以上，说明公司历年来经营情况较好。

?讨论 影响未分配利润项目变动的因素有哪些？

任务二　初步阅读与分析利润表

相关知识

一、利润表内涵解读

（一）利润表的概念

利润表也称为损益表，是反映企业一定期间内生产经营成果的财务报表。它是企业生产经营成果的集中反映，是衡量企业生存和发展能力的主要尺度。

利润表分析

（二）利润表的重要作用

（1）利润表可以反映企业一定会计期间收入的实现情况，如实现的营业收入有多少、实现的投资收益有多少、实现的营业外收入有多少等，据以判定未来的经营前景。

（2）利润表可以反映一定会计期间费用的耗费情况，如营业成本有多少、税金及附加有多少、销售费用和管理费用及财务费用有多少、营业外支出有多少等，据以判断成本控制的关键环节。

（3）利润表可以反映企业生产经营活动的成果，即净利润的实现情况，据以判断资本保值、增值情况，评价和考核管理人员的绩效。

二、初步阅读利润表

（一）利润表的结构分析

1. 利润表横向结构分析

利润表横向结构分析是指连续几个年度利润表各项目数据的变动额和变动率的比较，主要反映企业经营成果的动态趋势。

2. 利润表纵向结构分析

利润表纵向结构分析是将常规形式的利润表换算成结构百分比形式的利润表，即以营业收入总额为共同基数，定为100%，然后再求出表中各项目相对于共同基数的百分比，从而可以了解企业有关销售利润率以及各项费用率的百分比，同时其他各个项目与关键项目之间的比例关系会更加清晰地显示出来，据以分析经营成果的结构及增减变动是否合理，并判断公司的经营前景和成长性。

（二）利润表的项目分析

结合利润表结构数据，阅读利润表中的各项目，分析公司的收入、成本和经营成果的形成。

1. 营业收入项目分析

营业收入是利润的主要来源，由主营业务收入和其他业务收入相加而得。分析此项目时应结合报表附注对营业收入披露进行，从而了解营业收入中主营业务收入和其他业务收入各自的金额，以此来分析企业主营业务发展趋势，进而做出合理的判断。通过本期金额和上期金额的对比，可以看出企业经营前景和未来发展态势。若与上期比较该项目增加，说明企业经营状况良好，经营前景乐观，投资者可以考虑投资计划。

提 示　**两点需要注意**

（1）利润表“上期金额”栏内各项数字，应根据上年该期利润表“本期金额”栏内所列数字填列。如果上年该期利润表规定的各个项目的名称和内容同本期不相一致，应对上年该期利润表各项目的名称和数字按本期的规定进行调整，填入利润表。

（2）采用多期比较分析时，当绝对数的值很小，计算的百分比的值会很大。如“资产减值损失”两期的绝对值分别为1万元和7.5万元，而变动率为-86.67%，变动幅度非常大。相对于其他项目而言，由于其绝对值很小，此项的异动对报表使用者影响非常小。

2. 营业成本项目分析

营业成本与营业收入相对应，由主营业务成本和其他业务成本相加而得。分析此项目时应结合报表附注对营业成本的披露进行，从而了解营业成本中主营业务成本和其他业务成本各自的数额，看是否与营业收入相互配比。通过本期金额和上期金额的对比，分析成本变化的趋势，找出成本变化的原因。

3. 三大期间费用分析

三大期间费用指销售费用、管理费用和财务费用。这些费用与企业当期的销售环节、管理环节和筹资环节密切相关，通过分析其规模变动和结构变动可以判断费用的发生是否合理，从而可以评价企业的管理水平和财务状况，预测企业的发展前景。

4. 其他收益项目分析

其他收益反映计入其他收益的政府补助等。该项目应根据在损益类科目设置的“其他收益”科目的发生额分析填列。

5. 投资收益项目分析

投资收益是指企业在一定的会计期间对外投资所取得的回报。投资收益包括对外投资所分得的股利和收到的债券利息，以及投资到期收回或到期前转让债权的款项高于账面价值的差额等。分析此项目应结合报表附注的披露进行，以做出合理的判断。

6. 公允价值变动损益项目分析

公允价值变动损益反映的是企业交易性金融资产、交易性金融负债，以及采用公允价值模式计量的投资性房地产、衍生工具、套期保值业务等公允价值变动形成的应计入当期损益的利得或损失。分析此项目应结合报表附注的披露进行，以做出合理的判断。

7. 信用减值损失分析

信用减值损失反映企业按照《企业会计准则第22号——金融工具确认和计量》的要求计提的各项金融工具信用减值准备所确认的信用损失，该项目应根据“信用减值损失”科目的发生额分析填列。

8. 资产减值损失项目分析

资产减值损失反映企业因资产价值减损而计提资产减值准备所形成的损失，包括流动资产减值损失和长期资产减值损失。大部分长期资产的减值准备一经计提，以后不得转回。企业应提供减值损失的相关证明材料。分析此项目时应结合相关证明材料进行，这样才能解读其变化的具体原因，从而采取相应的对策。

9. 资产处置收益项目分析

资产处置收益反映企业出售划分为持有待售的非流动资产（金融工具、长期股权投资和投资性房地产除外）或处置组时确认的处置利得或损失，以及处置未划分为持有待售的固定资产、在建工程、生产性生物资产及无形资产而产生的处置利得或损失。债务重组中因处置非流动资产产生的利得或损失和非货币性资产交换产生的利得或损失也包括在本项目内。该项目应根据在损益类科目设置的“资产处置损益”科目的发生额分析填列；如为处置损失，以“－”号填列。

10. 营业利润项目分析

营业利润是企业经营活动中营业收入减营业成本、期间费用、资产减值损失的差额与公允价值变动收益、投资收益的总和，是企业全部经营活动所产生的利润，属于经营活动损益。通过此项目的分析可以判断企业获利能力的稳定性和持久性。企业营业利润的多少，代表了企业的总体经营管理水平和效果。通常，营业利润越大的企业，效益越好。

11. 营业外收入项目分析

营业外收入反映企业发生的营业利润以外的收益，主要包括债务重组利得、与企业日常活动无关的政府补助、盘盈利得、捐赠利得等。该项目应根据“营业外收入”科目的发生额分析填列。

12. 营业外支出项目分析

营业外支出反映企业发生的营业利润以外的支出，主要包括债务重组损失、公益性捐赠支出、非常损失、盘亏损失、非流动资产毁损报废损失等。该项目应根据“营业外支出”科目的发生额分析填列。

13. 利润总额和净利润项目分析

利润总额反映的是企业的营业利润与营业外收支净额的和。通过阅读此项目，总括了解企业利润的总量，并通过对比分析，找出进一步提高利润的途径和方法。

净利润是利润总额扣除所得税后的经营所得。通过本期和上期净利润可以计算净利润增长率，反映企业获利能力的增长情况和长期的盈利能力趋势。

14. 持续经营净利润和终止经营净利润项目分析

持续经营净利润和终止经营净利润分别反映净利润中与持续经营相关的净利润和与终止经营相关的净利润，如为净亏损，以“－”号填列。该两个项目应按照《企业会计准则第 42 号——持有待售的非流动资产、处置组和终止经营》的相关规定分别列报。

15. 其他综合收益的税后净额项目分析

其他综合收益的税后净额反映企业根据《企业会计准则》的规定未在当期损益中确认的各项利得和损失扣除所得税影响后的净额。

16. 综合收益总额项目分析

综合收益总额反映净利润和其他综合收益扣除所得税影响后的净额相加后的合计金额。

17. 每股收益项目分析

每股收益是归属于普通股股东的净利润除以发行在外普通股股数的加权平均数。每股收益是衡量公司业绩的基本指标，是反映投资价值的重要指标，是广大投资者关注的重点。《企业会计准则第 34 号——每股收益》规定：在利润表中要同时列示基本每股收益和稀释每股收益，同时要求在附注中详细披露计算过程，以供投资者投资决策参考。通过分析此项目可以在一定程度上了解公司的盈利能力和成长性。

提　示　**分析每股收益指标的专家建议**

投资者在使用每股收益指标时一定要结合其他财务信息、非财务信息等相关要素，如公司的净利润增长率、净资产收益率、销售利润率、资产周转率等指标的变化，以及公司所处行业的周期、行业地位、宏观环境变化等因素，进行综合分析后理性投资。

每股收益仅代表某年每股的收益情况，基本不具备延续性，因此不能够将它单独作为判断公司成长性的指标。我国的上市公司很少分红利，大多数时候是送股，同时为了融资会选择增发和配股或者发行可转换公司债券，所有这些行为均会改变总股本。如果总股本发生变化，每股收益也会发生相应的变化。

【例 2-5】　天津国际货运公司 2025 年 12 月 31 日经审计后的利润表，如表 2-8 所示。

表 2-8　利润表（简表）

2025 年 12 月

编制单位：天津国际货运公司　　　　单位：百万元

项目	本期金额	上期金额
一、营业收入	977.61	1 126.58
减：营业成本	747.27	862.83
税金及附加	17.69	18.95
销售费用	—	—
管理费用	96.03	99.66
财务费用	22.89	19.06
加：其他收益	0	0
投资收益	7.92	11.48
资产减值损失	0.01	0.75
资产处置收益	0	0
二、营业利润	101.64	136.81
加：营业外收入	0.90	4.13
减：营业外支出	2.51	1.86
三、利润总额	100.03	139.08
减：所得税费用	16.07	24.72
四、净利润	83.96	114.36
五、其他综合收益的税后净额	0	0

续表

项目	本期金额	上期金额
六、综合收益总额	83.96	114.36
七、每股收益		
（一）基本每股收益（元）	0.38	0.57
（二）稀释每股收益（元）	0.38	0.57

要求：阅读并分析天津国际货运公司的利润表。

解：

（1）天津国际货运公司利润表结构分析。

1）横向结构分析。

计算利润表内项目的增减变动额和变动率，如表 2－9 所示。

表 2－9　利润表横向结构变动表（简表）　　单位：百万元

项目	本期金额 ①	上期金额 ②	变动额 ③＝①－②	变动率 ④＝③/②
一、营业收入	977.61	1 126.58	－148.97	－13.22%
减：营业成本	747.27	862.83	－115.56	－13.39%
税金及附加	17.69	18.95	－1.26	－6.65%
销售费用	—	—	—	—
管理费用	96.03	99.66	－3.63	－3.64%
财务费用	22.89	19.06	3.83	20.09%
加：其他收益	0	0	0	0
投资收益	7.92	11.48	－3.56	－31.01%
资产减值损失	0.01	0.75	－0.74	－98.67%
二、营业利润	101.64	136.81	－35.17	－25.71%
加：营业外收入	0.90	4.13	－3.23	－78.21%
减：营业外支出	2.51	1.86	0.65	34.95%
三、利润总额	100.03	139.08	－39.05	－28.08%
减：所得税费用	16.07	24.72	－8.65	－35%
四、净利润	83.96	114.36	－30.40	－26.58%
五、其他综合收益的税后净额	0	0	0	0
六、综合收益总额	83.96	114.36	－30.40	－26.58%
七、每股收益				
（一）基本每股收益（元）	0.38	0.57	－0.19	－33.33%
（二）稀释每股收益（元）	0.38	0.57	－0.19	－33.33%

通过本期金额与上期金额的横向比较，可以看出净利润的变化主要表现在以下几个

方面：

第一，2025 年营业收入比 2024 年下降了 13.22%。公司的业务规模缩小，是净利润减少的直接原因。

第二，营业成本比上年下降了 13.39%，且下降幅度大于营业收入的下降幅度。这说明公司在业务规模缩小的情况下，注重成本的控制。

第三，本年财务费用的上升和投资收益的下降使净利润数额减少，其原因要进一步分析。

第四，本年营业外收入的下降和营业外支出的上升同样使净利润数额减少，其原因也要进一步分析。

总之，通过两年利润表项目的横向比较，可以看出天津国际货运公司的净利润比上年下降了 26.58%，下降幅度很大。该公司的经营环境出现逆转，未来的经营业绩堪忧。

2）纵向结构分析。

以营业收入总额为共同基数，定为 100%，计算利润表内其他项目占营业收入的百分比，如表 2-10 所示。

表 2-10　利润表纵向结构变动表　　单位：百万元

项目	本期金额	上期金额	本期结构 ①	上期结构 ②	结构变动 ③=①-②
一、营业收入	977.61	1 126.58	100%	100%	—
减：营业成本	747.27	862.83	76.44%	76.59%	-0.15%
税金及附加	17.69	18.95	1.81%	1.68%	0.13%
销售费用	—	—	—	—	—
管理费用	96.03	99.66	9.82%	8.85%	0.97%
财务费用	22.89	19.06	2.34%	1.69%	0.65%
加：其他收益	0	0			
投资收益	7.92	11.48	0.81%	1.02%	-0.21%
资产减值损失	0.01	0.75	—	—	
二、营业利润	101.64	136.81	10.4%	12.14%	-1.74%
加：营业外收入	0.90	4.13	0.09%	0.37%	-0.28%
减：营业外支出	2.51	1.86	0.26%	0.17%	0.09%
三、利润总额	100.03	139.08	10.23%	12.35%	-2.21%
减：所得税费用	16.07	24.72	1.64%	2.19%	-0.55%
四、净利润	83.96	114.36	8.59%	10.15%	-1.56%
五、其他综合收益的税后净额	0	0			
六、综合收益总额	83.96	114.36	8.59%	10.15%	-1.56%
七、每股收益					
（一）基本每股收益（元）	0.38	0.57			
（二）稀释每股收益（元）	0.38	0.57			

从表 2-10 可以看出各个项目占营业收入的比重及其变动情况：

第一，营业成本率呈微小的下降趋势，2025 年为 76.44%，比上年下降了 0.15 个百分点，在 2025 年通货膨胀率不断上升的环境下，公司直接成本有所下降已是很大的成绩了。但是，公司业务的毛利率不足30%，说明公司应调整业务结构，增加毛利率大的项目的经营，创造更多的营业利润。

第二，税金及附加、管理费用、财务费用的占比2025年较上年均有不同程度的上升。税金及附加占比的上升可能是由于税率的变化所致，要查看相应的明细资料，如果不是税率变化所致，就要分析营业收入是否有虚计问题。管理费用的占比上升幅度最大，这是公司应引起注意的问题，未来要严格控制此项费用的开支。财务费用的占比上升是由于2025年银行借款增加所致。

第三，利润率呈下降趋势，2025年为10.23%，比上年下降2.21个百分点，主要是由于税金及附加等费用的占比上升和投资收益、营业外收入占比下降所致。

总之，通过两年的利润表项目的纵向比较，可以看出天津国际货运公司的利润占营业收入的比重呈下降趋势，据此可以判断公司的资源配置出现问题，公司的成长性减弱。

(2) 天津国际货运公司利润表项目分析。

1) 营业成本项目分析。

从表2-9可知，2025年营业收入比上年下降了13.22%，同时营业成本比上年下降了13.39%。下降的原因通过报表附注可知，营业收入下降，主要是本期公司货物吞吐量同比下降引起主业装卸收入同比减少及燃油价格同比下降引起销售收入同比减少共同影响所致。营业成本下降，主要是本期公司货物吞吐量同比下降导致与生产量相关的主业变动成本同比减少及燃油价格同比下降引起销售成本同比减少共同影响所致。

?讨论 2025年天津国际货运公司营业毛利额为多少？变动率为多少？

2) 三大期间费用分析。

从表2-10可知，公司2025年和2024年均未发生销售费用，这符合港口服务业的特点。从表2-9可知，管理费用比上年下降了3.64%，表明公司在对管理费用绝对支出额的控制上取得了成绩；从其占营业收入的比重上看，2025年比上年上升了0.97%，这一现象要引起管理层的关注，虽然管理费用有一大部分属于固定成本，与业务量的减少不相关，但在主业减少的情况下，控制管理费用的绝对额支出显然是增加利润的渠道之一。财务费用2025年比上年上升了20.09%，这一方面表明公司利息负担加重，另一方面表明公司更充分地利用了财务杠杆来节税。

?讨论 结合2025年天津国际货运公司资产负债表分析财务费用增加的原因。

3) 资产减值损失项目分析。

从表2-9可知，公司2025年的资产减值损失比上年减少0.74百万元，说明公司流动资产的公允价值上升了。

4) 投资收益项目分析。

从表2-9可知，公司2025年的投资收益比上年减少3.56百万元，下降了31.01%，下降幅度较大，应分析投资失利的原因，将有限的资金投入到比较有发展空间和实力的企业，以增强自身实力。另外，报表使用者应注意公司是否存在利用与投资方的关系通过投资收益项目来调节利润的行为。

5）营业利润项目分析。

从表 2-9 可知，天津国际货运公司 2025 年的营业利润比上年减少了 35.17 百万元，变动率为－25.71%，下降幅度较大，其原因主要是营业毛利大幅下降。通过阅读报表附注，营业毛利下降的原因是受国际金融危机的影响，装卸业务和销售业务大幅度下滑；投资收益下降的原因是联营企业利润减少。在国际金融危机的背景下，公司应积极开拓国内业务，进行多元化经营，以此来增加公司营业利润。

6）营业外收入和营业外支出项目分析。

从表 2-9 可知，天津国际货运公司 2025 年营业外收入是 0.9 百万元，比上年下降了 3.23 百万元，变动率为－78.21%，下降幅度很大，进一步加速了利润总额的下滑趋势，具体原因应进一步分析。营业外支出 2025 年是 2.51 百万元，比上年上升了 0.65 百万元，变动率为 34.95%。两个项目的变动率较大与其绝对数额较小有关。

7）利润总额、净利润和综合收益总额项目分析。

利润总额反映的是企业的营业利润与营业外收支净额的和，通过阅读此项目可以总括了解企业利润的总量，并通过对比分析，找出进一步提高利润的途径和方法。

从表 2-9 可知，天津国际货运公司 2025 年的利润总额比上年减少了 39.05 百万元，变动率为－28.08%，下降幅度较大，其原因主要为营业利润的大幅度下降导致。

净利润是指企业所有者最终取得的财务成果，或可供企业所有者分配或使用的财务成果。通过本期和上期净利润可以计算净利润增长率，反映企业获利能力的增长情况和长期的盈利能力趋势。

从表 2-9 可知，天津国际货运公司 2025 年的净利润比上年减少了 30.40 百万元，变动率为－26.58%，下降幅度较大，表明本年的获利能力下降，未来的盈利能力堪忧。

综合收益总额是净利润与其他综合收益的税后净额相加后的合计金额，天津国际货运公司其他综合收益的税后净额为 0，所以综合收益总额与净利润总额一致，其变动率及变动原因与净利润变动一致。

8）每股收益项目分析。

从表 2-9 可知，天津国际货运公司 2025 年的每股收益比上年减少了 0.19 百万元，变动率为－33.33%，下降幅度较大，其原因主要为净利润下降。

？讨论 分析利润表的目的是什么？如何体现？

素养园地 **警惕容易被粉饰的利润表**

企业因管理层业绩需求、融资需求、偷税避税等动因，会以虚增收入、推迟结转成本等手段来操纵利润表，追求个人利益，损害国家利益、他人利益。作为提供利润表信息的财务人员，应该坚持准则，客观公正地提供会计信息，说服企业决策者依法经营，禁止突击修改报表、粉饰经营业绩。

任务实施

内容	结论
1. 引导案例中滨海利达公司资产负债表中的资产项目和负债项目出现大幅变动，原因可能有哪些？	
2. 引导案例中滨海利达公司长期借款 2025 年比 2024 年增加了 5 500 万元左右，是否存在短期借款到期而用长期借款来偿付的可能？	
3. 引导案例中滨海利达公司利润表中的营业收入 2025 年比 2024 年增加了 12.30%，而营业成本不增反降的原因是什么？	
4. 引导案例中滨海利达公司税金及附加、管理费用、资产减值损失的变动与利润总额变动的关系是什么？	
教师评价	

组号		姓名		组长签字	
教师签字		日期			

综合素养提升

扫码查看泰达股份财务报表，完成以下任务：

（1）根据泰达股份的资产负债表分析其财务实力、资产结构、负债结构、资本结构和公司的偿债能力及支付能力。

（2）根据泰达股份的利润表分析其收入、成本和经营成果的形成及结构，分析其增减变动是否合理，判断公司的经营前景和成长性。

泰达股份
财务报表

在线测试

【学习效果检验】

一、判断题

1. 如果本期未分配利润少于上期，说明企业本期经营亏损。（　　）

2. 只要本期盈余公积增加，就可以断定企业本期经营是有成效的。（　　）

3. 负债结构变动一定会引起负债规模发生变动。（　　）

4. 如果企业的资金全部是权益资金，则企业既无财务风险也无经营风险。（　　）

5. 资产负债表中某项目的变动幅度越大，对资产或权益的影响就越大。（　　）

6. 企业能否持续增长，对投资者、经营者至关重要，而对债权人相对不重要，因为他们更关心企业的变现能力。（　　）

7. 每股收益是评价上市公司获利能力的基本和核心指标。（　　）

8. 投资收益构成营业利润的一部分。（　　）

9. 流动资产减值损失一经计提，以后不得转回。（　　）

10. 公允价值变动损益反映的是企业交易性金融资产、交易性金融负债，以及采用公允价值模式计量的投资性房地产、衍生工具、套期保值业务等公允价值变动形成的应计入当期损益的利得或损失。（　　）

二、单选题

1. 企业资本结构发生变动的原因是（　　）。

A. 发行新股　　B. 资本公积转股

C. 盈余公积转股　　D. 以未分配利润送股

2. 下列各项中，（　　）不是影响固定资产净值升降的直接因素。

A. 固定资产净残值　　B. 固定资产折旧方法

C. 折旧年限的变动　　D. 固定资产减值准备的计提

3. 当法定盈余公积达到注册资本的（　　）时，可以不再计提。

A. 5%　　B. 10%　　C. 25%　　D. 50%

4. 企业利润总额中，最基本且最稳定的因素是(　　)。

A. 其他业务收入　　B. 营业收入　　C. 投资收益　　D. 营业利润

5. 资本结构具体是指企业的(　　)的构成和比例关系。

A. 权益资本与长期负债　　B. 长期债权投资与流动负债

C. 资产与负债　　D. 资产与实收资本

三、多选题

1. 下列项目中，不属于企业资产规模增加的原因的是(　　)。

A. 企业对外举债　　B. 企业发放股利　　C. 企业发行股票　　D. 企业实现盈利

E. 企业偿还贷款

2. 引起利润变化的表层原因有(　　)。

A. 营业成本上升　　B. 管理费用加大

C. 营业外支出增加　　D. 成本控制不力

3. 对财务报表进行分析，主要是对企业的(　　)进行分析，为进一步分析奠定基础。

A. 投资情况　　B. 筹资情况　　C. 财务状况　　D. 经营成果

E. 现金流量

4. 流动资产包括(　　)。

A. 应收账款　　B. 预付账款　　C. 预收账款　　D. 周转材料

5. (　　)不属于流动负债。

A. 应收账款　　B. 预付账款

C. 一年内到期的长期借款　　D. 短期借款

四、计算分析题

1. 某公司 2025 年利润表如表 2-11 所示。

表 2-11　利润表

2025 年　　单位：万元

项目	本期金额	上期金额
一、营业收入	1 396 902	1 253 496
减：营业成本	1 153 535	1 052 033
税金及附加	15 450	7 334
销售费用	3 143	2 148
管理费用	133 513	117 624
财务费用	-25 485	114 732
加：投资收益（损失以“-”号填列）	26 876	75 008
资产减值损失	5 283	2 341
二、营业利润（亏损以“-”号填列）	138 339	32 292
加：营业外收入	19	0

续表

项目	本期金额	上期金额
减：营业外支出	4 553	2 184
三、利润总额（亏损总额以“—”号填列）	133 805	30 108
减：所得税费用	25 477	4 609
四、净利润（净亏损以“—”号填列）	108 328	25 499
五、其他收益的税后净额	0	0
六、综合收益总额	108 328	25 499

要求：(1) 分析利润增减变动情况。

(2) 对利润结构进行分析。

(3) 评价经营成果完成情况。

2. 广发公司 2025 年的利润表如表 2-12 所示。

表 2-12 利润表

编制单位：广发公司　　2025 年　　单位：万元

项目	本期金额	上期金额
一、营业收入	41 248	48 258
减：营业成本	26 801	32 187
税金及附加	164	267
营业费用	1 380	1 537
管理费用	2 867	4 279
财务费用	1 615	1 855
加：投资收益	990	1 250
资产减值损失		51
二、营业利润	9 411	9 332
加：营业外收入	694	365
减：营业外支出	59	33
三、利润总额	10 046	9 664
减：所得税费用	3 315	3 255
四、净利润	6 731	6 409
五、其他收益的税后净额	0	0
六、综合收益总额	6 731	6 409

要求：(1) 编制结构百分比财务报表。

(2) 简要评述 2024 年与 2025 年利润表各项目的变动情况，并分析其原因。

3. 宏达公司2025年简易资产负债表如表2-13所示。

表2-13　资产负债表（简表）

编制单位：宏达公司　　　　2025年12月31日　　　　单位：万元

资产	年初数	年末数	负债及所有者权益	年初数	年末数
流动资产	8 684	6 791	流动负债	5 850	4 140
其中：应收账款	4 071	3 144	其中：应付账款	5 277	3 614
存货	3 025	2 178	长期负债	10 334	4 545
固定资产净值	8 013	6 663	负债合计	16 184	8 685
无形及递延资产	6 267	1 244	所有者权益	6 780	6 013
			其中：实收资本	6 000	5 000
资产总计	22 964	14 698	负债及所有者权益总计	22 964	14 698

要求：(1) 计算各项目的增减额和增减百分比。

(2) 根据计算结果，对流动资产、固定资产、流动负债、长期负债、所有者权益的增减变动情况进行分析评价。

(3) 对宏达公司的资产负债表进行结构变动分析。

【学习评价】

1. 学生自我评价表

学生自我评价表

班级		姓名		学号	
模块名称					
评价指标	评价内容			分数	自我评分
数字素养	能够快速有效地获取财务信息并具备评价、整合、交流信息的能力。			5 分	
职前工作	能感知工作岗位职责，认同工作价值。			5 分	
参与态度	积极主动参与课上讨论、课后组内任务，与教师、同学之间相互尊重、理解。			5 分	
学习能力	主动探究、自主学习；能发表个人见解；能按要求完成实训任务；能够虚心倾听、协作共享。			5 分	
学习方法	学习方法得体；实操技能得到提高。			5 分	
学习过程	遵守实训室管理规程；出勤、任务完成等情况良好。			5 分	
知识目标	掌握资产负债表和利润表初步分析的步骤和方法。			20 分	
能力目标	能分析企业的资产结构、负债结构和资本结构；能初步预测企业的经营前景和成长性。			20 分	
素养目标	数字素养提升，团结协助能力增强。			20 分	
自评反馈	按时按质完成工作任务；较好地掌握专业知识点；具有较强的信息分析能力和理解能力；具有较为全面严谨的思维能力并能条理清晰地进行有效沟通。			10 分	
自评分数					
存在的不足					
努力的方向					

2. 教师评价表

教师评价表

班级		组名		姓名	
模块名称					
评价内容	评价要点			分数	教师评分
1. 信息收集情况	任务实施过程中文献查阅			10分	
2. 互动交流情况	组内交流，教学互动			10分	
3. 任务完成情况	确定准确的分析目的和报表内容			10分	
	收集完整且适配的信息资料			10分	
	掌握并运用恰当的分析方法			20分	
	能设计合理的分析步骤			10分	
	确定准确的报表分析内容和目的			10分	
4. 素养目标达成情况	团队协作			20分	
	自主探究				
	学习态度				
	课堂纪律				
	出勤情况				
	责任意识				
	劳动纪律				
	创新意识				
合计				100分	
教师签名					

模块三　企业短期偿债能力分析

学习目标

能力目标

1. 能熟练计算短期偿债能力指标；
2. 能评价企业短期偿债能力，提出提高短期偿债能力的对策和建议。

知识目标

1. 掌握短期偿债能力分析方法；
2. 了解短期偿债能力的概念，熟悉短期偿债能力分析的作用；
3. 理解短期偿债能力与资产流动性的关系。

素养目标

1. 具备遵纪守法、诚实守信、吃苦耐劳的职业素养；
2. 具备勤俭节约、艰苦朴素的生活态度；
3. 扎根财经领域，培养会计工匠精神。

任务导学

序号	任务	教师活动	学生活动
1	企业短期偿债能力认知	(1) 以“引导案例：新港公司短期偿债分析”为切入点，指导学生讨论短期偿债能力的内涵及意义，厘清学习目标； (2) 组织学生学习短期偿债能力与资产流动性的关系。	(1) 倾听教师讲解； (2) 讨论引导案例中的短期偿债能力要素，明确课程学习目标； (3) 以小组为单位共同研讨短期偿债能力与资产流动性的关系，组内交流。
2	企业短期偿债能力指标计算与分析	(1) 以引导案例中的流动比率、速动比率、现金流量比率为切入点，讲解短期偿债能力指标涉及的范畴、指标的分子分母内涵、指标值对企业短期经营的意义； (2) 运用 Excel 工具示范指标值的计算过程并进行可视化分析，讲解指标值的一般规律； (3) 组织学生研讨影响短期偿债能力的因素。	(1) 倾听教师讲解； (2) 讨论并记忆短期偿债能力指标； (3) 运用 Excel 计算指标值，并分析公司短期偿债能力的强弱； (4) 创新指标值可视化呈现的方式； (5) 以小组为单位共同研讨影响短期偿债能力的因素； (6) 远离校园贷，树立正确的消费观，养成艰苦朴素、勤俭节约的生活作风。

续表

序号	任务	教师活动	学生活动
3	综合素养提升	布置训练任务：利用 Excel 等工具计算并分析泰达股份 2023 年、2024 年短期偿债能力水平的变化，并评价该公司的短期偿债能力。	5 人为一组，确定组长，组织完成训练任务，分析报告提交至课程平台，线上汇报交流。
4	学习效果检验	在课程平台布置测试内容，完成教师评价并汇总评价结果，发布评价结果。	完成测试，进行自我评价。

引导案例

新港公司短期偿债能力分析

新港公司是一家机械加工企业，近 3 年的相关财务数据如表 3-1 所示，短期偿债能力分析如图 3-1 所示。

表 3-1　新港公司的相关数据

项目	2025 年	2024 年	2023 年
流动资产（元）	28 264 700	20 552 100	13 032 300
流动负债（元）	20 072 400	12 965 100	6 805 830
存货（元）	20 833 500	13 291 644	9 008 530
经营活动现金净流量（元）	338 942	223 726	925 335
流动比率	1.41	1.59	1.91
现金流量比率	0.016 9	0.017 3	0.136 0
速动比率	0.37	0.56	0.59

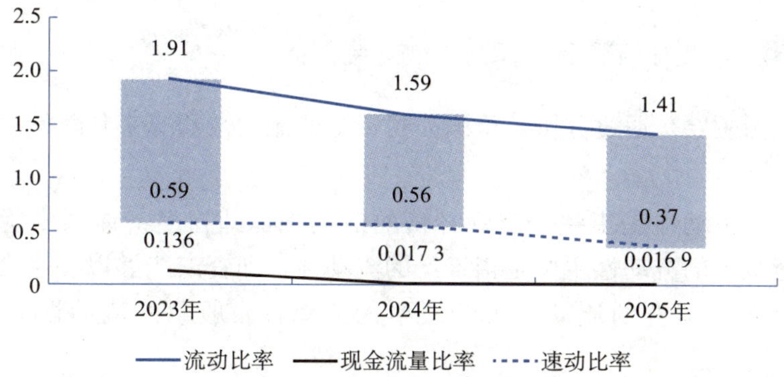

图 3-1　短期偿债能力分析

由图 3-1 可以看出，该公司流动比率和速动比率呈下降的趋势，短期偿债能力逐年减弱，现金流量比率也比较低。总体而言，新港公司的短期偿债能力正在减弱。

思考：

（1）评价企业短期偿债能力应考虑哪些要素及指标？

（2）企业短期偿债能力的分析方法有哪些？

下面，让我们一起来解决这些问题。

任务一　企业短期偿债能力认知

相关知识

短期偿债能力分析

一、短期偿债能力分析内涵解读

（一）短期偿债能力分析的概念

短期偿债能力就是企业以流动资产偿还流动负债的能力。它反映企业偿付日常到期债务的实力、企业能否及时偿付到期的流动负债，是反映企业财务状况好坏的重要标志。财务人员必须十分重视短期债务的偿还能力，维护企业的良好信誉。

（二）短期偿债能力分析的意义

短期偿债能力是企业的债权人、投资者、材料供应单位等所关心的重要问题。对债权人来说，企业只有具备充足的偿还能力，才能保证其债权的安全，按期取得利息，到期收回本金。对投资者来说，如果企业的短期偿债能力发生问题，就会牵制企业经营管理人员的大量精力去筹措资金，应付还债，这样就难以全神贯注经营管理，还会增加企业筹资的难度，或加大临时性紧急筹资的成本，影响企业的盈利能力。对材料供应单位来说，则可能影响应收账款的取得。因此，企业短期偿债能力是企业本身及有关方面都很关心的重要问题。

二、短期偿债能力与资产流动性的关系

短期偿债能力主要是通过分析、检测公司资金的流动性状况来判断的。

（一）流动性的理解

宏观意义上的流动性是指整个宏观经济的流动性，即在经济体系中货币投放量的多少。财务管理意义上的流动性主要是指资产的流动性，即资产能够以一个合理的价格顺利变现的能力。例如，债券的流动性大于股票的流动性，股票的流动性大于房地产的流动性。

（二）资产流动性与风险和收益的关系

1. 资产流动性与风险的关系

资产流动性越强，资产的转换时间越短，时期性风险就越小；资产流动性越强，其流

动性风险和利率风险就越小；资产流动性能体现企业的偿债能力，资产流动性越强，说明企业的偿债能力越强，企业的财务风险越小。

2. 资产流动性与收益的关系

资产的流动性与资产的收益性呈反方向变化，资产流动性越强，其收益性就越差。现金是流动性最强的资产，但同时又是一种非盈利性资产，不能给企业带来任何收益；相反，固定资产的流动性很差，却是盈利性资产，企业的盈利还得靠这些流动性低的资产来创造。

任务二 企业短期偿债能力指标计算与分析

相关知识

一、比率分析法

反映企业短期偿债能力的财务指标主要有营运资金、流动比率、速动比率、现金比率和现金流量比率。

（一）营运资金

企业短期偿债能力的高低同营运资金的多少有着密切的联系。营运资金是指流动资产减去流动负债后的净额。其计算公式如下：

营运资金＝流动资产－流动负债

营运资金数额的多少，一般可以反映企业短期偿债能力的强弱。营运资金数额越多，企业短期偿债能力越强；反之，短期偿债能力越弱。营运资金是流动资产与流动负债之差，是个绝对数，如果企业之间规模相差很大，绝对数相比的意义就很有限。营运资金增减变化的原因，还要进一步结合企业生产经营规模的改变、流动资产结构的调整、反映短期偿债能力的其他指标等，来做出合理的评价。

【例 3－1】 WKL 房地产公司短期偿债能力指标数据如表 3－2 所示。

表 3－2 WKL 房地产公司短期偿债能力指标数据 单位：元

项目	2025 年	2024 年	2023 年
流动资产	28 264 700	20 552 100	13 032 300
流动负债	20 072 400	12 965 100	6 805 830
存货	20 833 500	13 333 300	9 008 530
经营活动现金净流量	339 000	223 724	125 334
营运资金	8 192 300	7 587 000	6 226 470

要求：分析 WKL 房地产公司的短期偿债能力。

解：

WKL 房地产公司各年的流动资产都远远大于流动负债，营运资金连续三年均有所增加，说明公司的短期偿债能力进一步增强。

（二）流动比率

流动比率是流动资产与流动负债的比率，该指标表示企业每一元流动负债有多少流动资产作为偿还的保证，它反映企业用短期内能转变为现金的流动资产偿还到期流动负债的能力。其计算公式如下：

$$流动比率=\frac{流动资产}{流动负债}$$

一般情况下，流动比率越高，反映企业短期偿债能力越强，债权人的权益越有保证。流动比率高，不仅反映企业拥有的营运资金多，可用以抵偿债务，而且表明企业可以变现的资产数额大，债权人遭受损失的风险小。根据长期经验，一般认为 2∶1 的流动比率表明企业财务状况稳定可靠，除了满足日常生产经营的流动资金需要外，还有足够的财力偿付到期的短期债务。如果比率过低，则表示企业可能捉襟见肘，难以如期偿还债务。但是，流动比率也不能过高，过高表明企业流动资产占用较多，会影响资金的使用效率和企业的获利能力。流动比率过高，可能是由于应收账款占用过多，有产成品呆滞、积压的现象。因此，分析流动比率还需注意流动资产的结构、流动资产的周转情况以及流动负债的数量与结构等。

流动负债是计算流动比率的因素之一，其数额和结构都会影响流动比率指标的大小。流动负债包括短期借款、应付票据、应付工资、应付职工薪酬、应付利润、应交税费、其他应付款等。这些短期负债项目，有的是因为短期借入和商业信用而形成的，有的则是因为结算程序的原因而形成的。作为借入资金，企业要按期还本付息，商业信用也必须按期偿付，这些都是首先要用易于变现的流动资产来偿还的。因此，分析流动比率时，应对不同性质的流动负债分别加以分析，以利于合理安排。

流动比率是个相对数，与营运资金相比，排除了企业规模不同的影响，更适合企业之间以及本企业不同历史时期的比较。

计算出来的流动比率，只有和同行业平均流动比率、本企业历史的流动比率进行比较，才能知道这个比率是高还是低。这种比较通常并不能说明流动比率为什么这么高或这么低，要找出过高或过低的原因还必须分析流动资产和流动负债所包括的内容以及经营上的因素。一般情况下，营业周期、流动资产中的应收账款数额和存货的周转速度是影响流动比率的主要因素。

【例 3-2】 承例 3-1 资料，计算 WKL 房地产公司各年的流动比率。

解：

各年的流动比率如下：

2025 年流动比率＝28 264 700/20 072 400＝1.41

2024 年流动比率＝20 552 100/12 965 100＝1.59

2023 年流动比率＝13 032 300/6 805 830＝1.91

通过计算可以看出，WKL 房地产公司的流动比率有所降低，但并不一定说明该公司的短期偿债能力在减弱，还应结合行业特点加以分析。

（三）速动比率

速动比率也称为酸性测试比率，是企业速动资产与流动负债的比率。速动资产包括货币资金、短期投资、应收票据、应收账款、其他应收款项等流动资产，而存货则不应计入。这一比率用以衡量企业流动资产中可以立即用于偿付流动负债的能力。速动比率的计算公式为：

$$速动比率=\frac{速动资产}{流动负债}=\frac{流动资产-存货}{流动负债}$$

计算速动资产时，之所以要扣除存货，是因为存货是流动资产中变现较慢的部分，它通常要经过产品的售出和账款的收回两个过程才能变为现金，因此，不应计入速动资产。把存货从流动资产总额中减去而计算出的速动比率，反映的短期偿债能力更加令人信服。

速度比率可用作流动比率的辅助指标。有时企业流动比率虽然较高，但可用于立即支付的流动资产却很少，企业的短期偿债能力仍然较差。因此，速动比率能更准确地反映企业的短期偿债能力。根据经验，一般认为速动比率为 1 较为合适。它表明企业的每一元短期负债，都有一元易于变现的资产作为抵偿。如果速动比率过低，说明企业的偿债能力存在问题；如果速动比率过高，则说明企业因拥有过多的货币性资产，而可能失去一些有利的投资和获利机会。

值得注意的是，虽然通常认为正常的速动比率为 1，低于 1 的速动比率被认为是短期偿债能力偏低，但这仅是一般的看法，因为行业不同，速动比率会有很大的差别。例如，采用大量现金销售的商店，几乎没有应收账款，大大低于 1 的速动比率是很正常的。相反，一些应收账款较多的企业，速动比率可能要大于 1。

此外，影响速动比率可信性的重要因素是应收账款的变现能力。账面上的应收账款不一定都能变成现金，实际的坏账可能比计提的准备要多，季节性的变化等都会使速动比率受到影响。

由于各行业之间的差别，在计算速动比率时，除扣除存货以外，还可以从流动资产中去掉其他一些可能与当期现金流量无关的项目，以计算更进一步的变现能力。保守速动比率（超速动比率）的计算公式如下：

保守速动比率＝(货币资金＋短期投资＋应收票据＋应收账款)/流动负债

【例 3-3】 承例 3-1 资料，计算 WKL 房地产公司各年的速动比率。

解：

WKL 房地产公司各年的速动比率为：

2025 年速动比率＝(28 264 700－20 833 500)/20 072 400＝0.37

2024 年速动比率＝(20 552 100－13 333 300)/12 965 100＝0.56

2023 年速动比率＝(13 032 300－9 008 530)/6 805 830＝0.59

通过计算可以看出，WKL 房地产公司连续 3 年的速动比率均小于 1，但这并不能说明该公司的短期偿债能力差，还应结合行业特点进一步分析。房地产公司的存货主要是该公司已经开发但尚未出售的楼盘。

（四）现金比率

现金比率是企业现金类资产与流动负债的比率。现金类资产包括企业所拥有的货币资金和持有的有价证券（指易于变为现金的有价证券），它是速动资产扣除应收账款后的余额。由于应收账款存在着发生坏账损失的可能，某些到期的账款不一定能按时收回，因此，速动资产扣除应收账款后计算出来的金额，最能反映企业直接偿付流动负债的能力。其计算公式如下：

$$现金比率=\frac{现金+有价证券}{流动负债}$$

现金比率虽然能反映企业的直接支付能力，但在一般情况下，企业不可能也没有必要保留过多的现金类资产。如果这一比率过高，就意味着企业所筹集的流动负债未能得到合理的运用，而经常以获利能力低的现金类资产保留着。

（五）现金流量比率

现金流量比率是经营活动现金净流量与流动负债的比率，该指标能够更准确地反映企业的短期偿债能力。其计算公式如下：

$$现金流量比率=\frac{经营活动现金净流量}{流动负债}$$

【例 3-4】 承例 3-1 资料，计算 WKL 房地产公司各年的现金流量比率。

解：

WKL 房地产公司各年的现金流量比率如下：

2025 年现金流量比率＝339 000/20 072 400＝0.016 9

2024 年现金流量比率＝223 724/12 965 100＝0.017 3

2023 年现金流量比率＝125 334/6 805 830＝0.018 4

通过计算可以看出，WKL 房地产公司的现金流量比率近 3 年基本保持稳定，但经营活动产生的现金净流量在增加，说明该公司的短期偿债能力在增强。

二、趋势分析法

趋势分析法又称比较分析法、水平分析法，它是将两期或多期连续的相同指标或比率进行定基对比和环比对比，得出它们的增减变动方向、数额和幅度，以揭示企业财务状况、经营情况和现金流量变化趋势的一种分析方法。采用趋势分析法通常要编制比较会计报表。

三、行业比较分析法

行业比较分析根据比较的标准不同，可以分为与行业先进水平比较、与行业平均水平比较和与竞争对手比较。一般认为，正常情况下，流动比率为 2、速动比率为 1 时比较安全，尤其对于制造业企业。表 3-3 是部分行业的流动比率和速动比率的数值，进行行业比较分析时可以做参考。

表 3-3　部分行业的流动比率和速动比率的数值

项目	汽车	房地产	制药	建材	化工	啤酒	商业	机械
流动比率	1.10	1.20	1.25	1.25	1.20	1.75	1.65	1.80
速动比率	0.85	0.65	0.90	0.90	0.90	0.90	0.45	0.90

使用流动比率、速动比率进行行业对比分析时应注意以下问题：

（1）各行业的存货流动性和变现性有较大差别，流动比率指标不能反映由于流动资产中存货不同造成的偿债能力差别，因此需要用存货周转天数指标补充说明。

（2）在计算流动比率时包括了变现能力较差的存货和无法变现的费用，影响了该指标评价短期偿债能力的可靠性，需要用速动比率指标作补充。

一般而言，流动比率指标应保持在 2 的水平。过高的流动比率反映企业财务结构不尽合理，可能的原因有：

（1）企业某些环节的管理较为薄弱，从而导致企业在应收账款或存货等方面有较高的水平。

（2）企业可能因经营意识较为保守而不愿扩大负债经营的规模。

（3）股份制企业以发行股票、增资配股或举借长期借款等方式筹得的资金尚未充分投入营运。

就总体而言，过高的流动比率主要反映企业的资金没有得到充分利用，而该比率过低，则说明企业偿债的安全性较弱。

四、影响短期偿债能力的因素

分析一家企业的短期偿债能力，除了进行短期偿债能力指标的计算分析以外，还要对影响企业短期偿债能力的各种因素进行分析。

（一）企业的变现能力

一般而言，影响企业变现能力的因素主要有以下几个方面。

1. 可动用的银行贷款指标

银行已同意、企业未办理贷款手续的银行贷款限额，可以随时增加企业的现金，提高支付能力。这一数据不反映在报表中，必要时应在财务情况说明书中予以说明。

2. 准备很快变现的长期资产

由于某种原因，企业可能将一些长期资产很快出售变为现金，增加短期偿债能力。企业出售长期资产，一般情况下都是要经过慎重考虑的，企业应根据近期利益和长期利益的辩证关系，正确决策出售长期资产的问题。

3. 偿债能力的声誉

如果企业的长期偿债能力一贯很好，有一定的声誉，在短期偿债方面出现困难时，可以很快地通过发行债券和股票等办法解决资金的短缺，提高短期偿债能力。这个增加变现能力的因素，取决于企业自身的信用声誉和当时的筹资环境。

（二）流动负债的结构

短期负债影响企业价值。短期负债属于企业风险最大的融资方式，也是资金成本最低的筹资方式，因此，短期负债比例的高低必然会影响企业价值。一个正常生产经营的企业，短期负债中的大部分具有经常占用性和一定的稳定性。例如，工业企业最低的原材料储备、在产品储备和商业企业中存货最低储备等占用的资金，虽然采用短期负债方式筹集资金，但一般都是短期资金长期占用。一笔短期资金循环使用，有一定的规律性，需要纳入资金结构进行研究。另外，从短期负债的偿还压力上看，企业首先要偿还短期负债，其次才是长期负债，而长期负债在其到期之前要转化为短期负债，与已有的短期负债一起构成企业在短期内需要偿还的负债总额，形成企业的偿债压力。

就财务分析而言，短期负债的财务风险往往比长期负债的财务风险高，这是因为短期负债到期日近，容易出现不能按时偿还本金的风险，而且短期负债在利息成本方面有较大的不确定性。利用短期负债筹集资金，必须不断更新债务，此次借款到期以后，下次借款的利息为多少是不确定的，因为金融市场上短期负债的利息率很不稳定。

一般而言，影响企业短期债务的因素主要有以下几个方面。

1. 记录的或有负债

或有负债是有可能发生的债务。按照我国《企业会计准则》的规定，或有负债并不作为负债登记入账，也不在报表中反映。只有已办贴现的商业承兑汇票，作为附注列示在资产负债表的下方。其他的或有负债，包括售出产品可能发生的质量事故赔偿、尚未解决的税额争议可能出现的不利后果、诉讼案件和经济纠纷案可能败诉并需赔偿等，都没有在报表中反映。这些或有负债一旦成为事实上的负债，将会加大企业的偿债负担。

2. 担保责任引起的负债

企业有可能以自己的一些流动资产为他人提供担保，如为他人向金融机构借款提供担保，为他人购物提供担保或为他人履行有关经济责任提供担保等。这种担保有可能成为企业的负债，增加偿债负担。

3. 企业的现金流量

短期债务偿还能力的分析，除现在所使用的几个比率外，还应该考虑经营活动中产生现金的能力。

企业在经营活动中产生现金的能力取决于企业销售量的大小及增长情况、成本开支比例及变动情况、赊销政策及资产管理效率等因素。外部环境的变化及企业的适应能力是分析企业产生现金能力的关键。这需要分析企业近几年的现金流量表，观察企业近几年经营活动中所产生的现金流量是否充裕。重点分析现金流量表中经营活动所产生的现金流量。首先要分析基本的经营现金流入和现金流出情况。如果一个企业一段时期从客户处收到的现金大于它进行的各种经营活动的支出，那么，这个现金流量水平应保持相对稳定的正数。这个数字是企业维持正常经营活动的基本保证，长期出现负值是十分不正常的，经营活动将难以维持。生产单一产品的企业在不同的产品生命周期阶段，其现金流量的特征是不同的，现金流量的特征与产品生命周期特征是否相吻合是判断现金流量是否适当的关键。生产多种产品的企业，由于企业不同产品所处的生命周期可能相互交叉，故整个企业的现金流量应保持在较为稳定的水平。其次，较多企业将一些现金流量投入到营运资本中，所以还要分析营运资本的投入是否恰当。企业在营运资本上的投入是与企业的有关政策相联系的，如赊销政策决定应收账款的水平，支付政策决定应付账款、预付费用的水平，预期销售增长前景决定企业的库存水平。

4. 企业的短期融资能力

借新债还旧债是大多数企业采用的一种还债技巧，所以短期债务偿还能力也包括这方面的能力。但企业短期融资能力往往不能直接从财务报表的项目上看出来，需要对财务报表附注予以分析。分析企业短期借款的融资成本，若企业的短期借款利息较公布的贷款利息高出很多，说明企业的债权人对企业的信誉较担心，或说明企业尚未得到金融机构的高度信任。在这种情况下，企业发生短期债务危机时很可能要付出高额代价甚至无法应付。分析企业是否存在大量未使用的银行贷款额度。这种信贷额度的存在往往是企业保持流动资产与流动负债动态平衡能力的重要体现。

5. 其他因素

除上述几个因素外，宏观经济环境、市场的供需情况、银行的货币政策等同样影响企业的短期偿债能力。

【例 3-5】　方瑞公司（制造业）2025 年年末的流动比率为 2.63，2025 年中期的流动比率为 3.08，2024 年年末的流动比率为 3.17。

要求：根据该公司的流动比率数据分析其短期偿债能力。

解：

首先，根据方瑞公司 2025 年、2024 年的流动比率数据，我们可以肯定该公司的短期偿债能力是没有问题的，因为它们均大于流动比率的标准值 2。其次，从各年的流动比率数据可以看出，比值稍偏高，说明公司的潜力还有待进一步开发。最后，数值呈现出不断降低的趋势，这说明该指标逐渐向合理区间值靠拢，公司潜力处于不断挖掘之中。因此，我们大致可以得到这样的结论：该公司的偿债能力很强，潜力正处于不断开发之中，且潜力较大。

值得注意的是，使用流动比率进行短期偿债能力分析一定要结合行业特点与当前经济形势，这样才能较为准确地对企业财务状况进行分析和预测，为决策提供帮助。

【例 3-6】　万达股份有限公司（商业企业）2025 年年末的速动比率为 0.35，2025 年中期的速动比率为 1.08，2024 年年末的速动比率为 1.09。年报显示，2025 年公司大规模重组收购。

要求：根据该公司的速动比率数据分析其短期偿债能力。

解：

一般而言，速动比率的标准值为 1，但万达股份有限公司是商业企业，由于都是现金销售，因而速动比率稍低于 1 也很正常。

从万达股份有限公司的这些数据上看，公司的短期偿债能力大幅下降。年报显示，2025 年公司大规模重组收购，一些新并入的下属企业对速动比率有较大影响；考虑到作为一家商业企业，2025 年年末该值虽然低于 1 较多，但仍可承受。因此尚不能轻易断言该公司在走下坡路，我们还应参考其他指标，如应收账款周转率等。由于公司大规模扩张造成偿债能力的下降，对此，公司管理层应加以重视，通过适当的管理手段来优化这一指标。

素养园地　**校园贷与偿债能力**

随着互联网金融的高速发展，“校园贷”已经成为高校学生解决个人消费问题的渠道之一。因“校园贷”导致的事件频频发生，大学生目前还处于消费期，偿债能力有限，一旦贷款逾期，会给家人、朋友带来经济负担。所以，大学生要树立良好的消费观和正确的价值观，养成艰苦朴素、勤俭节约的优秀品质，远离不良网贷行为。同时，一旦发生骗贷事件，要学会运用法律武器保护自己。

知识链接

股票市场的流动性

在股票市场，我们提到的流动性就整个市场而言是指参与交易资金相对于股票供给的多少，这里的资金包括场内资金，即已购买了股票的资金，也就是总流通市值，以及场外资金，就是还在股票账户里准备随时入场的资金。如果股票供给不变，或交易资金增长速度快于股票供给增长速度，即便公司盈利不变，也会导致股价上涨，反之亦然，这是很简单的需求供给关系。但这种股价上涨是有限度的，受过多或过剩的资金追捧导致股价过度上涨而没有业绩支撑，终难持久，这种资金就是我们常说的“热钱”。

对于个股，流动性指股票买卖活动的难易。我们常说某只股票流动性很差，就是指它很难按照理想价格卖出。流动性差的股票多是小盘股或高度控盘的股票，是不适合大资金运作的（即便买完之后股价涨上去了，也卖不掉）。大资金更愿意在流动性很好的大盘股里运作，其交投活跃，大量买卖也不会引起股价明显变动。不过中小投资者就自由很多了，由于资金量少，可以有很多选择。

流动市场的特点是市场上在任何时刻都有买家和卖家。假如一个市场上有许多买家和卖家，那么这个市场的流动性就非常高。这样的市场被称为深市场。在这样的市场中订货对货物价格的影响不大。一个货物的买卖次数可以看作该货物的流动性。

交易者往往更愿意向流动的市场投资，而不太愿意向比较不流动的市场投资。原因是在一个不流动的市场上，交易者有可能以不利的价格被迫买卖一个货物。

部分常见资产的流动性大小一般有这样的关系：现金＞活期存款＞短期国债＞蓝筹股＞一般股票＞城市中心小户型物业＞城市外围大户型物业。

特别地，增加交易成本可降低资产的流动性，如增加印花税，可降低股票流动性。

不仅个人投资者面临不流动的危险，机构投资者同样面临这样的危险。中央银行可通过三大货币政策手段干涉投放的货币量，从而调控流动性。

任务实施

内容	结论
1. 评价企业短期偿债能力应考虑哪些要素？	
2. 评价企业短期偿债能力的指标有哪些？	
3. 短期偿债能力指标的计算公式包括哪些？	
4. 企业短期偿债能力的分析方法有哪些？	
教师评价	

组号		姓名		组长签字	
教师签字		日期			

综合素养提升

扫码查看泰达股份财务报表（见模块二的“综合素养提升”），利用 Excel 等工具计算并分析泰达股份 2023 年、2024 年短期偿债能力水平的变化，并评价该公司的短期偿债能力。做成幻灯片，汇报交流。

在线测试

【学习效果检验】

一、判断题

1. 企业资产的流动性越强越好。(　　)
2. 资产的流动性一般是指资产的变现能力。(　　)
3. 企业资产的流动性越强，则收益性越高。(　　)
4. 对于任何企业而言，流动比率的比值均应接近 2。(　　)
5. 速动资产不包括应收账款。(　　)

二、单选题

1. 流动比率公认的标准值是(　　)。

A. 5　　B. 4　　C. 3　　D. 2

2. 速动比率公认的标准值是(　　)。

A. 4　　B. 3　　C. 2　　D. 1

3. 营运资金的计算公式为(　　)。

A. 营运资金＝资产总额－负债总额　　B. 营运资金＝流动资产－流动负债

C. 营运资金＝流动资产－现金　　D. 营运资金＝现金＋存货

4. 以下资产中，流动性最差的是(　　)。

A. 现金　　B. 应收账款　　C. 存货　　D. 应收票据

5. 若营运资金＞0，则流动比率一定(　　)。

A. ＞0　　B. ＜0　　C. ＞1　　D. 不能确定

三、多选题

1. 下列项目中，属于速动资产的有(　　)。

A. 货币资金　　B. 应收账款　　C. 存货　　D. 交易性金融资产

2. 下列各项指标中，属于短期偿债能力指标的有(　　)。

A. 流动比率　　B. 资产负债率　　C. 产权比率　　D. 速动比率

3. 直接影响流动比率的因素有(　　)。

A. 流动资产　　B. 流动负债　　C. 资产总额　　D. 负债总额

4. 影响短期偿债能力的因素有(　　)。

A. 资产的结构　　B. 流动负债的结构

C. 企业融资能力　　D. 宏观经济环境

5. 与企业短期偿债能力相关的各方有(　　)。

A. 投资者　　B. 债权人　　C. 债务人　　D. 政府部门

四、计算分析题

1. 已知某企业的流动资产由货币资金、应收账款和存货构成，流动比率为1.8，速动比率为0.9，货币资金与流动负债之比为0.5，流动负债为210万元。

要求：(1) 计算该企业的流动资产、存货、应收账款、货币资金。

(2) 分析该企业的短期偿债能力。

2. YX有限责任公司2025年和2024年流动资产与流动负债资料如表3-4所示。

表3-4　YX有限责任公司流动资产与流动负债　　单位：万元

项目	2025年	2024年
货币资金	361.57	206.39
应收票据	200.00	1 896.00
应收账款	723.37	2 372.00
预付账款	15.63	237.01
其他应收款	26.95	108.35
存货	1 262.11	1 100.56
流动资产合计	2 589.63	5 920.31
短期借款	168.00	342.00
应付票据	20.00	169.00
应付账款	539.27	437.13
预收账款	13.57	20.42
应付职工薪酬	107.5	173.10
应交税费	3.98	67.00
其他应付款	184.24	219.60
一年内到期的长期负债	203.00	11.00
流动负债合计	1 239.56	1 439.25

要求：根据上述资料，对YX有限责任公司短期偿债能力指标进行计算，将计算结果填入表3-5并进行分析。

表3-5　YX有限责任公司短期偿债能力指标

项目	2025年	2024年
流动资产		
流动负债		
速动资产		
营运资金		
流动比率		
速动比率		
现金比率		

【学习评价】

1. 学生自我评价表

学生自我评价表

班级		姓名		学号	
模块名称					
评价指标	评价内容			分数	自我评分
数字素养	能够快速有效地获取财务信息并具备评价、整合、交流信息的能力。			5 分	
职前工作	能感知工作岗位职责，认同工作价值。			5 分	
参与态度	积极主动参与课上讨论、课后组内任务，与教师、同学之间相互尊重、理解。			5 分	
学习能力	主动探究、自主学习；能发表个人见解；能按要求完成实训任务；能够虚心倾听、协作共享。			5 分	
学习方法	学习方法得体；实操技能得到提高。			5 分	
学习过程	遵守实训室管理规程；出勤、任务完成等情况良好。			5 分	
知识目标	掌握短期偿债能力评价指标计算公式；理解短期偿债能力的概念，熟悉短期偿债能力分析的作用。			20 分	
能力目标	能熟练计算短期偿债能力指标；能评价企业短期偿债能力水平，提出提高短期偿债能力的对策和建议。			20 分	
素养目标	诚实守信、量力而行、艰苦朴素。			20 分	
自评反馈	按时按质完成工作任务；较好地掌握专业知识点；具有较强的信息分析能力和理解能力；具有较为全面严谨的思维能力并能条理清晰地进行有效沟通。			10 分	
自评分数					
存在的不足					
努力的方向					

2. 教师评价表

教师评价表

<table>
<tr><td>班级</td><td></td><td>组名</td><td></td><td>姓名</td><td></td></tr>
<tr><td>模块名称</td><td colspan="5"></td></tr>
<tr><td>评价内容</td><td colspan="3">评价要点</td><td>分数</td><td>教师评分</td></tr>
<tr><td>1. 数据获取情况</td><td colspan="3">任务实施过程中数据获取能力</td><td>10 分</td><td></td></tr>
<tr><td>2. 互动交流情况</td><td colspan="3">组内交流，教学互动</td><td>10 分</td><td></td></tr>
<tr><td rowspan="5">3. 任务完成情况</td><td colspan="3">熟记短期偿债能力指标计算公式</td><td>10 分</td><td></td></tr>
<tr><td colspan="3">准确计算企业短期偿债能力指标并分析</td><td>10 分</td><td></td></tr>
<tr><td colspan="3">能评价企业资产流动性</td><td>20 分</td><td></td></tr>
<tr><td colspan="3">能熟练运用 Excel 等工具对短期偿债能力指标进行可视化分析</td><td>10 分</td><td></td></tr>
<tr><td colspan="3">完成新港公司短期偿债能力分析</td><td>10 分</td><td></td></tr>
<tr><td rowspan="9">4. 素养目标达成情况</td><td colspan="3">团队协作</td><td rowspan="9">20 分</td><td></td></tr>
<tr><td colspan="3">自主探究</td><td></td></tr>
<tr><td colspan="3">学习态度</td><td></td></tr>
<tr><td colspan="3">课堂纪律</td><td></td></tr>
<tr><td colspan="3">出勤情况</td><td></td></tr>
<tr><td colspan="3">创新意识</td><td></td></tr>
<tr><td colspan="3">诚实守信</td><td></td></tr>
<tr><td colspan="3">劳动纪律</td><td></td></tr>
<tr><td colspan="3">勤俭节约</td><td></td></tr>
<tr><td colspan="4">合计</td><td>100 分</td><td></td></tr>
<tr><td>教师签名</td><td colspan="5"></td></tr>
</table>

模块四　企业长期偿债能力分析

学习目标

能力目标

1. 能熟练计算企业长期偿债能力指标；
2. 能评价企业长期偿债能力水平，提出改善长期偿债能力的对策和建议。

知识目标

1. 掌握长期偿债能力指标计算公式；
2. 理解长期偿债能力分析的作用；
3. 理解短期偿债能力与长期偿债能力的关系。

素养目标

1. 具备风险意识、底线思维，拒绝失信行为；
2. 具备严谨细致、精益求精、善于沟通、团结协助的职业精神。

任务导学

序号	任务	教师活动	学生活动
1	企业长期偿债能力认知	(1) 以“引导案例：评价泰盛公司与光华公司资产负债率指标”为切入点，引导学生讨论长期偿债能力的内涵，厘清学习目标； (2) 组织学生讨论短期偿债能力与长期偿债能力的关系。	(1) 倾听教师讲解； (2) 讨论“引导案例：评价泰盛公司与光华公司资产负债率指标”中近5年呈现的趋势，明确课程学习目标； (3) 以小组为单位共同研讨短期偿债能力与长期偿债能力的关系，组内交流。
2	企业长期偿债能力指标的计算与分析	(1) 以引导案例中的资产负债率指标为切入点，讲解长期偿债能力指标涉及的范畴、指标的分子分母内涵、指标值对企业经营的意义； (2) 运用Excel工具示范指标值的计算过程并进行可视化分析，讲解指标值的一般规律； (3) 组织学生研讨资产结构与资本结构对长期偿债能力的保障； (4) 组织学生研讨影响长期偿债能力的因素。	(1) 倾听教师讲解； (2) 讨论并记忆长期偿债能力指标； (3) 运用Excel工具计算指标值，并分析公司长期偿债能力的强弱； (4) 创新指标值可视化呈现的方式； (5) 以小组为单位共同研讨资产结构、资本结构和影响长期偿债能力的因素。

续表

序号	任务	教师活动	学生活动
3	综合素养提升	布置训练任务：计算并分析泰达股份 2023 年、2024 年长期偿债能力水平的变化，评价该公司的长期偿债能力。	5 人为一组，确定组长，组织完成训练任务，分析报告提交至课程平台，线上汇报交流。
4	学习效果检验	在课程平台布置测试内容，完成教师评价并汇总评价结果，发布评价结果。	完成测试，进行自我评价。

引导案例

评价泰盛公司与光华公司资产负债率指标

泰盛公司与光华公司同属于家电生产企业，在生产规模与市场占有率等方面旗鼓相当。两个公司近 5 年的资产负债率指标如表 4-1 所示。

表 4-1 资产负债率表

项目	2025 年	2024 年	2023 年	2022 年	2021 年
泰盛公司	38.23%	35.48%	28.54%	20.09%	21.33%
光华公司	62.70%	51.09%	50.04%	53.32%	58.59%

从表 4-1 可以看出，泰盛公司近 5 年的资产负债率趋于上升，说明泰盛公司对债权人的保障程度有所下降。不过，这并不能说明该公司的债务开始恶化，因为资产负债率并不是越低越好。泰盛公司的资产负债率始终低于光华公司，单从该指标上判断，泰盛公司的财务风险低于光华公司，长期偿债能力强于光华公司。

思考：

(1) 评价企业长期偿债能力的指标有哪些？

(2) 泰盛公司目前的资产负债率水平合理吗？

下面，让我们一起来解决这些问题。

任务一 企业长期偿债能力认知

相关知识

一、长期偿债能力内涵

(一) 长期偿债能力的含义

长期偿债能力反映的是企业偿还长期债务本金及支付债务利息的能力。长期负债是指期限超过一年的债务，一年内到期的长期负债在资产负债表中列入短期负债。长期偿债能力主要取决于资产和负债的比例关系，尤其是资本结构，以及企业的获利能力。长期债权人为判断其债权的安全尤其关注长期偿债能力。

（二）长期负债的特点

（1）保证长期负债得以偿还的基本前提是企业短期偿债能力较强，不至于破产清算。所以，短期偿债能力是长期偿债能力的基础。

（2）长期负债因为数额较大，其本金的偿还必须有一个积累的过程。从长期来看，所有真实的报告收益应最终反映为企业的现金净流入，所以企业的长期偿债能力与企业的获利能力是密切相关的。

（3）企业的长期负债数额大小关系到企业资本结构的合理性，所以对长期债务不仅要从偿债的角度考虑，还要从保持资本结构合理性的角度来考虑。保持良好的资本结构能增强企业的偿债能力。

二、长期偿债能力分析的目的

长期偿债能力分析是企业投资者、债权人、经营者和与企业有关联的各方都十分关注的。站在不同的角度，分析的目的有所区别，可以说是因人而异。

（一）企业投资者

企业投资者包括企业的所有者和潜在投资者，投资者通过长期偿债能力分析，可以判断其投资的安全性及盈利性，因为投资的安全性与企业的偿债能力密切相关。通常，企业的偿债能力越强，投资者的安全性越高。在这种情况下，企业不需要通过变卖财产偿还债务。另外，投资的盈利性与企业的长期偿债能力密切相关。当投资收益率大于借入资金的资金成本率时，企业适度负债，不仅可以降低财务风险，还可以利用财务杠杆的作用增加盈利。盈利能力是投资者资本保值、增值的关键。

（二）企业债权人

企业债权人包括向企业提供贷款的银行、其他金融机构，以及购买企业债券的单位和个人。债权人会从他们的切身利益出发研究企业的偿债能力，只有企业有较强的偿债能力，才能使他们的债权及时收回，并能按期取得利息。由于债权人的收益是固定的，他们更加关注企业债权的安全性。在实际工作中，债权人的安全程度与企业长期偿债能力密切相关。企业偿债能力越强，债权人的安全程度就越高。

（三）企业经营者

企业经营者主要是指企业经理及其他高级管理人员。他们既关心企业的盈利，也关心企业的风险，与其他主体最为不同的是，他们特别关心盈利、风险产生的原因和过程。因为只有通过原因和过程的分析，才能及时发现融资活动中存在的问题和不足，并采取有效措施解决这些问题。

三、短期偿债能力与长期偿债能力的关系

短期偿债能力与长期偿债能力二者从不同的角度揭示财务风险。财务风险包括狭义和广义两个方面。狭义的财务风险是指由资本结构所引起的收益变动风险，这也是一般意义上的财务风险，它通常以财务杠杆系数来衡量。广义的财务风险包括狭义的财务风险，还

包括负债所引起的破产风险，这是最高层次的财务风险。从各国法律破产的标准看，主要有两个方面：一是支付不能，即不能支付到期债务；二是资不抵债，即资产总额低于负债总额，或者说所有者权益为负数。前者说明的是短期偿债能力，后者则属于长期偿债能力。

【例4-1】 几年前，受疫情的影响，全球经济不景气、我国国内经济增速放缓，许多企业艰难维持，多家企业的债务偿还能力也亮起了红灯。

以房地产企业为例，多家房地产企业因贷款到期无法偿还，被银行告上法庭。我国企业经历了一场严峻的考验。要更好地防范企业债务风险，就必须追根溯源，探究企业高负债率背后的原因。在拉动经济的“三驾马车”中，投资一直占主导地位，然而，大量的投资在促使企业快速发展的同时，也为企业带来了相当大的债务负担。

从宏观层面上看，企业的高额负债是在刺激经济稳步增长的政策下，企业由于加大投资进而加大向银行借款而导致的结果。从微观层面上看，由于融资渠道的不畅通，企业往往依靠向银行借款获得资金。有些企业为取得高额的收益，将大量资金投资于股市、楼市等高风险市场，这样一旦投资失败将导致亏损，使企业背负大量债务。

此外，经过多年的快速发展，我国开始进入经济结构转型时期。在这一时期，企业的经营环境发生了巨大变化，土地租金价格上涨、原材料成本升高、工人工资上涨，劳动密集型产业原有的盈利模式变得难以维持，大量落后的产能面临淘汰。在此情形下，要形成新的盈利模式还需要长期的实践，企业要想在转型期生存下来，也需要通过借用外部资金维持运转。

要求：从债权人（银行）的角度和债务人（企业）的角度，分别说明各自的风险及防范措施。

解：

无论是债权人还是债务人，贷款的风险均来自期限的长短。一般而言，银行尽量贷短不贷长，企业尽量借长不借短。二者之间是相互矛盾的，平衡二者之间的矛盾需要企业的信用和健全的法律机制。企业高负债的原因或许各不相同，但不可否认的是，大量的例子说明了我国企业现有的融资机制存在问题。在经济快速发展时期，这些问题可能被高增长所掩盖，但当经济压力增大、外部环境变差时，这些问题便一一暴露出来。

企业通过高负债撬动巨额投资，获取规模效应，进而获得高额利润，以投资的回报覆盖财务费用的支出。企业持续经营的关键在于现金流，用贷款期间盈利的相对小额现金流覆盖每期支出的贷款利息，在项目完成后获取高规模投资下的高额收益。

银行在发放贷款的同时，将自己的命运与企业的兴衰绑在了一起。在企业巨额投资项目的过程中，银行是企业资金的供给者，企业投资的资金几乎都来自银行。当上一个贷款项目到期，企业为维持经营会向银行申请下一笔贷款，银行为避免上一期贷款成为坏账会继续发放贷款，贷款规模将不断扩大，一旦企业无力偿还，银行将深陷其中。

随着金融改革、利率市场化的进一步深入，利差收窄，银行原有的盈利模式亟需转变。可以预见，在未来一段时期内，银行发放贷款时将有更多因素需要考虑。中国银行业现在以大中型低风险的客户为主，银行本身抗风险的能力并不强。而海外银行经营的按揭贷款、个人贷款和小企业贷款，风险都是非常高的。中国银行业应该提高自身的风险容忍度，进一步控制风险。

任务二 企业长期偿债能力指标计算与分析

相关知识

长期偿债能力是指企业偿还长期负债的能力。长期偿债能力的强弱是反映企业财务安全和稳定程度的重要标志。

长期负债主要有长期借款、应付长期债券、长期应付款等。企业的长期债权人和所有者不仅关心企业的短期偿债能力，更关心企业的长期偿债能力。因此，在对企业进行短期偿债能力分析的同时，还需分析企业的长期偿债能力，以便债权人和投资者全面了解企业的偿债能力及财务风险。

一、长期偿债能力的比率分析法

长期偿债能力分析

反映企业长期偿债能力的财务比率主要有：利息偿付倍数、偿债保障比率、资产负债率、产权比率和有形净值债务率。

（一）利息偿付倍数

利息偿付倍数又称已获利息倍数，反映企业经营业务收益（息税前利润）与所支付的利息费用的倍数关系。简单讲，利息偿付倍数就是站在债权人的角度，衡量企业支付借款利息的能力高低，是借款能力指标之一。只要已获利息倍数足够大，企业就有充足的能力偿付利息。因此，企业只有具备足够大的息税前利润，才能负担得起资本化利息。一般而言，该指标越高，说明企业的债务利息压力越小。其计算公式为：

$$利息偿付倍数=\frac{息税前利润}{利息费用}=\frac{税前利润+利息费用}{利息费用}$$

$$=\frac{税后利润+所得税+利息费用}{利息费用}$$

公式中分子采用的是息税前利润。该项包括了利息费用和所得税，这样可以更加准确地估计企业的偿债能力。公式中的分母是利息费用，指本期发生的全部应付利息，既包括计入财务费用的费用化利息，也包括资本化利息。

如果利息偿付倍数适当，表明企业偿付到期利息的风险小，当本金到期时企业能筹集到新的资金。在金融市场上，如果一个企业有良好的偿付利息的记录，各期有较高的、稳定的偿付利息的能力，将会比较顺利地获得资金，企业也能最大限度地利用借入资本产生财务杠杆效益。利息偿付倍数如果小于1，则表明企业无力赚取大于借款利息的息税前利润，企业没有足够的付息能力。借款给这种企业，连收取利息都没有保障，收回本金就会更加困难。在经营风险相同的情况下，利息偿付倍数越大，企业支付利息的能力越强。

利息偿付倍数指标有较大的局限性，表现为：

（1）对于企业来说，举债经营可能产生风险，这个风险表现在两个方面：一是定期支付利息，如果每期的息税前利润小于所需支付的利息，企业就有可能发生亏损；二是必须到期偿还本金，衡量企业偿债能力时，既要衡量企业偿付利息的能力，也要衡量企业偿还本金的能力。只衡量其中一个方面是不全面的。而已获利息倍数指标反映的是企业支付利息的能力，只能体现企业举债经营的基本条件，不能反映债务本金的偿还能力。

（2）企业的本金和利息不是从利润本身支付，而是用现金支付。

【例 4－2】　WKL 房地产公司的相关数据如表 4－2 所示。

表 4－2　WKL 房地产公司的相关数据　单位：元

项目	2025 年	2024 年	2023 年
资产总额	29 620 800.00	21 563 800.00	13 760 900.00
负债总额	22 837 600.00	16 105 100.00	9 220 000.00
股东权益	6 783 200.00	5 458 700.00	4 540 900.00
利润总额	1 580 590.00	1 194 080.00	61 407 806.00
利息费用	27 229.90	12 780.70	861 743.00
经营活动现金净流量	339 000.00	223 724.00	125 334.00

要求：计算 WKL 房地产公司各年的利息偿付倍数，并分析该公司的长期偿债能力。

解：

各年的利息偿付倍数为：

2025 年利息偿付倍数＝(1 580 590＋27 229.90)÷27 229.90＝59.05

2024 年利息偿付倍数＝(1 194 080＋12 780.70)÷12 780.70＝94.43

2023 年利息偿付倍数＝(61 407 806＋861 743.00)÷861 743.00＝72.26

通常，利息偿付倍数至少应该大于 1。该比率越高，表示企业不能偿付债务利息的可能性越小，这意味着长期偿债能力越强。事实上，如果企业在偿付利息费用方面表现良好，企业可能永不需要偿还债务本金。因为当旧债到期时，企业有能力重新筹集到资金。所以，为了考察企业偿付利息能力的稳定性，一般应计算 5 年或 5 年以上的利息偿付倍数。保守起见，则应选择 5 年中最低的利息偿付倍数作为基本值。WKL 房地产公司的利息偿付倍数很高，表明该公司具备很强的偿债能力。

（二）偿债保障比率

偿债保障比率是负债总额与经营活动现金净流量的比率。一般认为，该比率越低，企业偿还债务的能力越强。

偿债保障比率与国内企业经常用到的已获利息倍数有所区别：已获利息倍数是企业息税前利润与利息费用的比率，用来衡量企业偿付借款利息的能力；偿债保障比率不仅衡量企业偿付借款利息的能力，而且衡量企业偿付本金的能力。偿债保障比率的计算公式如下：

$$偿债保障比率=\frac{负债总额}{经营活动现金净流量}$$

从公式可以看出，偿债保障比率反映用企业经营活动产生的现金净流量偿还全部债务所需的时间，所以该比率也被称为债务偿还期。

【例 4－3】　承例 4－2 资料，计算该公司的偿债保障比率。

解：

该公司的偿债保障比率为：

2025 年偿债保障比率＝22 837 600÷339 000＝67.37

2024 年偿债保障比率＝16 105 100÷223 724＝71.99

2023 年偿债保障比率＝9 220 000÷125 334＝73.56

通过计算可以看出，WKL 房地产公司的偿债保障比率连续三年呈下降趋势，表明该公司利用经营活动产生的现金来偿还债务的能力在增强。

（三）资产负债率

资产负债率是负债总额与资产总额的比率，用于衡量企业利用债务资本进行财务活动的能力，也能反映企业在清算时对债权人利益的保护程度。资本负债率是衡量企业负债水平及风险程度的重要标志。其计算公式如下：

$$资产负债率=\frac{负债总额}{资产总额}\times 100\%$$

这个指标反映债权人所提供的资本占全部资本的比例。这个指标也被称为举债经营比率。可以从以下几个方面来看它的含义。

1. 从债权人的立场看

债权人最关心的是贷给企业的款项的安全程度，也就是能否按期收回本金和利息。如果股东提供的资本与企业资本总额相比，只占较小的比例，则企业的风险将主要由债权人负担，这对债权人来讲是不利的。因此，他们希望债务比例越低越好，因为公司的偿债能力有保证，借款的安全系数高，贷款就不会有太大的风险。

2. 从股东的立场看

如果公司总资产利润率高于借款利息率，则资产负债率越高越好。因为企业通过举债筹措的资金与股东提供的资金在经营中发挥同样的作用，所以股东所关心的是全部资本盈利率是否超过借入款项的利息率，即借入资本的代价。当企业所得的全部资本利润率超过因借款而支付的利息率时，股东所得到的利润就会加大。如果相反，运用全部资本所得的利润率低于借款利息率，则对股东（业主）不利，因为借入资本的多余利息要用股东所得的利润份额来弥补。因此，从股东（业主）的立场看，在全部资本利润率高于借款利息率时，负债比例越大越好。

3. 从经营者的立场看

如果举债数额很大，超出债权人心理承受能力，则认为是不保险的，企业就借不到钱。而如果企业不举债，或负债比例很小，说明企业畏缩不前，对前途信心不足，利用债权人资本进行经营活动的能力很差。也就是说，如果资产负债率过高，超出债权人的心理承受程度，公司就借不到钱。公司资产负债率过低，说明公司在经营过程中比较谨慎，不轻易借款进行投资，或者是自有资金比较充足，暂时还不需要大规模举债。低资产负债率折射出公司看自身行业的态度，也能反映公司经营保守。借款比率越大（当然不是盲目借款），越是显得企业充满活力。从全面管理的角度来看，企业应当审时度势，全面考虑，在利用资产负债率进行借入资本决策时，必须充分估计预期的利润和增加的风险，在二者之间权衡利害得失，做出正确决策。

对于资产负债率的评价标准，要结合具体情况进行分析。比如债权人认为企业的资产负债率越低越好，但经营者认为要保持适度的资产负债率。企业经营管理者一般关心两个问题：一是资本投资收益率和企业的控制权。如果企业经营前景好，预期资产报酬率可望高出借款利率，所有者投资于企业的资本将获得双重利益，即在获得正常利润率的同时，还能获得较高的借款投资收益。而且，提高资产负债率增加债务资本来源，企业的控制权并不会因此而分散。二是负债增加了企业的财务风险，负债越多，财务风险越大。站在各自的立场上，债权人与债务人的评价标准似乎是相矛盾的。因此，企业应当在负债利益和风险之间做出权衡。当企业前景较乐观时，应该适当增大资产负债率，以充分获取举债经营带来的财务杠杆利益；当企业前景不佳时，则应减少负债，降低资产负债率，以降低财务风险。企业管理者应当审时度势，权衡利弊，把资产负债率控制在合适的水平，也就是把企业因筹资而产生的财务风险控制在适当的程度。

另外，企业所处的环境和行业不同，评价的标准也有所不同。一般认为，资产负债率的适宜水平为30%～70%。对于经营风险比较高的企业，只能承受低的财务风险，就应该选择低的资产负债率，如互联网、电子商务等企业几乎没有银行借款，资产负债率很低；对于经营风险低的企业，可以承受较高的财务风险，如供水、供电企业的资产负债率都比较高。

资产负债率指标有其局限性。资产负债率指标是确定在企业破产保护时对债权人利益的保护程度的指标，即破产清算时，债权人权益能得到多大程度的保障。然而，财务报表分析并不是建立在破产清算的基础之上，而是在持续经营的基础上，只有破产清算企业的长期资产才用于清偿债务，持续经营企业的长期资产一般不会用于清偿债务。可见，资产负债率指标实际是在企业破产清算这一最坏情形假设下，从资产总额与负债总额的关系来分析企业的负债偿还能力，因此很难找出一个普遍适用的标准，对该指标的认识，关键还要结合特定企业的特定环境加以分析。对于单一企业资产负债率进行分析评价，通常要结合同行业的平均水平或先进水平来进行。

【例 4－4】　承例 4－2 资料，计算并分析 WKL 房地产公司的资产负债率。

解：

资产负债率计算如下：

2025 年资产负债率＝(22 837 600÷29 620 800)×100%＝77%

2024 年资产负债率＝(16 105 100÷21 563 800)×100%＝75%

2023 年资产负债率＝(9 220 000÷13 760 900)×100%＝67%

通常认为企业资产负债率为30%～70%较为合理。负债比率越大，企业面临的财务风险越大，获取利润的能力越强。如果企业资金不足，依靠欠债维持，导致资产负债率特别高，偿债风险就应该引起管理者的特别注意了。资产负债率为60%～70%，比较稳健；达到85%及以上时，应视为发出预警信号，表示企业高额负债，应提起足够的重视。通过计算可以看出，虽然 WKL 房地产公司连续三年的资产负债率均在合理范围之内，但三年资产负债率呈上升趋势，应引起管理者的高度重视。

（四）产权比率

产权比率又叫债务权益比率，是负债总额与所有者（股东）权益总额的比率，是评估资金结构合理性的一种指标。其计算公式如下：

$$产权比率=\frac{负债总额}{所有者（股东）权益}\times 100\%$$

产权比率是企业财务结构稳健与否的重要标志。该指标表明债权人提供的资金与投资者提供的资金的相对关系，反映企业基本财务结构是否稳定。产权比率越低，表明企业自有资本占总资产的比重越大，从而其资产结构越合理，长期偿债能力越强。

一般而言，企业设定的标准值为 120%，产权比率反映债权人与股东提供的资本的相对比例，反映企业的资本结构是否合理、稳定，同时也表明债权人投入资本受到股东权益的保障程度。通常情况下，产权比率高，是高风险、高报酬的财务结构；产权比率低，是低风险、低报酬的财务结构。从股东的角度来说，在通货膨胀时期，企业举债可以将损失和风险转移给债权人。因为在经济繁荣时期，举债经营可以获得额外的利润，而在经济萎缩时期，少借债可以减少利息负担和财务风险。

产权比率实际上是资产负债率的另一种表现形式，只不过其表达得更为直接、明显，更侧重于揭示企业财务结构的稳健程度，以及所有者权益对偿债风险的承受能力。产权比率与资产负债率的关系见下面的公式：

$$\text{产权比率}=\frac{\text{负债}}{\text{所有者（股东）权益}}=\frac{\text{负债}}{\text{资产}-\text{负债}}$$

$$=\frac{\text{负债}/\text{资产}}{\text{资产}/\text{资产}-\text{负债}/\text{资产}}=\frac{\text{资产负债率}}{1-\text{资产负债率}}$$

通过上述分析我们可以看出，反映企业长期偿债能力的核心指标是资产负债率，产权比率是对资产负债率的必要补充。尽管产权比率与资产负债率都是用于衡量长期偿债能力的，但两者之间还是有区别的，其区别是反映长期偿债能力的侧重点不同。产权比率侧重于揭示债务与净资产的相互关系，说明财务结构的风险性，以及净资产对偿债风险的承受能力。产权比率所反映的偿债能力是以净资产为物质保障的。资产负债率侧重于揭示总资产中有多少是靠负债取得的，说明债权人权益的保障程度。

【例 4-5】 承例 4-2 资料，计算并分析 WKL 房地产公司的产权比率。

解：

产权比率计算如下：

2025 年产权比率=(22 837 600÷6 783 200)×100%=337%

2024 年产权比率=(16 105 100÷5 458 700)×100%=295%

2023 年产权比率=(9 220 000÷4 540 900)×100%=203%

一般而言，产权比率越低，表明企业自有资本占总资产的比重越大，从而其资产结构越合理，长期偿债能力越强。通过计算可以看出，WKL 房地产公司的产权比率在逐年增加，表明自有资金所占的比重在逐年降低。

（五）有形净值债务率

有形净值债务率是企业负债总额与有形资产净值的百分比。有形资产净值是净资产减去无形资产、开发支出、商誉、长期待摊费用、递延所得税资产后的净值。净资产中的某些项目，如无形资产、开发支出、商誉、长期待摊费用、递延所得税资产等，它们的价值具有较大的不确定性，且不易形成支付能力。因此，在使用产权比率时，必须结合有形净值债务率指标做进一步分析。其计算公式如下：

$$\text{有形净值债务率}=\frac{\text{负债总额}}{\text{有形资产净值}}\times 100\%$$

有形净值债务率最重要的特点是该指标计量了债权人在企业处于破产清算时能获得多少有形财产保障。可以看出，该指标是产权比率的延伸，更为谨慎、保守地反映了债权人利益受保护的程度，即在企业清算时债权人投入的资本受到股东权益的保障程度。从长期偿债能力看，该指标越低越好。此外，该指标的另一个特点是在可用于偿还债务的净资产中扣除了无形资产等没有支付能力的资产。

在财务分析过程中，分析过产权比率之后，用有形净值债务率与产权比率进行对比，如果有形净值债务率比产权比率高很多，则可看出该企业没有实际支付能力的资产比例过高；如果两个比率相差不多，则可以说明该企业大多都是具有实际支付能力的有形资产。

二、长期偿债能力的趋势分析法

趋势分析法就是历史比较法，即将企业连续几个会计期间的财务数据进行对比分析，预测企业的发展趋势。

【例 4－6】 承例 4－2 资料，用趋势分析法分析 WKL 房地产公司的长期偿债能力。

解：

资产负债率与产权比率的趋势分析如图 4－1 所示。

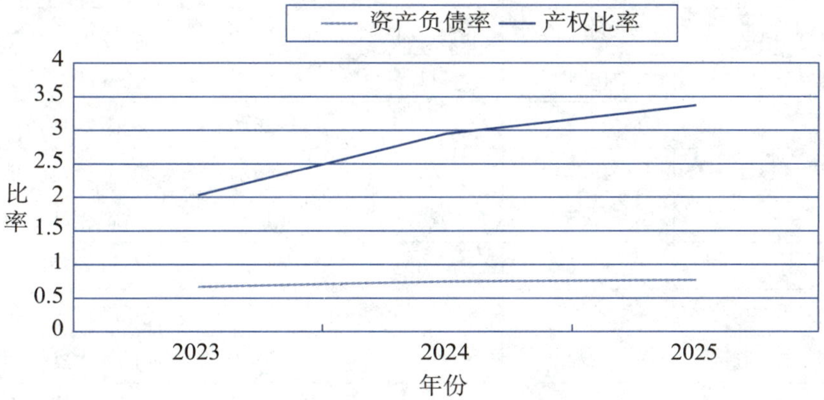

图 4－1　资产负债率与产权比率的趋势分析

由以上数据可以看出，WKL 房地产公司的资产负债率略有上升，变化幅度较平稳，在合理的范围之内。产权比率呈上升趋势，说明该公司的自有资金在增加，公司的实力在增强。

三、长期偿债能力的同业比较分析法

企业的资产负债率水平是投资人需要考虑的一个重要指标，它反映了企业的资产质量以及财务杠杆的利用水平，同时对于企业的未来发展有重要影响。但是不同行业的资产负债率在不同阶段是不一样的。在判断具体企业的资产负债率时，应注意同类企业的最高、最低和平均指标。

从表 4－3 中我们可以看出同业资产负债率之间的关系。

表 4－3　部分房地产上市公司 2022 年中期资产负债率

证券简称	浦东金桥	西藏城投	沙河股份	绿地控股	保利地产	卧龙地产	绿地控股
资产负债率（%）	61	75	57	88	78	47	88

【例 4－7】 2022—2023 年分行业资产负债率如表 4－4 所示。

表 4－4 2022—2023 年分行业资产负债率

行业名称	2022 年资产负债率（%）	2023 年资产负债率（%）	均值（%）	行业特性说明
电力、热力的生产和供应业	65.8	66.5	66.15	重资产、高杠杆运营
煤炭开采和洗选业	58.3	57.9	58.1	周期性强，现金流稳定
石油和天然气开采业	45.6	46.2	45.9	资本密集，负债率较低
燃气生产和供应业	62.1	63.0	62.55	基础设施依赖，中高负债
通信设备、计算机及其他电子设备制造业	53.4	54.7	54.05	技术迭代快，融资需求中等
电气机械及器材制造业	56.9	57.3	57.1	竞争激烈，负债率适中
交通运输设备制造业	59.2	60.1	59.65	供应链长，资金需求高
医药制造业	40.1	41.5	40.8	轻资产，低负债
烟草制品业	35.2	36.0	35.6	垄断性强，现金流极佳
食品制造业	48.7	49.3	49.0	需求稳定，负债可控
饮料制造业	47.5	48.1	47.8	品牌驱动，融资需求低
农副食品加工业	57.6	58.4	58.0	原料周期敏感，负债中等
纺织业	61.3	62.8	62.05	产能过剩，负债压力较大
纺织服装、鞋、帽制造业	52.4	53.6	53.0	竞争激烈，负债适中
化学纤维制造业	64.7	65.9	65.3	原料价格波动，高负债
文教体育用品制造业	49.8	50.5	50.15	轻资产，负债率较低
废弃资源和废旧材料回收加工业	68.5	69.4	68.95	政策依赖，融资需求高
最大值	68.5	69.4	68.95	—
最小值	35.2	36.0	35.6	—

要求：分析资产负债率对不同行业企业长期偿情能力的影响。

解：

（1）偿债能力最低的行业：废弃资源和废旧材料回收加工业，其 2022 年资产负债率为 68.5%，2023 年为 69.4%，均值达 68.95%。该行业属于政策依赖型，融资需求高，较高的资产负债率意味着其长期偿债能力相对较弱，面临较大的债务偿还压力。

（2）偿债能力最高的行业：烟草制品业，2022 年资产负债率为 35.2%，2023 年为 36.0%，均值为 35.6%。由于烟草行业垄断性强，现金流极佳，企业自身资金充裕，对外部债务依赖度低，因此长期偿债能力较强。

（3）普遍负债率高的行业：如电力、热力的生产和供应业（均值 66.15%）、化学纤维制造业（均值 65.3%）等，这些行业多为重资产、资本密集型或受原料价格波动影响较大，高负债是其运营特点。虽然负债率高，但其中部分行业如电力行业，因业务的稳定性和垄断性，实际偿债能力可能并不弱；而像化学纤维制造业，若原料价格大幅波动，可能会对其偿债能力产生一定冲击。

（4）普遍负债率低的行业：如医药制造业（均值 40.8%）、饮料制造业（均值 47.8%）等，这些行业多为轻资产或品牌驱动型，对外部融资需求相对较低，自身现金流状况较好，长期偿债能力有较好保障。

总体而言，资产负债率是衡量企业长期偿债能力的重要指标，但不同行业因行业特性、运营模式、市场环境等因素，资产负债率水平差异较大，在分析企业长期偿债能力时需结合行业特点综合考量。

提示

判断企业是否健康

（1）近三年的经营业绩状况。如净资产收益率、总资产报酬率、总资产周转率、安全生产等指标，近几年是否发生过重大事故。

（2）公司管理机制状况。如公司治理、业务流程、规章制度及管理基础等是否健全，是否简明易懂、适合实际。

（3）风险管控状况。风险管控机制是否健全，公司重大风险是否明确，控制责任是否落实，各层级风险控制是否完善、有效。

通过上述三个层面的诊断，可判断企业的健康程度与状况。

四、资产结构分析与资本结构分析

企业资本结构特征反映了企业长期偿债能力的强弱，但企业资本结构受到企业资产总额和负债总额的影响。因此，为了准确地反映企业的长期偿债能力，有必要对影响企业资产总额和负债总额的资产与资本结构进行分析。

（一）资产结构分析

长期资产是偿还长期债务的资产保障。企业长期资产的数量、结构、计价方法都会影响长期资产的价值总量。其中，长期资产的计价和摊销方法对长期资产总额的影响最大。

1. 固定资产

影响固定资产价值的因素有以下几种：

（1）固定资产的入账价值。现行会计制度规定，固定资产价值采用历史成本法计量，即按取得固定资产时的成本入账。企业取得固定资产可以通过外购和自制等方法。要特别注意企业自制设备是否出现高估成本的情况。

（2）固定资产的折旧。折旧表示固定资产价值的减少，因此折旧对企业长期资产的价值有重要影响，是进行长期偿债能力分析时必须重视的一个问题。影响固定资产折旧的因素有：固定资产使用年限、固定资产残值、固定资产折旧方法。

（3）固定资产减值准备。当固定资产可回收金额低于账面价值时，应计提减值准备。计提减值准备降低了固定资产的价值。

对固定资产的分析，应全面掌握企业固定资产的各方面信息，从而对企业固定资产偿债质量做出客观的评价。

2. 长期投资

长期投资包括长期股权投资和长期债权投资。影响长期投资价值的因素有：

（1）长期投资的入账价值。

（2）长期投资的减值准备。应根据企业投资明细表进行分析。因为是否计提减值准备、计提多少，完全由企业自行决定。

3. 无形资产

此项资产价值的计量比较困难，分析时应注意无形资产核算方法的变动情况。

（二）资本结构分析

资本结构是指企业权益资本和长期负债的比例关系（即净资产与长期负债的比例关系）。权益资本是承担长期债务的基础。权益资本是企业拥有的净资产，是股东承担民事责任的限度，也是借款的基础。因此，权益资本越多，债权人越有保障；企业长期负债比例越高，不能偿债的可能性越大。能否借入资金以及借入多少资金，取决于企业的权益资本实力。资本结构影响企业的财务风险，进而影响企业的偿债能力。借款越多，净利润的稳定性越差，可以归还债务本金的现金流入越不稳定，偿还债务的能力越弱。

1. 长期负债

企业长期负债总额是影响企业长期偿债能力的重要因素。在分析企业长期偿债能力时，应特别注意以下问题：

（1）因为会计政策和会计方法有很强的可选择性，采用的政策和方法不同，企业长期负债额会有差异。因此，进行长期偿债能力分析时，需要全面了解企业会计政策和会计方法的变更情况。

（2）可转换债券通常作为负债来报告，但是债券的可转换性意味着这部分负债将来可能转换成普通股，从而归入权益类，因此，分析时可以将这部分从长期负债中扣除。

（3）优先股虽然属于所有者权益，但有固定到期日或有偿债基金要求的、有法定赎回要求的，在分析时应视为负债。

2. 长期租赁

企业进行财产租赁有两种形式，即融资租赁和经营租赁。融资租赁是由租赁公司垫付资金，按承租人要求购买设备，承租人按合同规定支付租金，所购设备一般于合同期满转归承租人所有的一种租赁方式。企业通常将融资租赁视同购入固定资产，并把与该固定资产相关的债务作为企业负债反映在资产负债表中。融资租赁的设备视同企业的自有资产，相应的租赁费作为长期负债反映在资产负债表中。不同于融资租赁，企业的经营租赁不在资产负债表上反映，只出现在报表附注和利润表的租金项目中。当企业经营租赁量比较大、期限比较长或具有经常性时，经营租赁实际上就构成了一种长期性筹资。因此，进行长期偿债能力分析时必须考虑经营租赁对企业债务结构的影响。

不同行业企业的合理资产结构和合理负债结构如表 4-5 所示。

表 4-5　不同行业企业的合理资产结构和合理负债结构

行业	合理资产结构（%）				合理负债结构（%）		
	流动资产	长期投资	固定资产	无形资产	流动负债	长期负债	所有者权益
制药	50	5	45	很少	45	5	50
家电	60	很少	35	5	60	很少	40
汽车	60	很少	40	很少	50	5	45
房地产	85	10	5	很少	60	10	30
日用品	55～60	很少	40～45	很少	55	5	40
空运	35	很少	65	很少	15	65	20
建材	25	15	60	很少	20	60	20
化工	30	10	55	5	40	20	40
啤酒	30	很少	60	10	20	5	75
商业	60	10	20	10	30	10	60

五、影响长期偿债能力的因素

（一）企业的盈利能力

长期偿债能力与企业盈利能力密切相关。与短期负债不同，企业的长期负债大多用于长期资产的投资，形成企业的固定生产能力。企业在正常生产的情况下，不可能只靠出售资产偿还债务的本金与利息，企业必须依靠生产经营所得，即融通资金新创造的盈利来偿还债务。一般来说，企业的获利能力越强，长期偿债能力越强；反之，则越弱。

（二）经营风险

企业如果经营风险小，经营成果及现金流量比较稳定，就有较强的固定支出保障能力，就能承担较高资产负债率的财务结构；反之，资产负债率则应低一点，以保障在经营不利的情况下也能有足够的偿债能力。

（三）担保责任

担保项目时间长短不一，有的涉及企业的长期负债，有的涉及企业的短期负债。在分析企业长期偿债能力时，应根据有关资料判断担保责任带来的潜在的长期负债问题。

（四）或有事项

或有事项是指过去的交易或事项形成的一种状态，其结果须通过未来不确定事项的发生或不发生予以证实。或有事项分为或有资产和或有负债。

产生或有资产会提高企业的偿债能力，产生或有负债会降低企业的偿债能力。因此，在分析企业的财务报表时，必须充分注意有关或有事项的报表附注披露，以了解未在资产负债表上反映的或有事项，并在评价企业长期偿债能力时，考虑或有事项的潜在影响。或有事项一旦发生便会影响企业的财务状况，因此企业不得不对它们予以足够的重视，在评价企业长期偿债能力时要考虑它们的潜在影响。

（五）金融工具

金融工具是指引起一方获得金融资产并引起另一方承担金融负债或享有所有者权益的契约。与偿债能力有关的金融工具主要是债券和金融衍生工具。

金融工具对企业偿债能力的影响主要体现在两方面：

（1）金融工具的公允价值与账面价值发生重大差异，但并没有在财务报表中或报表附注中揭示。

（2）未能对金融工具的风险程度恰当披露。

报表使用者在分析企业的长期偿债能力时，要注意结合具有资产负债表表外风险的金融工具记录，并分析信贷风险集中的信用项目和金融工具项目，综合起来对企业的偿债能力做出判断。

素养园地 天道酬勤、人道酬诚、商道酬信

诚信是中华民族的传统美德。天道酬勤、人道酬诚、商道酬信是我们为人做事的基点。但是有些企业违背“诚信”二字，逾期拖欠账款、利息，致使征信受损，银行对信用差的企业在授信额度和给予贷款利率方面都没有优惠，甚至不予贷款，致使企业资金链断裂，破产清算。有些个人也存在着拖欠学贷、房贷等失信行为，影响个人以后的发展。所以，我们要重视诚信，践行社会主义核心价值观。

任务实施

<table>
<tr><th>内容</th><th>结论</th></tr>
<tr><td>1. 评价企业长期偿债能力的指标有哪些?</td><td></td></tr>
<tr><td rowspan="4">2. 长期偿债能力指标的计算公式包括哪些?</td><td></td></tr>
<tr><td></td></tr>
<tr><td></td></tr>
<tr><td></td></tr>
<tr><td>3. 泰盛公司目前的资产负债率水平合理吗?</td><td></td></tr>
<tr><td>教师评价</td><td></td></tr>
</table>

<table>
<tr><td>组号</td><td></td><td>姓名</td><td></td><td>组长签字</td><td></td></tr>
<tr><td>教师签字</td><td></td><td>日期</td><td colspan="3"></td></tr>
</table>

综合素养提升

扫码查看泰达股份财务报表（见模块二的“综合素养提升”），利用 Excel 等工具计算并分析泰达股份 2023 年、2024 年长期偿债能力水平的变化，并评价该公司的长期偿债能力。做成幻灯片，汇报交流。

在线测试

【学习效果检验】

一、判断题

1. 如果企业不负债，则不会有财务杠杆效应。（　　）
2. 银行最关心的偿债指标是资产负债率。（　　）
3. 利息偿付倍数是衡量企业长期偿债能力的指标。（　　）
4. 产权比率就是所有者权益总额与资产总额之比。（　　）
5. 企业的资产负债率越低越好。（　　）
6. 资产负债率与产权比率之和等于 1。（　　）

二、单选题

1. 只根据资产负债表就能计算出来的指标是(　　)。

A. 利息偿付倍数　B. 现金比率　C. 总资产报酬率　D. 销售毛利率

2. 下列各项指标中，反映企业长期偿债能力的是(　　)。

A. 流动比率　B. 速动比率　C. 资产负债率　D. 营运资金

3. 一般认为，资产负债率指标的合理范围为(　　)。

A. 小于 30%　B. 大于 70%　C. 30%～70%　D. 越小越好

4. 如果一个企业的权益乘数为 5，则其资产负债率为(　　)。

A. 60%　B. 70%　C. 80%　D. 90%

5. 利息偿付倍数是(　　)最关心的指标。

A. 债务人　B. 债权人　C. 政府　D. 投资者

三、多选题

1. 下列经济业务中，会影响产权比率的是(　　)。

A. 发行企业债券　B. 发行股票　C. 购买机器设备　D. 偿还银行借款

2. 下列属于长期偿债能力指标的有(　　)。

A. 营运资金　B. 资产负债率　C. 产权比率　D. 利息偿付倍数

3. 资产负债率与权益乘数(　　)。

A. 正相关　B. 负相关

C. 无关　D. 均反映企业的偿债能力

4. 影响企业长期偿债能力的因素有(　　)。

A. 资本结构　B. 获利能力

C. 资产的真实价值　D. 市场环境

5. 反映企业偿债能力的指标有(　　)。
A. 销售净利率　　B. 利息偿付倍数　　C. 资产负债率　　D. 营运资金

四、计算分析题

1. 信嘉有限公司2023年、2024年、2025年的有关数据如表4-6所示。

表4-6　信嘉有限公司有关数据　　单位：万元

时间	资产总额	负债总额	所有者权益总额
2023年	100	30	70
2024年	100	50	50
2025年	100	40	60

要求：计算该公司的资产负债率、产权比率，并对该公司的长期偿债能力进行分析和预测。

2. QL股份有限公司的有关财务数据如表4-7所示。

表4-7　QL股份有限公司的有关财务数据

时间	资产负债率	流动比率	利息偿付倍数
2025年	26.36	1.67	26.89
2024年	38.35	0.61	36.05
2023年	30.32	0.89	17.96
2022年	34.08	0.55	1.87
2021年	38.79	0.93	1.39
2020年	41.36	0.73	6.00

要求：分析QL股份有限公司的长期偿债能力。

【学习评价】

1. 学生自我评价表

学生自我评价表

班级		姓名		学号	
模块名称					
评价指标	评价内容			分数	自我评分
数字素养	能够快速有效地获取财务信息并具备评价、整合、交流信息的能力。			5分	
职前工作	能感知工作岗位职责，认同工作价值。			5分	
参与态度	积极主动参与课上讨论、课后组内任务，与教师、同学之间相互尊重、理解。			5分	
学习能力	主动探究、自主学习；能发表个人见解；能按要求完成实训任务；能够虚心倾听、协作共享。			5分	
学习方法	学习方法得体；实操技能得到提高。			5分	
学习过程	遵守实训室管理规程；出勤、任务完成等情况良好。			5分	
知识目标	熟记长期偿债能力指标计算公式；理解短期偿债能力与长期偿债能力的关系。			20分	
能力目标	能评价企业长期偿债能力水平，提出改善偿债能力的对策和建议。			20分	
素养目标	具备风险意识、底线思维，拒绝失信行为。			20分	
自评反馈	按时按质完成工作任务；较好地掌握专业知识点；具有较强的信息分析能力和理解能力；具有较为全面严谨的思维能力并能条理清晰地进行有效沟通。			10分	
自评分数					
存在的不足					
努力的方向					

2. 教师评价表

教师评价表

班级		组名		姓名	
模块名称					
评价内容	评价要点			分数	教师评分
1. 数据获取情况	任务实施过程中数据获取能力			10 分	
2. 互动交流情况	组内交流，教学互动			10 分	
3. 任务完成情况	掌握长期偿债能力指标计算公式			10 分	
	理解短期偿债能力与长期偿债能力的关系			10 分	
	能熟练计算企业长期偿债能力指标			20 分	
	能评价企业长期偿债能力水平，提出改善偿债能力的对策和建议			10 分	
	能与同学共同完成泰达股份长期偿债能力指标的计算与分析			10 分	
4. 素养目标达成情况	团队协作			20 分	
	自主探究				
	学习态度				
	课堂纪律				
	出勤情况				
	创新意识				
	风险意识				
	劳动纪律				
合计				100 分	
教师签名					

模块五　企业盈利能力分析

学习目标

能力目标

1. 能够熟练计算各项盈利能力指标；
2. 能够结合行业特点与当前经济形势，全面、综合地对企业的盈利能力进行分析。

知识目标

1. 掌握盈利能力分析的方法；
2. 掌握盈利能力指标的计算公式；
3. 理解盈利能力分析的意义；
4. 理解盈利能力与偿债能力之间的关系；
5. 了解盈利能力分析的含义。

素养目标

1. 具备实事求是、坚持准则的职业素养；
2. 具备辩证思维能力，运用辩证唯物主义去观察事物、分析问题、解决问题。

任务导学

序号	任务	教师活动	学生活动
1	企业盈利能力认知	以“引导案例：天海生物工程公司盈利能力分析”为切入点，引导学生讨论盈利能力的内涵、意义及分析内容，厘清学习目标。	(1) 倾听教师讲解； (2) 讨论天海生物工程公司的盈利能力，明确课程学习目标； (3) 以小组为单位共同研讨盈利能力的内涵、意义及分析内容，组内交流。
2	企业盈利能力指标计算与分析	(1) 以引导案例中盈利能力指标值为切入点，讲解盈利能力指标涉及的范畴、指标分子分母的内涵、指标值对企业经营的意义； (2) 运用 Excel 工具示范指标值的计算过程并进行可视化分析，讲解指标值的一般规律； (3) 组织学生记忆盈利指标计算公式。	(1) 倾听教师讲解； (2) 讨论并记忆盈利能力指标； (3) 运用 Excel 工具计算指标值，并分析公司盈利能力的强弱； (4) 创新指标值可视化呈现的方式。

续表

序号	任务	教师活动	学生活动
3	综合素养提升	布置训练任务：计算并分析泰达股份 2023 年、2024 年盈利能力水平的变化，评价该公司的盈利能力。	5 人为一组，确定组长，组织完成训练任务，分析报告提交至课程平台，线上汇报交流。
4	学习效果检验	在课程平台布置测试内容，完成教师评价并汇总评价结果，发布评价结果。	完成测试，进行自我评价。

引导案例

天海生物工程公司盈利能力分析

天海生物工程公司主要从事工业节能、固废处理、建筑节能等领域的余热发电及技术改造，生物质发电等可再生资源循环利用，新型墙材等技术的研究、开发、咨询，关键技术装备制造，工程承包及项目管理，项目投资及运营管理等专业化服务业务。2022 年全年生产经营整体保持稳定发展态势，实现营业收入 13.73 亿元，利润总额 1.43 亿元，受产能过剩影响，在建设运营工作面临较大挑战的情况下，同比分别下降了 9.73%、4.14%，较圆满地完成了业绩指标。

天海生物工程公司近年来的营收情况有些波动，主要是因为节能环保工程项目的投资与回报周期比较长，企业效益回收慢。天海生物工程公司表示，受累于水泥、钢铁等传统产业发展不景气及宏观经济结构、产业发展的调整，相关余热发电、新型墙材工程等增量市场有限，同时，增加了现有市场份额的竞争，低价竞争等一些不规范的市场竞争现象普遍，不断压缩利润空间，并且有国内竞争国外化的趋势，给公司市场开拓和成本控制带来很大压力。反映天海生物工程公司 2023—2025 年盈利能力的几个指标情况见表 5-1。

表 5-1　天海生物工程公司 2023—2025 年盈利能力指标

时间	2023 年	2024 年	2025 年
销售毛利率（%）	22.60	25.53	24.01
销售净利率（%）	8.58	8.10	8.77
资产报酬率（%）	12.08	13.20	14.46

由表 5-1 可以看出，天海生物工程公司近三年的盈利能力都比较平稳，主要是结合了目前从事的余热发电及技术改造、生物质发电等可再生资源循环利用、新型墙材工程等业务实际情况，适度调整业务结构和市场营销策略，建立了以事业部制为主的产业发展构架，在夯实余热发电市场战略的同时，适时向固废处理、建筑节能领域拓展，培育新的经济增长点。

思考：

天海生物工程公司盈利前景如何？

下面，让我们一起来解决这个问题。

任务一　企业盈利能力认知

相关知识

盈利能力是指企业获取利润的能力。利润是企业内外有关各方都关心的中心问题，利润是投资者取得投资收益、债权人收取本息的资金来源，是经营者经营业绩和管理效能的集中表现，也是职工集体福利设施不断完善的重要保障。因此，企业盈利能力分析十分重要。

一、盈利能力分析的含义

盈利能力是指在正常的营业状况下，企业赚取利润的能力。非正常的营业状况也会给企业带来收益或损失，但这只是特殊情况，不能说明企业的能力。因此，企业相关者在分析企业盈利能力时，应当排除以下因素：证券买卖等非正常项目、已经或将要停止的营业项目、重大事故或法律更改等特别项目、会计准则和财务制度变更带来的累计影响等。

二、盈利能力分析的意义

盈利能力的大小是一个相对的概念，即利润相对于一定的资源投入、一定的收入而言。利润率越高，盈利能力越强；利润率越低，盈利能力越差。企业经营业绩的好坏最终可通过企业的盈利能力来反映。无论是企业的经理人员、债权人还是股东（投资人），都非常关心企业的盈利能力，并重视对利润率及其变动趋势的分析与预测。

从企业的角度来看，企业从事经营活动，其直接目的是最大限度地赚取利润并维持企业持续稳定地经营和发展。持续稳定地经营和发展是获取利润的基础，而最大限度地获取利润又是企业持续稳定发展的目标和保证。只有在不断地获取利润的基础上，企业才可能发展。盈利能力较强的企业比盈利能力较弱的企业具有更大的活力和更好的发展前景。因此，盈利能力是企业经营人员最重要的业绩衡量标准和发现问题、改进企业管理的突破口。对企业经理人员来说，进行企业盈利能力分析的目的具体表现在以下两个方面。

（一）利用盈利能力的有关指标反映和衡量企业经营业绩

企业经理人员的根本任务就是通过自己的努力使企业赚取更多的利润。各项收益数据反映着企业的盈利能力，也反映着经理人员工作业绩的大小。用已达到的盈利能力指标与标准、基期、同行业平均水平、其他企业相比较，则可以衡量经理人员工作业绩的优劣。

（二）通过盈利能力分析发现经营管理中存在的问题

盈利能力是企业各环节经营活动的具体表现，企业经营的好坏会通过盈利能力表现出来。通过对盈利能力的深入分析，可以发现经营管理中的重大问题，进而采取措施解决问题，提高企业收益水平。

对于债权人来讲，利润是企业偿债的重要来源，特别是对长期债务而言。盈利能力直接影响企业的偿债能力。企业举债时，债权人势必审查企业偿债能力的强弱，而偿债能力的强弱最终取决于企业盈利能力的强弱。因此，分析企业的盈利能力对债权人来说是非常重要的。

对于股东（投资人）而言，企业盈利能力的强弱是至关重要的。在市场经济条件下，股东往往会认为企业的盈利能力比财务状况、营运能力更重要。股东们的直接目的就是获得更多的利润，因为对于信用相同或相近的几个企业，人们总是将资金投向盈利能力强的企业。股东们关心企业赚取利润的多少并重视对利润率的分析，因为他们的股息与企业的盈利能力紧密相关。此外，企业盈利能力增加还会使股票价格上升，从而使股东们获得资本收益。

三、盈利能力分析的内容

盈利能力分析是企业财务分析的重点，其根本目的是通过分析及时发现问题，改善企业财务结构，提高企业偿债能力、经营能力，最终提高企业的盈利能力，促进企业持续稳定地发展。对企业盈利能力的分析包括对利润额的分析和对利润率的分析两个方面。

（一）分析企业的利润额

通过对企业利润额的分析，可以说明企业财务成果的增减变动状况及其原因，为改善企业经营管理指明方向。由于利润额受企业规模或投入总量的影响较大，一方面，不同规模的企业之间不便于对比；另一方面，不能准确地反映企业的盈利能力和盈利水平。因此，仅进行利润额分析一般不能满足各方面对财务信息的要求，还必须对利润率进行分析。

（二）分析企业的利润率

从不同角度或从不同分析目的看，利润率指标可以有多种形式。在不同的所有制企业中，反映企业盈利能力的指标各不相同。

1. 与投资有关的利润率分析

与投资有关的利润率指标有总资产报酬率、净资产收益率等。

2. 与销售有关的利润率分析

与销售有关的利润率分析包括收入利润率分析和成本利润率分析两方面内容。

3. 与上市公司有关的利润率分析

与上市公司有关的利润率指标有每股收益指标、普通股权益报酬率指标、股利发放率指标以及价格与收益比率指标等。

任务二　企业盈利能力指标计算与分析

相关知识

盈利能力分析

一、企业盈利能力一般分析

反映企业盈利能力的指标主要有销售净利率、销售毛利率、总资产利润率、净资产收益率和权益乘数。

（一）销售净利率

销售净利率是企业税后利润与企业销售收入净额的比率。该指标反映每 1 元销售收入带来的净利润是多少，表示销售收入的收益水平。从销售净利率的指标关系看，净利润与销售净利率成正比关系，而销售收入额与销售净利率成反比关系。公司在增加销售收入额的同时，必须相应获得更多的净利润，这样才能使销售净利率保持不变或有所提高。通过分析销售净利率的升降变动，可以促使公司在扩大销售业务的同时，注意改进经营管理，提高盈利水平。销售净利率的计算公式为：

$$销售净利率=\frac{净利润}{销售收入}\times 100\%$$

该项比率越高，表明企业为社会新创价值越多，贡献越大，也反映企业在增产的同时多创造了利润，实现了增产增收。

经营中往往可以发现，企业在扩大销售的同时，由于销售费用、财务费用、管理费用的大幅增加，净利润并不一定会同比例增长，甚至是负增长。因此，盲目扩大生产和销售规模未必会为企业带来正的收益。

【例 5-1】 WKL 房地产公司的相关财务数据如表 5-2 所示。

表 5-2 WKL 房地产公司的相关财务数据 单位：万元

项目	2025 年	2024 年	2023 年
净利润	1 159 960	883 961	643 001
净资产	6 783 250	5 458 620	4 540 850
营业收入	7 178 280	5 071 380	4 888 100
营业成本	4 322 820	3 007 350	3 451 470
总资产	29 620 800	21 563 800	13 760 900

要求：计算并分析 WKL 房地产公司的销售净利率。

解：

各年销售净利率为：

2025 年销售净利率=(1 159 960÷7 178 280)×100%=16.16%

2024 年销售净利率=(883 961÷5 071 380)×100%=17.43%

2023 年销售净利率=(643 001÷4 888 100)×100%=13.15%

通过计算可以看出，WKL 房地产公司的销售净利率从 2024 年开始有所增加，2025 年与 2024 年相比，销售净利率虽有所降低，但降低的幅度不大。

（二）销售毛利率

销售毛利率是毛利占销售收入的百分比，通常称为毛利率。其中，毛利是销售收入与销售成本的差。其计算公式为：

$$销售毛利率=\frac{销售收入-销售成本}{销售收入}\times 100\%$$

销售毛利率表示每 1 元销售收入扣除销售成本后，有多少钱可以用于各项期间费用和形成盈利。销售毛利率是企业销售净利率的基础，没有足够大的毛利率便不能盈利。如果销售毛利率很低，表明企业没有足够多的毛利额，补偿期间费用后的盈利水平就不会高，也可能无法弥补期间费用，出现亏损局面。

在分析企业主营业务的盈利空间和变化趋势时，销售毛利率是一个重要指标。该指标的优点在于可以对企业某一主要产品或主要业务的盈利状况进行分析，这对于判断企业核心竞争力的变化趋势及企业成长性极有帮助。因为产品销售毛利率的提高可以在一定程度上反映产品获利能力的增加，所以它可以作为衡量经理人员经营业绩的指标之一。

【例 5-2】 承例 5-1 资料，计算并分析 WKL 房地产公司的销售毛利率。

解：

各年销售毛利率为：

2025 年销售毛利率＝(7 178 280－4 322 820)÷7 178 280×100%＝39.78%

2024 年销售毛利率＝(5 071 380－3 007 350)÷5 071 380×100%＝40.70%

2023 年销售毛利率＝(4 888 100－3 451 470)÷4 888 100×100%＝29.39%

通过计算可以看出，WKL 房地产公司的销售毛利率从 2024 年开始有所增加，2025 年与 2024 年相比，销售毛利率虽有所降低，但降低的幅度不大。变化趋势与销售净利率一致。就一个企业而言，销售毛利率不能太低，否则其盈利空间很小。一般情况下，销售毛利率为 30%，是企业盈利能力大小的门槛。

（三）总资产利润率

总资产利润率又称总资产报酬率、总资产回报率、资产总额利润率，是指企业息税前利润与平均总资产之间的比率，用以评价企业运用全部资产的总体获利能力，是评价企业资产营运效益的重要指标。其计算公式为：

$$总资产利润率=\frac{净利润}{资产总额}\times100\%$$

总资产利润率主要用来衡量企业利用资产获取利润的能力，反映了企业总资产的利用效率，表示企业每单位资产能获得净利润的数量。这一比率越高，表明企业投入产出的水平越好，企业的资产营运越有效，说明企业全部资产的盈利能力越强。该指标与净利润成正比，与资产总额成反比。而净利润的多少与公司资产结构、经营管理水平有着密切的关系。

总资产利润率反映的是企业全部资产获取收益的水平与企业的获利能力和投入产出状况之间的关系。通过对该指标的深入分析，可以增强各方面对企业资产经营的关注，促进企业提高单位资产的收益水平。一般情况下，企业可据此指标与市场利率进行比较，如果该指标大于市场利率，则表明企业可以充分利用财务杠杆，进行负债经营，获取尽可能多的收益。

进行总资产利润率分析时应注意以下问题：

第一，总资产利润率表示企业利用全部资产获取收益的水平，全面反映了企业的获利能力和投入产出状况。该指标越高，表明企业投入产出的水平越好，企业的资产营运越有效。

第二，一般情况下，企业可将此指标与市场利率进行比较，如果该指标大于市场利率，则表明企业可以充分利用财务杠杆，进行负债经营，获取尽可能多的收益。

第三，评价总资产利润率时，需要与前期的比率、同行业其他企业的比率进行比较，也可以对总资产利润率进行因素分析。

【例 5－3】 承例 5－1 资料，计算并分析 WKL 房地产公司的总资产利润率。

解：

各年资产利润率如下：

2025 年总资产利润率＝1 159 960÷29 620 800×100％＝3.9％

2024 年总资产利润率＝883 961÷21 563 800×100％＝4.1％

2023 年总资产利润率＝643 001÷13 760 900×100％＝4.7％

通过计算可以看出，该公司总资产利润率有所降低，这主要是资产总额增长较快所致，但变化不大，企业仍有较强的盈利能力。

（四）净资产收益率

净资产收益率又称所有者权益报酬率或净资产利润率、资本利润率，是指企业净利润（即税后利润）与所有者权益（即资产总额减负债总额后的净资产）的比率，用以反映企业运用资本获得收益的能力。它是评价企业经济效益的一项重要指标，也是衡量上市公司盈利能力的重要指标。净资产是所有者投入的主权资金，净资产收益率的高低直接关系到投资者的权益，是投资者最关心的问题。该指标体现了自有资本获得净收益的能力。一般来说，负债增加会导致净资产收益率的上升。

企业资产包括两部分：一部分是股东的投资，即所有者权益（它是股东投入的股本、企业公积金和留存收益等的总和）；另一部分是企业借入和暂时占用的资金。企业适当地运用财务杠杆可以提高资金的使用效率，借入的资金过多会增大企业的财务风险，但一般可以提高盈利，借入的资金过少会降低资金的使用效率。净资产收益率是衡量股东资金使用效率的重要财务指标。其计算公式为：

$$净资产收益率=\frac{净利润}{所有者权益平均余额}\times 100\%$$

其中：

所有者权益平均余额＝(期初所有者权益余额＋期末所有者权益余额)÷2

这一比率越高，说明企业资本金的利用效果越好；反之，则说明企业资本金的利用效果越差。因为净资产收益率越高，说明企业自有投资的经济效益越好，投资者的风险越小，值得投资和继续投资，所以它是投资者和潜在投资者进行投资决策的重要依据。对企业经营者来说，如果资本收益率高于债务资金成本率，则适度负债经营对投资者来说是有利的；反之，如果资本收益率低于债务资金成本率，则过高的负债经营就将损害投资者的利益。

影响该指标的因素，除了企业的盈利水平以外，还有企业所有者权益的大小。对所有者来说，该比率越大，投资者投入资本盈利能力越强。在我国，该指标既是上市公司对外必须披露的信息内容之一，也是决定上市公司能否配股进行再融资的重要依据。

净资产收益率指标具有很强的综合性，它包含了权益乘数、总资产周转率和销售净利率这三个指标所反映的内容。各指标的关系可用如下公式表示：

净资产收益率＝销售净利率×总资产周转率×权益乘数

【例 5-4】 承例 5-1 资料，计算并分析 WKL 房地产公司的净资产收益率。

解：

各年净资产收益率为：

2025 年净资产收益率＝1 159 960÷6 783 250×100%＝17.10%

2024 年净资产收益率＝883 961÷5 458 620×100%＝16.19%

2023 年净资产收益率＝643 001÷4 540 850×100%＝14.16%

通过计算可以看出，WKL 房地产公司的净资产收益率连续三年均有所增加，2024 年增长的幅度最大，表明公司的盈利能力在增强。净资产收益率越高，说明企业所有者权益的盈利能力越强。净资产收益率是一项非常综合的盈利能力指标，它受销售净利率、总资产周转率以及权益乘数的影响。因此，应结合销售净利率、总资产周转率和权益乘数三个因素做进一步分析，以找出影响企业净资产收益率变化的真正因素。

（五）权益乘数

权益乘数又称股本乘数，是指资产总额相当于股东权益的倍数。权益乘数越大，表明所有者投入企业的资本占全部资产的比重越小，企业负债的程度越高，债权人权益受保护的程度越低；该比率越小，表明所有者投入企业的资本占全部资产的比重越大，企业的负债程度越低，债权人权益受保护的程度越高。其计算公式如下：

$$权益乘数=\frac{资产总额}{所有者权益}=\frac{1}{1-资产负债率}$$

权益乘数越大，代表公司向外融资的财务杠杆系数越大，公司将承担较大的风险。但是，若公司营运状况刚好处于向上趋势中，较高的权益乘数反而可以创造更高的公司获利，通过提高公司的股东权益报酬率，对公司的股票价值产生正面激励效果。

【例 5-5】 承例 5-1 资料，计算并分析该公司的权益乘数。

解：

各年权益乘数为：

2025 年权益乘数＝29 620 800/6 783 250＝4.37

2024 年权益乘数＝21 563 800/5 458 620＝3.95

2023 年权益乘数＝13 760 900/4 540 850＝3.03

通过计算可以看出，WKL 房地产公司的权益乘数连续 3 年呈上升趋势。

二、上市公司盈利能力分析

上市公司盈利能力分析所使用的指标很多，主要有每股利润、每股股利、市盈率和市净率。

（一）每股利润

每股利润是指普通股每股税后利润。该指标中的利润是利润总额扣除应缴所得税的税后利润，如果发行了优先股，还要扣除优先股应分的股利，然后除以流通股数，即发行在外的普通股平均股数。其计算公式如下：

$$每股利润=\frac{税后利润-优先股股利}{流通股数}$$

该指标能反映普通股每股的盈利能力，是衡量上市公司获利能力的重要财务指标。每股收益越多，说明每股盈利能力越强。影响该指标的因素有两个：一是企业的获利水平；二是企业的股利发放政策。

（二）每股股利

每股股利是企业股利总额与流通股数的比率。股利总额是用于对普通股分配现金股利的总额，流通股数是企业发行在外的普通股平均股数。其计算公式如下：

$$每股股利=\frac{股利总额}{流通股数}$$

每股股利是反映每一普通股获得股利多少的指标。每股股利的高低，一方面取决于企业获利能力的强弱；另一方面还受企业股利发放政策与利润分配需要的影响。如果企业为扩大再生产，增强企业的后劲而多留利润，则每股股利就少；反之，则多。

（三）市盈率

市盈率即市价盈利率，又叫本益比，它是上市公司股票市价与每股税后利润之间的比率。其计算公式如下：

$$市盈率=\frac{普通股每股市场价格}{普通股每股利润}$$

股票价格是当前的每股市价，税后利润可用最近一年的盈利，也可用未来一年或几年的预测值。一般情况下，一只股票市盈率越低，市价相对于股票的盈利能力就越低，表明投资回收期越短，投资风险越小，股票的投资价值越大。市盈率越高，表明投资者对公司未来越有信心，愿意为每一元盈余多付买价。

通常认为，市盈率为 5～20 是正常的。当股市受到不正常的因素干扰时，某些股票的市场被哄抬到不应有的高度，市盈率会过高。超过 20 的市盈率被认为是不正常的，很可能是股价下跌的前兆，风险较大。股票的市盈率比较低，表明投资者对公司的前景缺乏信心，不愿为每一元盈余多付买价。一般认为，市盈率在 5 以下的股票，其前景黯淡，持有这种股票的风险较大。不同行业股票市盈率是不相同的，而且会经常发生变化。

市盈率不仅可以反映股票的投资收益，而且可以显示投资价值，因此市盈率既是分析股票市价高与低的重要指标，也是衡量股票投资价值的一种方法。通过分析市盈率，投资者可据此预测公司未来盈利的增长状况以及投资的风险程度。

【例 5-6】 两只股票的股价均为 50 元，其每股收益分别为 5 元和 1 元。

要求：计算两只股票的市盈率并说明市盈率是如何反映上市公司的盈利能力的。

解：

通过计算很容易得出两只股票的市盈率分别是 10 倍和 50 倍。也就是说，若企业盈利能力不变，投资者以同样的 50 元价格购买的两只股票，要分别在 10 年和 50 年以后才能从企业盈利中收回投资。由于企业的盈利能力是不断改变的，投资者购买股票更看重企业的未来，因此，一些发展前景很好的公司，即使当前的市盈率较高，投资者也愿意去购买。

总之，市盈率是衡量股价高低和企业盈利能力的一个重要指标。由于它把股价和企业盈利能力结合起来，因此其水平高低真实地反映了股票价格的高低。预期利润增长率高的企业，其股票的市盈率也会比较高。

【例 5－7】 甲、乙两家上市公司上年的每股盈利均为 1 元，甲公司今后每年保持 20%的利润增长率，乙公司每年保持 10%的利润增长率。

要求：计算 10 年后两家上市公司的每股盈利是多少。投资者购买哪家公司的股票能更早地收回投资？

解：

通过计算得出到第 10 年时甲公司的每股盈利将达到 6.2 元，乙公司只有 2.6 元，因此甲公司当前的市盈率必然会高于乙公司。投资者购买甲公司股票能更早地收回投资。

（四）市净率

市净率指的是每股股价与每股净资产的比率。比值越低意味着风险越低。市净率可用于投资分析，一般来说，市净率较低的股票，投资价值较高；相反，则投资价值较低。在判断投资价值时，还要考虑当时的市场环境以及公司经营情况、盈利能力等因素。其计算公式为：

$$市净率=\frac{每股市价}{每股净资产}$$

市净率能够较好地反映出“有所付出，即有回报”，它能够帮助投资者寻求在哪家上市公司能以较少的投入得到较高的产出，对于大的投资机构而言，它能帮助其辨别投资风险。

提示 **市盈率与市净率**

在阅读研究报告时，投资者经常会看到 PE、PB 这样的词汇。PE 是市盈率的简称，指在一个考察期（通常为 12 个月）内，股票价格和每股收益的比例。PB 则是市净率的简称，是股票价格与每股净资产的比例。

解读上市公司估值，要以同行业的 PE 为比较对象，判断上市公司的 PE 值形成“高低”的内在原因。比如，同一行业的上市公司的股票，市场可能赋予不同的估值水平，这一现象可能就隐含了不同企业在盈利能力、产品竞争力、产品定价能力、企业治理等反映企业可持续核心竞争力方面的差异，同时也隐含了市场预期和市场情绪（如乐观，谨慎）上的差异。

素养园地 **隐含在盈利指标中的量、质辩证关系**

党的二十大报告中指出“高质量发展是全面建设社会主义现代化国家的首要任务……我们要坚持以推动高质量发展为主题……推动经济实现质的有效提升和量的合理增长。”在积极响应国家战略部署下，企业的投资人、债权人、经营者应更加关注经营成果的数量与质量的逻辑关系。盈利指标数值高，并不一定代表盈利质量高，必须结合现金流量情况进行分析。比如：净利润的现金含量、主营业务收入的现金比率等。只有盈利质量与盈利数据同步，才能真正说明企业经营成功，经营效果高质量。

任务实施

内容	结论
1. 企业盈利能力分析的内容有哪些？	
2. 评价企业盈利能力的指标有哪些？	
3. 企业盈利能力指标的计算公式包括哪些？	
4. 引导案例中天海生物工程公司盈利前景如何？	
教师评价	

组号		姓名		组长签字	
教师签字		日期			

综合素养提升

扫码查看泰达股份财务报表（见模块二的“综合素养提升”），利用 Excel 等工具计算泰达股份 2023、2024 年盈利能力指标，并评价该公司的盈利能力。做成幻灯片，汇报交流。

【学习效果检验】

在线测试

一、判断题

1. 杜邦分析的核心指标是净资产收益率。（　　）
2. 资产负债率越高则权益乘数越大。（　　）
3. 分析企业盈利能力时，净利率比毛利率重要得多。（　　）
4. 企业的权益乘数越大越好。（　　）
5. 企业的总资产报酬率越低，则净资产收益率越低。（　　）

二、单选题

1. 下列各指标中，反映企业盈利能力的是（　　）。

A. 现金比率　B. 流动比率　C. 资产负债率　D. 净资产收益率

2. 计算企业净资产收益率时，分子常用的指标是（　　）。

A. 营运资金　B. 营业利润　C. 利润总额　D. 净利润

3. 在总资产报酬率中，分母常用的指标是（　　）。

A. 销售收入　B. 净利润　C. 平均总资产　D. 长期资产总额

4. 评价企业盈利能力指标中的“报酬”是指（　　）。

A. 利润率　B. 税后利润　C. 利润总额　D. 营业利润

5. 一般情况下，对于同一企业、同一时期，毛利率与净利率的关系是（　　）。

A. 毛利率大于净利率　B. 毛利率小于净利率

C. 毛利率等于净利率　D. 无法判断

三、多选题

1. 下列指标中，属于企业盈利能力指标的有（　　）。

A. 资产负债率　B. 净资产收益率　C. 毛利率　D. 净利率

2. 影响净资产收益率的因素有（　　）。

A. 权益乘数　B. 资产负债率　C. 流动比率　D. 销售净利率

3. 权益乘数与资产负债率（　　）。

A. 均可反映企业的偿债能力　B. 正相关

C. 负相关　D. 无关

4. 影响净资产收益率的途径有（　　）。

A. 提高权益乘数　B. 提高资产负债率

C. 降低资产负债率　D. 降低权益乘数

5. 净资产收益率等于(　　)的乘积。

A. 销售净利率　　B. 总资产报酬率

C. 权益乘数　　D. 总资产周转率

四、计算分析题

1. 昊天公司2023—2025年的相关财务数据如表5-3所示。

表5-3　昊天公司2023—2025年相关财务数据　　单位：万元

时间	资产总额	负债总额	所有者权益总额	营业收入	营业利润	净利润
2023年	200	50	150	100	60	20
2024年	210	60	150	110	80	20
2025年	220	70	150	120	85	20

要求：计算该公司的资产负债率、权益乘数、净资产收益率、总资产收益率、净利率，并分析该公司的偿债能力和盈利能力。

2. A股白酒类上市公司净利率如表5-4所示。

表5-4　A股白酒类上市公司净利率

证券代码	证券简称	产品名称	净利率
600260	凯乐科技	黄山头	50.08%
000568	泸州老窖	泸州老窖	40.52%
000858	五粮液	五粮液	37.06%
600199	金种子酒	金种子酒	26.36%
000799	酒鬼酒	酒鬼酒	22.63%
000596	古井贡酒	古井贡酒	19.42%
600519	贵州茅台	茅台	49.36%
002304	洋河股份	洋河大曲	37.10%
600779	水井坊	水井坊	28.16%
600702	沱牌舍得	沱牌舍得	23.27%
600809	山西汾酒	汾酒	22.25%

要求：(1) 阐述毛利率与净利率的关系。

(2) 分析白酒行业的盈利能力。

【学习评价】

1. 学生自我评价表

学生自我评价表

班级		姓名		学号	
模块名称					
评价指标	评价内容			分数	自我评分
数字素养	能够快速有效地获取财务信息并具备评价、整合、交流信息的能力。			5分	
职前工作	能感知工作岗位职责，认同工作价值。			5分	
参与态度	积极主动参与课上讨论、课后组内任务，与教师、同学之间相互尊重、理解。			5分	
学习能力	主动探究、自主学习；能发表个人见解；能按要求完成实训任务；能够虚心倾听、协作共享。			5分	
学习方法	学习方法得体；实操技能得到提高。			5分	
学习过程	遵守实训室管理规程；出勤、任务完成等情况良好。			5分	
知识目标	掌握盈利能力指标计算公式；理解盈利能力分析的意义，理解盈利能力与偿债能力之间的关系。			20分	
能力目标	能够熟练计算各项盈利能力指标；能够结合行业特点与当前经济形势，全面、综合地对企业的盈利能力进行分析。			20分	
素养目标	具备辩证思维能力，运用辩证唯物主义去观察事物、分析问题、解决问题。			20分	
自评反馈	按时按质完成工作任务；较好地掌握专业知识点；具有较强的信息分析能力和理解能力；具有较为全面严谨的思维能力并能条理清晰地进行有效沟通。			10分	
自评分数					
存在的不足					
努力的方向					

2. 教师评价表

教师评价表

<table>
<tr><td>班级</td><td></td><td>组名</td><td></td><td>姓名</td><td></td></tr>
<tr><td>模块名称</td><td colspan="5"></td></tr>
<tr><td>评价内容</td><td colspan="3">评价要点</td><td>分数</td><td>教师评分</td></tr>
<tr><td>1. 数据获取情况</td><td colspan="3">任务实施过程中数据获取能力</td><td>10 分</td><td></td></tr>
<tr><td>2. 互动交流情况</td><td colspan="3">组内交流，教学互动</td><td>10 分</td><td></td></tr>
<tr><td rowspan="5">3. 任务完成情况</td><td colspan="3">掌握盈利能力指标计算公式</td><td>10 分</td><td></td></tr>
<tr><td colspan="3">理解盈利能力分析的意义</td><td>10 分</td><td></td></tr>
<tr><td colspan="3">能熟练计算盈利能力指标</td><td>20 分</td><td></td></tr>
<tr><td colspan="3">能够结合行业特点与当前经济形势，全面、综合地对企业的盈利能力进行分析</td><td>10 分</td><td></td></tr>
<tr><td colspan="3">能与同学共同完成泰达股份盈利能力指标的计算与分析</td><td>10 分</td><td></td></tr>
<tr><td rowspan="8">4. 素养目标达成情况</td><td colspan="3">团队协作</td><td rowspan="8">20 分</td><td></td></tr>
<tr><td colspan="3">自主探究</td><td></td></tr>
<tr><td colspan="3">学习态度</td><td></td></tr>
<tr><td colspan="3">课堂纪律</td><td></td></tr>
<tr><td colspan="3">出勤情况</td><td></td></tr>
<tr><td colspan="3">创新意识</td><td></td></tr>
<tr><td colspan="3">辨证思维</td><td></td></tr>
<tr><td colspan="3">劳动纪律</td><td></td></tr>
<tr><td colspan="4">合计</td><td>100 分</td><td></td></tr>
<tr><td>教师签名</td><td colspan="5"></td></tr>
</table>

模块六　企业现金流量分析

学习目标

能力目标

1. 能够根据现金流量表进行现金流量结构分析；
2. 能够运用相关指标对企业的现金流量质量进行分析。

知识目标

1. 掌握有关现金流量分析的主要财务比率的计算和使用；
2. 掌握现金流量的趋势分析和结构分析；
3. 了解三大活动现金形成的八种组合所反映的企业经营状况。

素养目标

1. 具备追根溯源、求真务实的工作能力；
2. 具备操守为重、坚持准则的职业情怀。

任务导学

序号	任务	教师活动	学生活动
1	企业现金流量和现金流量表认知	以“引导案例：康美药业财务造假，中小投资者集体诉讼获赔”为切入点，引导学生讨论现金流量的内涵、结构，厘清学习目标。	(1) 倾听教师讲解； (2) 讨论康美药业连续3年虚增货币资金的财务造假案例，明确课程学习目标； (3) 以小组为单位共同研讨现金流量的内涵、结构，组内交流。
2	企业现金流量表结构阅读与分析	(1) 以引导案例中现金结构的讨论为切入点，讲解企业现金流量表结构、分析要点； (2) 讲解三大活动现金形成的8种组合所反映的企业经营状况； (3) 运用Excel工具示范现金流量表的分析方法，并进行可视化分析。	(1) 倾听教师讲解； (2) 讨论三大活动现金形成的8种组合所反映的企业经营状况； (3) 运用Excel工具计算并分析公司现金流量结构和趋势； (4) 创新可视化分析结果呈现的方式。

续表

序号	任务	教师活动	学生活动
3	企业现金流量质量分析	（1）讲解现金流动性指标； （2）运用 Excel 工具示范现金流量指标值的计算过程并进行可视化分析，讲解指标值的一般规律； （3）组织学生记忆反映现金流量质量指标的计算公式。	（1）倾听教师讲解； （2）讨论并记忆现金流量质量指标计算公式； （3）运用 Excel 工具计算指标值，并分析公司现金流量质量情况； （4）创新指标值可视化呈现的方式。
4	综合素养提升	布置训练任务：计算并分析泰达股份 2023 年、2024 年现金流量水平的变化，评价该公司的现金结构是否合理。	5 人为一组，确定组长，组织完成训练任务，分析报告提交至课程平台，线上汇报交流。
5	学习效果检验	在课程平台布置测试内容，完成教师评价并汇总评价结果，发布评价结果。	完成测试，进行自我评价。

引导案例

康美药业财务造假，中小投资者集体诉讼获赔

2021 年 12 月 20 日起，中证中小投资者服务中心首单特别代表人诉讼开始执行，康美药业证券虚假陈述侵权集体诉讼案陆续执行赔偿。52 037 名康美药业投资者将以现金、债转股、信托收益权等方式获偿约 24.59 亿元。

自 2018 年 12 月，因涉嫌信息披露违法违规，康美药业被证监会立案调查，财务造假事件败露。2020 年 5 月，证监会下达行政处罚决定，行政处罚中查清，康美药业 2016 年年度报告虚增货币资金 225 亿元；2017 年年度报告虚增货币资金 299 亿元；2018 年半年度报告虚增货币资金 362 亿元。累计虚增货币资金 886 亿元。公司还未按规定披露期间控股股东及其关联方累计非经营性占用 116.19 亿元的关联交易。

思考：

（1）货币资金是现金流量表的全部资金项目吗？

（2）康美药业通过虚增货币资金来粉饰报表的目的何在？

（3）现金流量表中的现金流量包括哪几个部分？

（4）在企业不同发展时期应保持什么样的现金结构比较好？

下面，让我们一起来解决这些问题。

任务一　企业现金流量和现金流量表认知

相关知识

一、现金流量的概念

现金流量表分析

现金流量指企业一定时期的现金和现金等价物的流入和流出的数量。

现金流量表中的“现金”是指企业的现金和现金等价物。现金等价物指持有时间短、流动性强、易于转换为已知金额的现金、价值变动风险很小的短期投资。

《企业会计准则第 31 号——现金流量表》将现金流量归结为三类：经营活动产生的现金流量、投资活动产生的现金流量和筹资活动产生的现金流量。

经营活动是指直接进行产品生产、商品销售或劳务提供的活动，它们是企业取得净收益的主要交易和事项。

投资活动指长期资产的购建和不包括在现金等价物范围内的投资及其处置活动。

筹资活动指导致企业资本及债务规模和构成发生变化的活动。资本包括实收资本（股本）、资本溢价（股本溢价）；债务指企业所借入的款项。

现金流量表按照经营活动、投资活动和筹资活动进行分类报告，目的是便于报表使用者了解各类活动对企业财务状况的影响，以及估量未来的现金流量。

二、现金流量表的结构

现金流量表分为两部分：第一部分为正表，第二部分为补充资料。

现金流量表正表由经营活动、投资活动和筹资活动产生的三大类现金流量及汇率变动对现金的影响构成，反映企业本年度产生的现金净流量总额，以及各类活动产生的现金流入和流出的数额等。举例说明，滨海永利公司现金流量表（正表）如表 6－1 所示。

表 6－1　滨海永利公司现金流量表（正表）　　单位：万元

项目	金额
一、经营活动产生的现金流量	
销售商品、提供劳务所收到的现金	599 923
收到的税费返还	867
收到的其他与经营活动有关的现金	
现金流入小计	600 790
购买商品、接受劳务支付的现金	305 281
支付给职工以及为职工支付的现金	199 998
支付的各项税费	18 656
支付的其他与经营活动有关的现金	10 548
现金流出小计	534 483

续表

项目	金额
经营活动产生的现金流量净额	66 307
二、投资活动产生的现金流量	
收回投资所收到的现金	4 000
取得投资收益所收到的现金	689
处置固定资产、无形资产和其他长期资产所收回的现金净额	16
收到的其他与投资活动有关的现金	
现金流入小计	4 705
购置固定资产、无形资产和其他长期资产所支付的现金	91 808
投资所支付的现金	21 012
支付的其他与投资活动有关的现金	
现金流出小计	112 820
投资活动产生的现金流量净额	−108 115
三、筹资活动产生的现金流量	
吸收投资所收到的现金	
借款所收到的现金	14 824
收到的其他与筹资活动有关的现金	
现金流入小计	14 824
偿还债务所支付的现金	52 398
分配股利、利润或偿付利息所支付的现金	64 116
支付的其他与筹资活动有关的现金	
现金流出小计	116 514
筹资活动产生的现金流量净额	−101 690
四、汇率变动对现金的影响	
五、现金及现金等价物净增加额	−143 498

补充资料是对正表内容的补充说明，主要包括三项内容：将净利润调节为经营活动现金流量；不涉及现金收支的投资和筹资活动；现金及现金等价物净增加额。滨海永利公司现金流量表（补充资料）如表 6－2 所示。

表 6－2　滨海永利公司现金流量表（补充资料）　　单位：万元

项目	金额
1. 将净利润调节为经营活动现金流量	72 198
加：计提的资产减值准备	865
固定资产折旧	15 639
无形资产摊销	4
长期待摊费用摊销	25
处置固定资产、无形资产和其他长期资产的损失	
固定资产报废损失	

续表

项目	金额
财务费用	2 047
投资损失	−4 700
存货减少（减：增加）	17 085
经营性应收项目减少（减：增加）	−2 437
经营性应付项目增加（减：减少）	−34 419
其他	
经营活动产生的现金净流量	66 307
2. 不涉及现金收支的投资和筹资活动	
债务转为资本	
一年内到期的可转换公司债券	
3. 现金及现金等价物净增加额	
现金的期末余额	27 558
减：现金的期初余额	171 056
加：现金等价物的期末余额	
减：现金等价物的期初余额	
现金及现金等价物净增加额	−143 498

任务二　企业现金流量表结构阅读与分析

相关知识

一、经营活动现金流量的阅读与分析

（一）经营活动产生的现金流量包含的项目

1. 经营活动流入的现金

（1）销售商品、提供劳务所收到的现金。

（2）收到的税费返还。

（3）收到的其他与经营活动有关的现金。

2. 经营活动流出的现金

（1）购买商品、接受劳务支付的现金。

（2）支付给职工以及为职工支付的现金。

（3）支付的各项税费。

（4）支付的其他与经营活动有关的现金。

（二）经营活动产生的现金流量的分析要点

（1）如果经营活动现金流量小于零，意味着企业通过正常的商品购、产、销所带来的现金流入量不足以支付因经营活动而引起的货币流出。企业正常经营活动所需的现金支付需通过以下方式解决：消耗现存的货币积累；挤占本来可以用于投资的现金，推迟投资活动；进行额外贷款融资；拖延债务支付或加大经营活动负债。一般说来，企业在生命周期的初始阶段，经营活动现金流量往往表现为“入不敷出”状态。

（2）如果经营活动现金流量等于零，说明企业经营活动现金流量处于“收支平衡”状态。企业正常经营活动不需要额外补充流动资金，企业经营活动也不能为企业的投资活动以及融资活动贡献现金。但是，必须注意的是，在企业的成本消耗中，有相当一部分属于按照权责发生制原则的要求而确认的成本（如折旧）和应计成本（如对预提费用的处理）。下面我们把这两类成本称为非现金消耗性成本。显然，如果经营活动现金流量等于零，企业经营活动产生的现金流量是不可能为这部分非现金消耗性成本提供货币补偿的。因此，从长期来看，经营活动现金流量等于零，不可能维持企业经营活动的货币“简单再生产”。

（3）如果经营活动现金流量大于零，说明在补偿当期的非现金消耗性成本后仍有剩余。此时意味着，企业通过正常的商品购、产、销所带来的现金流入量不但能够支付因经营活动而引起的货币流出、补偿全部当期的非现金消耗性成本，而且还有余力为投资活动提供现金支持，表明企业所生产的产品适销对路、市场占有率高、销售回款能力较强，同时企业的付现成本、费用控制在较适宜的水平上。在这种状态下，经营活动现金流量处于良好的运转状态，对企业经营活动的稳定与发展、企业投资规模的扩大起到重要的促进作用。但要注意的是，经营活动现金流量仅仅大于零是不够的，如果经营活动现金流量大于零，但不足以或恰能补偿当期的非现金消耗性成本，仍然不能为企业扩大投资等发展提供货币支持。

二、投资活动现金流量的阅读与分析

（一）投资活动产生的现金流量

1. 投资活动流入的现金

（1）收回投资所收到的现金。

（2）取得投资收益所收到的现金。

（3）处置固定资产、无形资产和其他长期资产所收回的现金净额。

（4）收到的其他与投资活动有关的现金。

2. 投资活动流出的现金

（1）购建固定资产、无形资产和其他长期资产所支付的现金。

（2）投资所支付的现金。

（3）支付的其他与投资活动有关的现金。

（二）投资活动产生的现金流量的分析要点

（1）如果投资活动现金流量小于零，说明企业投资活动现金流量处于“入不敷出”状态。投资所需资金的缺口，可以通过以下方式解决：消耗现存的货币积累；挤占本来可以用于经营活动的现金；利用经营活动积累的现金补充；额外贷款融资；拖延债务支付或加大投资活动负债。必须指出的是，投资活动的现金流出有的需要由未来的经营活动的现金流入量补偿。如企业固定资产的购建支出，将由未来使用有关固定资产会计期间的经营活动现金流量来补偿。因此，如果投资活动现金流量小于零，不能简单地做出否定评价。应重点考虑企业的投资活动是否符合企业的长期规划和短期计划，是否反映了企业经营活动的发展和企业扩张的内在需要。

(2) 如果投资活动现金流量大于等于零，说明企业投资活动方面的现金流入量大于等于流出量。这种情况的发生，或者是由于企业在本会计期间的投资回收活动的规模大于等于投资支出的规模，或者是由于企业在经营活动与筹资活动方面急需资金而不得不处理手中的长期资产以求变现。

(3) 如果处置固定资产、无形资产和其他长期资产所收回的现金净额较大或在整个现金流入中所占比重较大，说明企业正处于转产时期，或者未来的生产能力将受到严重影响，已经陷入深度的债务危机之中；如果购建固定资产、无形资产和其他长期资产所支付的现金金额较大或在整个现金流出中所占的比重较大，说明企业未来的现金流入看好，当期的投资会带来未来的效益。

三、筹资活动现金流量的阅读与分析

(一) 筹资活动产生的现金流量

1. 筹资活动流入的现金

(1) 吸收投资所收到的现金。

(2) 借款所收到的现金。

(3) 收到的其他与筹资活动有关的现金。

2. 筹资活动流出的现金

(1) 偿还债务所支付的现金。

(2) 分配股利、利润或偿付利息所支付的现金。

(3) 支付的其他与筹资活动有关的现金。

(二) 筹资活动产生的现金流量的分析要点

(1) 如果筹资活动现金流量大于零，表明企业通过银行及资本市场筹资的能力较强，但应密切关注资金的使用效果，防止未来无法支付到期的负债本息而陷入债务危机。此时关键要看企业的筹资是否已纳入企业的发展规划，是企业管理层以扩大投资和经营活动为目标的主动筹资行为，还是企业因投资活动和经营活动的现金流出失控而不得已的筹资行为。

(2) 如果筹资活动现金流量小于零，或者是由于企业在本会计期间集中发生偿还债务、支付筹资费用、分配股利或利润、偿付利息、融资租赁等业务，或者是因为企业经营活动和投资活动在现金流量方面运转较好，有能力完成上述各项支付。但是，筹资活动现金流量小于零也可能是企业在投资和扩张方面没有更多作为的一种表现。

(3) 通过比较筹资活动现金流出中“分配股利、利润或偿付利息所支付的现金”项目和资产负债表、利润表中应付股利、应付利润和财务费用项目，对企业利润分配和支付利息能力做出评价。如果利润表和现金流量表补充资料的财务费用同时出现负数，表明企业存在过多的存款，即现金富余，如果是企业找不到新的投资方向，则为一个严重的问题。

值得注意的是，由于股利的支付一般来说是不可避免的，因此企业内部产生的现金流量净额实际上为经营活动的现金流量净额减去现金股利支出后的余额，通常理解为内部现金流量。

现金流量表按照经营活动、投资活动和筹资活动进行分类报告，目的是便于报表使用人了解各类活动对企业财务状况的影响，以及估量未来的现金流量。

现金是企业赖以生存和发展的基础，如果不考虑现金流量的大小，仅根据现金流的方向进行分析，经营活动现金净流量、投资活动现金净流量和筹资活动现金净流量三者之间有八种组合，通过对这八种组合进行分析，可以初步获知企业的经营状况，如表 6 - 3 所示。

表 6 - 3　三大活动现金净流量分析

经营活动现金净流量	投资活动现金净流量	筹资活动现金净流量	分析
+	+	+	在现金流方面能自给自足，经营和投资收益状况较好，这时仍可进行融资，通过寻找新的投资机会，避免资金的闲置浪费。
+	+	−	经营和投资活动良性循环，筹资活动的负数是由于偿还借款引起的，但财务状况仍比较安全。
+	−	+	经营状况良好，在内部经营稳定进行的前提下，通过筹集资金进行投资，企业往往处于扩张时期，应着重分析投资项目的盈利能力。
+	−	−	经营状况良好。一方面在偿还以前债务，另一方面又要继续投资，应关注经营状况的变化，防止经营状况恶化导致整个财务状况恶化。
−	+	+	靠借债维持生产经营的需要。财务状况可能恶化，应着重分析投资活动现金净流量是来自投资收益还是收回投资。如果是后者，企业的形势将非常严峻。
−	+	−	经营活动已发出危险信号，如果投资活动现金流入主要来自收回投资，则已经处于破产边缘，应高度警惕。
−	−	+	靠借债维持日常经营和生产规模的扩大，财务状况很不稳定，假如是处于投入期的企业，一旦渡过难关，还可能有发展；如果是处于成长期或稳定期的企业，则非常危险。
−	−	−	财务状况危急，必须及时扭转，这种情况往往发生在扩张时期，由于市场变化导致经营状况恶化，加上扩张时投入了大量资金，使企业陷入困境。

四、现金流量的结构分析

结构分析是将财务报表中某一关键项目的数字作为基数（即为 100%），计算各项目的具体构成，从而揭示财务报表各个项目对总体结构的影响。

现金流量的结构分析是在现金流量表有关数据的基础上，进一步明确现金流入的构成、现金支出的构成及现金余额是如何形成的。现金流量的结构分析可以分为现金流入结构分析、现金流出结构分析及现金余额结构分析。下面讲解现金流入结构分析和现金流出结构分析。

（一）现金流入结构分析

下面通过案例了解现金流入结构分析。

【例 6-1】　滨海永利公司 2025 年的现金流入量如表 6-4 所示。

表 6-4　滨海永利公司的现金流入量

项目	金额（元）
经营活动的现金流入	600 790
其中：销售商品、提供劳务所收到的现金	599 923
收到的税费返还	867
投资活动产生的现金流入	4 689
其中：收回投资所收到的现金	4 000
取得投资收益所收到的现金	689
筹资活动产生的现金流入	14 824
其中：吸收投资所收到的现金	14 024
借款所收到的现金	800
其他筹资活动所收到的现金	
现金流入合计	620 303

要求：计算该公司的现金流入结构百分比，并进行分析。

解：该公司的现金流入结构百分比如表 6-5 所示。

表 6-5　滨海永利公司的现金流入结构百分比

项目	金额（元）	结构百分比
经营活动的现金流入	600 790	96.85%
其中：销售商品、提供劳务所收到的现金	599 923	
收到的税费返还	867	
投资活动产生的现金流入	4 689	0.75%
其中：收回投资所收到的现金	4 000	
取得投资收益所收到的现金	689	
筹资活动产生的现金流入	14 824	2.40%
其中：吸收投资所收到的现金	14 024	
借款所收到的现金	800	
其他筹资活动所收到的现金		
现金流入合计	620 303	100.00%

在公司当年流入的现金中，经营活动流入的现金占 96.85%，投资活动流入的现金占 0.75%，筹资活动流入的现金占 2.40%。也就是说，公司当年流入的现金主要来自经营活动，有极小的部分来自投资活动和筹资活动。

很显然，公司要增加现金流入，首先是依靠经营活动，特别是来自销售的现金流入，其次是筹资活动。

（二）现金流出结构分析

下面通过案例了解现金流出结构分析。

【例 6－2】 滨海永利公司 2025 年的现金流出量如表 6－6 所示。

表 6－6 滨海永利公司的现金流出量

项目	金额（元）
经营活动的现金支出	534 483
其中：购买商品、接受劳务支付的现金	305 281
支付给职工以及为职工支付的现金	199 998
支付的各项税费	18 656
支付的其他与经营活动有关的现金	10 548
投资活动的现金支出	112 820
其中：购置固定资产、无形资产和其他长期资产所支付的现金	91 808
投资所支付的现金	21 012
筹资活动的现金支出	116 514
其中：偿还债务所支付的现金	52 398
分配股利、利润或偿付利息所支付的现金	64 116
支付的其他与筹资活动有关的现金	
现金流出小计	763 817

要求：计算该公司的现金流出结构百分比，并进行分析。

解： 该公司的现金流出结构百分比如表 6－7 所示。

表 6－7 滨海永利公司的现金流出结构百分比

项目	金额（元）	结构百分比
经营活动的现金支出	534 483	69.98%
其中：购买商品、接受劳务支付的现金	305 281	
支付给职工以及为职工支付的现金	199 998	
支付的各项税费	18 656	
支付的其他与经营活动有关的现金	10 548	
投资活动的现金支出	112 820	14.77%
其中：购置固定资产、无形资产和其他长期资产所支付的现金	91 808	
投资所支付的现金	21 012	
筹资活动的现金支出	116 514	15.25%
其中：偿还债务所支付的现金	52 398	
分配股利、利润或偿付利息所支付的现金	64 116	
支付的其他与筹资活动有关的现金		
现金流出小计	763 817	100.00%

在公司当年支出的现金中，经营活动支出的现金占 69.98%，投资活动支出的现金占 14.77%，筹资活动支出的现金占 15.25%。在经营活动支出的现金中，购买商品、接受劳

务支付的现金占 57.12%。在投资活动支出的现金中，对外投资占 18.62%，对内投资占 81.38%。在筹资活动支出的现金中，偿还借款占 44.97%，偿付利息占 55.03%。该公司全部现金流出中，主要是经营活动产生的现金流出，因此，要重点关注商品成本的变动，降低成本支出。

五、现金流量的趋势分析

趋势分析通常采用编制历年财务报表的方法，即将连续多年的报表并列在一起加以分析，以观察变化趋势。观察连续数期财务报表比单看一个报告期的财务报表能了解到更多的信息和情况，并有利于分析变化的趋势。

运用趋势分析法通常应计算趋势百分比。趋势百分比有定比和环比两种。所谓定比，是选定某一年作为基期，然后其余各年与基期相比较，计算出趋势百分数。因为这样计算出的各会计期间的趋势百分比，均是以基期为计算基准的，所以能够明确地反映出有关项目和基期相比发生了多大变化。所谓环比，是指将项目本年数和前一年数相比较，计算出趋势百分比。由于它以前一期作为基数，因而能更明确地说明项目的发展变化速度。

【例 6－3】 新洋公司的现金流量数据如表 6－8 所示。

表 6－8　新洋公司的现金流量数据　　单位：万元

项目	2023 年度	2024 年度	2025 年度
经营活动：现金流入	140 000	115 000	150 000
现金流出	130 000	109 000	125 000
经营活动现金流量净额	10 000	6 000	25 000
投资活动：现金流入	780	570	930
现金流出	60 000	28 000	50 000
投资活动现金流量净额	－59 220	－27 430	－49 070
筹资活动：现金流入	86 000	24 000	50 000
现金流出	20 000	7 500	14 000
筹资活动现金流量净额	66 000	16 500	36 000

要求：依据以上资料，进行现金流量的趋势分析。

解： 新洋公司的现金流量增长额和增长率如表 6－9 所示。

表 6－9　新洋公司的现金流量增长额和增长率　　单位：万元

项目	2023 年度	2024 年度		2025 年度	
		增长额	增长率	增长额	增长率
现金流入	226 780	－87 210	－38.46%	－25 850	－11.40%
其中：经营活动现金流入	140 000	－25 000	－17.86%	10 000	7.14%
投资活动现金流入	780	－210	－26.92%	150	19.23%
筹资活动现金流入	86 000	－62 000	－72.09%	－36 000	－41.86%

续表

项目	2023 年度	2024 年度		2025 年度	
		增长额	增长率	增长额	增长率
现金流出	210 000	−65 500	−31.19%	−21 000	−10.00%
其中：经营活动现金流出	130 000	−21 000	−16.15%	−5 000	−3.85%
投资活动现金流出	60 000	−32 000	−53.33%	−10 000	−16.67%
筹资活动现金流出	20 000	−12 500	−62.50%	−6 000	−30.00%

从表 6-9 可以看出，与 2023 年度相比，2024 年度经营活动现金流入减少，下降了 17.86%，但 2025 年度又稍有增加，增长了 7.14%；经营活动的现金流出，2024 年度比 2023 年度下降了 16.15%，2025 年度虽比 2024 年度有所上升，但与基期 2023 年度相比，依然下降了 3.85%；投资活动的现金流入、现金流出也是保持着这样的规律，与 2023 年度相比，在 2024 年度现金流出减少后，在 2025 年度又有所回升，但 2025 年度的现金流出并未超过 2023 年度的现金流出，只是下降比率减少，由 2024 年度下降 53.33%减少为下降 16.67%；筹资活动保持了同经营活动、投资活动一样的状况。这说明该公司在 2024 年度的经营活动、投资活动和筹资活动方面能力都有所下降，2025 年度又有所回升。总体来说，2024 年度筹资活动的现金流入和流出下降比率最大，可能该公司当年减少了借款，也减少了现金用于还款或用于发放股利（或分配利润）。

任务三　企业现金流量质量分析

相关知识

现金流量分析使用若干财务比率指标，以反映和考察公司现金流量满足生产经营、投资与偿债需要的程度。现金流量的质量是指企业的现金流量按照企业的预期目标进行运转的质量。现金流量质量的分析，就是通过计算一些比率来反映企业经营活动产生的现金流量质量、投资活动产生的现金流量质量和筹资活动产生的现金流量质量。

一、现金流动性分析

现金流动性分析主要考察企业经营活动产生的现金净流量与债务之间的关系，主要指标如下。

（一）现金流量与当期债务比

现金流量与当期债务比是指年度经营活动产生的现金净流量与当期流动负债相比的值。其计算公式为：

$$现金流量与当期债务比=\frac{经营活动产生的现金净流量}{流动负债}\times 100\%$$

在一般情况下，该指标数值越高，现金流入对当期流动负债清偿的保障程度越强，表明企业现金的流动性越好；反之，则表明企业现金的流动性越差。

（二）债务保障率

债务保障率是年度经营活动产生的现金净流量与全部债务总额相比的值。其计算公式为：

$$债务保障率=\frac{经营活动产生的现金净流量}{流动负债+长期负债}\times 100\%$$

和现金流量与当期债务比类似，债务保障率也是越高越好，该比率越高，企业承担债务总额的能力越强。两者的差别在于，现金流量与当期债务比可能更被短期债权人所重视，而债务保障率则更为长期债权人所关注。

【例 6-4】 滨海永利公司的经营活动现金净流量为 66 307 万元，流动负债为 111 439 万元，长期负债为 16 117 万元。

要求：计算该公司的现金流量与当期债务比和债务保障率。

解：

计算如下：

现金流量与当期债务比＝66 307÷111 439×100%＝59.5%

债务保障率＝66 307÷（111 439＋16 117）×100%＝51.98%

二、反映获取现金能力的现金流量比率分析

获取现金能力是指企业营业收入或投入资源创造现金的能力，这里的投入资源可以是总资产、净资产、普通股股本等。反映获取现金能力的现金流量比率主要有每元营业收入现金净流量、每股经营现金净流量和资产的经营现金流量回报率等。

（一）每元营业收入现金净流量

每元营业收入现金净流量是指经营活动现金净流量与营业收入的比值。其计算公式为：

$$每元营业收入现金净流量=\frac{经营活动现金净流量}{营业收入}$$

每元营业收入现金净流量越多，表明企业获取现金的能力越强。

（二）每股经营现金净流量

每股经营现金净流量是反映公司为每一普通股获取的现金流入量的指标。其计算公式为：

$$每股经营现金净流量=\frac{经营活动现金净流量-优先股股利}{发行在外的普通股股数}$$

该指标所表达的实质是作为每股盈利的支付保障的现金流量，因而每股经营现金净流量指标越高，股东们越乐意接受。

（三）资产的经营现金流量回报率

资产的经营现金流量回报率表明每 1 元资产通过经营流动所能形成的现金净流入，反映企业资产的经营收现水平。其计算公式为：

$$资产的经营现金流量回报率=\frac{经营活动产生的现金流量净额}{平均资产总额}$$

一般来说，该指标值越高，表明企业资产的利用效率越高。同时，它也是衡量企业资产综合管理水平的重要指标。

【例 6-5】 滨海永利公司的经营活动现金净流量为 66 307 万元，主营业务收入为

509 111 万元，年初资产总额为 680 000 万元，年末资产总额为 618 000 万元，发行在外的普通股股数为 50 000 万股。

要求：计算该公司的反映获取现金能力的现金流量比率。

解：

计算过程如下：

每元营业收入现金净流量＝66 307÷509 111＝0.130 2（元）

每股经营现金净流量＝66 307÷50 000＝1.326 1（元）

资产的经营现金流量回报率＝66 307÷[(680 000＋618 000)÷2]×100%＝10.22%

三、反映投资能力的现金流量比率分析

投资能力是指企业通过经营活动和筹资活动创造现金流量满足投资活动现金需要的能力。反映企业投资能力的现金流量比率主要是现金再投资比率。其计算公式为：

$$现金再投资比率=\frac{经营活动现金流量-现金股利-利息支出}{固定资产原值+对外投资+其他资产支出+营运资金}\times 100\%$$

这一比率反映企业本期经营活动产生的现金净流量是否足以支付资本性支出（固定资产投资）所需要的现金。

在一般情况下，该比率越大，企业扩大生产规模、创造未来现金流量或利润的能力就越强。如果该比率小于 1，说明企业资本性支出所需现金，除经营活动提供外，还包括外部筹措的现金。

【例 6－6】 滨海永利公司的经营活动现金净流量为 66 307 万元，现金股利和利息支出为 64 116 万元，固定资产原值为 283 905 万元，无形资产及其他资产合计 50 万元，长期投资合计 41 354 万元，营运资金为 66 556 万元。

要求：计算该公司的现金再投资比率。

解：

该公司的现金再投资比率为：

现金再投资比率＝(66 307－64 116)÷（283 905＋41 354＋66 556＋50)×100%

＝0.559%

该公司的现金再投资比率很低，几乎经营活动的净现金流入都支付给了投资人，更新资产和企业发展所需现金全靠从外部融资或对外投资收益，这只能是权宜之计。为了更全面地了解公司的理财情况，该比率最好根据五年以上的平均数计算。

现金再投资比率通常应为 7%～11%，各行业有区别。同一企业的不同年份有区别，高速扩张的年份低一些，稳定发展的年份高一些。

四、反映收益质量的现金流量比率分析

收益质量是指报告收益与公司业绩之间的相关性。如果收益能如实反映公司业绩，则认为收益的质量好；如果收益不能很好地反映公司业绩，则认为收益的质量不好。

决定收益质量的因素很多，大体上可以分为以下三个方面：

（1）会计政策的选择。管理层在选择会计政策时，可以采取稳健的态度，也可以采取乐观的态度。采取稳健的会计政策，通常认为比采取乐观的会计政策收益质量高。

（2）会计政策的运用。例如，在选定提取资产减值准备的政策之后，提取多少数额，管理层仍有自由决定权。管理层在广告费、营销费、修理费、研发费等酌量性费用的发生时间上有一定的自由决定权。利用这种自由决定权，管理层可以操纵报告利润的水平，这种操纵使报告收益与实际收益的相关性减少，降低了收益质量。

（3）收益与经营风险的关系。经营风险的高低与环境有关，也与管理战略有关。经营风险大，收益不稳定，会降低收益的质量。

从现金流量表的角度评价收益质量，主要运用的指标有如下两个。

（一）营运指数

营运指数的计算公式为：

$$营运指数=\frac{经营活动现金净流量}{经营所得现金}$$

经营所得现金是指经营活动净收益与非付现费用之和，也可以理解为经营现金毛流量。计算非经营收益和非付现费用的数据，可以从现金流量表的补充资料中找到。

营运指数反映企业营运管理的水平和收益的质量。营运指数等于1，说明经营所得现金全部实现；营运指数小于1，说明经营所得现金被营运资金占用；营运指数大于1，说明一部分营运资金被收回，返回现金状态。

如果营运指数长期小于1，其利润的质量应受到怀疑，甚至可能是操纵的结果。操纵利润要比操纵现金流量容易的多。

（二）现金股利保障倍数

现金股利保障倍数是指经营活动现金净流量与现金股利支付额之比，反映企业用经营活动现金净流量支付现金股利的能力。其计算公式为：

$$现金股利保障倍数=\frac{经营活动现金净流量}{现金股利支付额}$$

【例6－7】　滨海永利公司经营活动产生的现金净流量为66 307万元，支付股利62 609万元。

要求：计算现金股利保障倍数。

解：

该公司的现金股利保障倍数为：

现金股利保障倍数＝66 307÷62 609＝1.06

这是个很低的现金股利保障倍数。该公司并非每年都派发现金股利，因此该比率并不具有代表性，计算五年或者更长时间的平均数更能说明问题。

素养园地　**中小投资者诉权胜利**

上市公司康美药业以虚假存款、收入造假等违法行径来粉饰报表，欺骗投资者，已受到法律的制裁。受害投资者52 037人，赔付金额约24.59亿元，这让中小投资者受骗后投诉无门、没地方说理的窘境得到了解决。“十四五”规划纲要明确提出，要完善投资者保护制度。由代表人代表众多当事人发起民事诉讼，是成熟证券市场投资者维权的主要手段。代表人诉讼将大幅降低投资者的维权成本和诉讼风险，有利于解决受害者众多且分散情况下的起诉难等问题。

任务实施

内容	结论
1. 货币资金是现金流量表的全部资金项目吗？	
2. 引导案例中康美药业通过虚增货币资金来粉饰报表的目的是什么？	
3. 现金流量表中的现金流量包括哪几个部分？	
4. 在企业不同发展时期应保持什么样的现金结构比较好？	
5. 现金流动性指标	
6. 现金流量比率指标	
教师评价	

组号		姓名		组长签字	
教师签字		日期			

综合素养提升

扫码查看泰达股份财务报表（见模块二的“综合素养提升”），计算并分析泰达股份2024年现金流量的变化，评价该公司的现金结构是否合理、现金质量是否优质。做成幻灯片，汇报交流。

【学习效果检验】

在线测试

一、单选题

1. 企业将其持有的现金投资于“现金等价物”项目，其目的在于(　　)。

A. 控制其他企业

B. 利用暂时闲置的资金赚取超过持有现金的收益

C. 谋求高于利息流入的风险报酬

D. 企业长期规划

2. (　　)不属于企业的投资活动。

A. 处理设备　　B. 长期股权卖出

C. 长期债权购入　　D. 预期三个月内短期证券的买卖

3. 在企业编制的会计报表中，反映财务状况变动的报表是(　　)。

A. 现金流量表　　B. 资产负债表

C. 利润表　　D. 股东权益变动表

4. 某企业当年实现的净利润为 3 275 万元，本期计提的资产减值准备为 890 万元，提取的固定资产折旧为 1 368 万元，财务费用为 146 万元，存货增加 467 万元，则经营活动产生的净现金流量是(　　)万元。

A. 3 275　　B. 5 212　　C. 5 679　　D. 6 146

5. (　　)产生的现金流量最能反映企业获取现金的能力。

A. 经营活动　　B. 投资活动　　C. 筹资活动　　D. 以上各项均是

6. 确定现金流量的计价基础是(　　)。

A. 权责发生制　　B. 应收应付制

C. 收入费用配比制　　D. 收付实现制

7. 当现金流量适合率(　　)时，表明企业经营活动所形成的现金流量恰好能够满足企业日常基本需要。

A. 大于 1　　B. 小于 1　　C. 等于 1　　D. 接近 1

二、多选题

1. 一项投资被确认为现金等价物必须同时具备四个条件，即(　　)。

A. 以现金形态存在　　B. 价值变动风险小

C. 易于转换为已知金额现金　　D. 期限短

E. 流动性强

2. 下列经济事项中，不能产生现金流量的有(　　)。

A. 出售固定资产　　B. 企业从银行提取现金

C. 投资人投入现金　　D. 将库存现金送存银行

E. 企业用现金购买将于三个月内到期的国库券

3. (　　)形成经营活动现金流量。

A. 应付账款的发生　　B. 购买无形资产

C. 应交税费的发生　　D. 发行长期债券

E. 支付职工工资

4. (　　)属于收回投资所收到的现金。

A. 收回长期股权投资而收到的现金

B. 收回长期债权投资的利息

C. 收回除现金等价物以外的短期投资

D. 收回长期债权投资的本金

E. 收回非现金资产

5. 取得投资收益所收到的现金，是指因股权投资和债权投资而取得的(　　)。

A. 股票股利

B. 从子公司分回利润而收到的现金

C. 从联营企业分回利润而收到的现金

D. 现金股利

E. 从合资企业分回利润而收到的现金

6. 下列各项活动中，属于筹资活动产生的现金流量项目的有(　　)。

A. 以现金偿还债务的本金　　B. 支付现金股利

C. 支付借款利息　　D. 发行股票筹集资金

E. 收回长期债权投资本金

7. 在分析获取现金能力的情况时，可以选用的指标主要有(　　)。

A. 现金流量适合率　　B. 全部资产现金回收率

C. 每元销售现金净流入　　D. 每股经营现金流量

E. 现金满足投资比率

8. 在现金再投资比率中，总投资具体是指(　　)之和。

A. 对外投资　　B. 固定资产总额

C. 流动资产　　D. 其他长期资产

E. 营运资金

9. 现金流量分析使用的主要方法有(　　)。

A. 财务比率分析　　B. 同业分析

C. 结构分析　　D. 趋势分析

E. 以上各项都是

三、计算分析题

1. 东方公司 2024 年经营活动现金流量净额为 762 万元。资产负债表和利润表有关资料为：流动负债 2 025 万元，长期负债 4 978 万元，主营业务收入 9 000 万元，总资产

70 200 万元。当期固定资产投资额为 536 万元，存货增加 200 万元（其他经营性流动项目不变），实现净利润 8 008 万元（其中非经营损益 1 000 万元、非付现费用 1 500 万元），分配优先股股利 456 万元，发放现金股利 782 万元，该公司发行在外的普通股股数为 50 800 万股。

要求：计算现金流量与当期债务比、债务保障率、现金流量适合率、现金股利保障倍数。

2. 甲公司 2024 年度相关财务数据如下：

（1）销售商品、提供劳务收到的现金为 800 万元。

（2）收到的税费返还为 30 万元。

（3）收到其他与经营活动有关的现金为 20 万元。

（4）购买商品、接受劳务支付的现金为 400 万元。

（5）支付给职工以及为职工支付的现金为 120 万元。

（6）支付的各项税费为 80 万元。

（7）支付其他与经营活动有关的现金为 50 万元。

计算甲公司 2024 年度经营活动产生的净现金流量。

【学习评价】

1. 学生自我评价表

学生自我评价表

班级		姓名	学号	
模块名称				
评价指标	评价内容		分数	自我评分
数字素养	能够快速有效地获取上市公司财务信息并具备评价、整合、交流信息的能力。		5 分	
职前工作	能感知工作岗位职责，认同工作价值。		5 分	
参与态度	积极主动参与课上讨论、课后组内任务，与教师、同学之间相互尊重、理解。		5 分	
学习能力	主动探究、自主学习；能发表个人见解；能按要求完成实训任务；能够虚心倾听、协作共享。		5 分	
学习方法	学习方法得当，实操技能得到提高。		5 分	
学习过程	遵守实训室管理规程；出勤、任务完成等情况良好。		5 分	
知识目标	掌握现金流量表的结构；掌握有关现金流量分析的主要财务比率的计算公式；掌握现金流量的趋势分析和结构分析；了解三大活动现金形成的八种组合所反映的企业经营状况。		20 分	
能力目标	能够根据现金流量表进行现金流量结构分析，能够运用相关指标对企业的现金流量质量进行分析。		20 分	
素养目标	吃苦耐劳，崇尚劳动光荣，技能宝贵；追根溯源、求真务实。		20 分	
自评反馈	按时按质完成工作任务；较好地掌握专业知识点；具有较强的信息分析能力和理解能力；具有较为全面严谨的思维能力并能条理清晰地进行有效沟通。		10 分	
自评分数				
存在的不足				
努力的方向				

2. 教师评价表

教师评价表

<table>
<tr><td>班级</td><td></td><td>组名</td><td></td><td>姓名</td><td></td></tr>
<tr><td>模块名称</td><td colspan="5"></td></tr>
<tr><td>评价内容</td><td colspan="3">评价要点</td><td>分数</td><td>教师评分</td></tr>
<tr><td>1. 数据获取情况</td><td colspan="3">任务实施过程中数据获取能力</td><td>10 分</td><td></td></tr>
<tr><td>2. 互动交流情况</td><td colspan="3">组内交流，教学互动</td><td>10 分</td><td></td></tr>
<tr><td rowspan="5">3. 任务完成情况</td><td colspan="3">掌握现金流量质量指标</td><td>10 分</td><td></td></tr>
<tr><td colspan="3">能根据现金流量表进行现金流量结构分析</td><td>10 分</td><td></td></tr>
<tr><td colspan="3">能运用相关指标对企业的现金流量质量进行分析</td><td>20 分</td><td></td></tr>
<tr><td colspan="3">能评价企业现金流量质量水平，提出改善现金流量结构的对策建议</td><td>10 分</td><td></td></tr>
<tr><td colspan="3">能与同学共同完成泰达股份现金流量质量指标的计算并分析</td><td>10 分</td><td></td></tr>
<tr><td rowspan="8">4. 素养目标达成情况</td><td colspan="3">团队协作</td><td rowspan="8">20 分</td><td></td></tr>
<tr><td colspan="3">自主探究</td><td></td></tr>
<tr><td colspan="3">学习态度</td><td></td></tr>
<tr><td colspan="3">课堂纪律</td><td></td></tr>
<tr><td colspan="3">出勤情况</td><td></td></tr>
<tr><td colspan="3">创新意识</td><td></td></tr>
<tr><td colspan="3">风险意识</td><td></td></tr>
<tr><td colspan="3">劳动纪律</td><td></td></tr>
<tr><td colspan="4">合计</td><td>100 分</td><td></td></tr>
<tr><td>教师签名</td><td colspan="5"></td></tr>
</table>

模块七　企业资产营运能力分析

学习目标

能力目标

1. 能够运用相关指标对企业的资产营运能力进行分析；
2. 能客观评价资产运用效率。

知识目标

1. 掌握资产运用效率的各种衡量指标；
2. 掌握资产运用效率的趋势分析和同业比较分析方法；
3. 理解影响资产周转率的各种因素；
4. 了解资产运用效率的含义及分析目的。

素养目标

1. 具备坚持不懈、艰苦奋斗的实干精神；
2. 具备善于沟通、勤于思考的职业态度；
3. 具备关心社会问题、国家发展的社会责任感。

任务导学

序号	任务	教师活动	学生活动
1	企业资产营运能力认知	以“引导案例：长安汽车和富维股份资产营运指标分析”为切入点，引导学生讨论资产营运能力内涵、意义及分析内容，厘清学习目标。	(1) 倾听教师讲解； (2) 讨论引导案例中长安汽车和富维股份资产营运能力部分指标趋势，明确课程学习目标； (3) 以小组为单位共同研讨资产营运能力指标的内涵、作用，组内交流。
2	企业资产营运能力指标计算与分析	(1) 以引导案例中营运能力指标值为切入点，讲解营运能力指标体系、指标分子分母的内涵、指标值的趋势及同类行业比较、资产运用效率评价； (2) 运用 Excel 工具示范指标值的计算过程并进行可视化分析，讲解指标值的一般规律； (3) 组织学生记忆营运能力指标计算公式。	(1) 倾听教师讲解； (2) 讨论并记忆营运能力指标； (3) 运用 Excel 工具计算指标值，并分析公司资产运用效率； (4) 创新指标值可视化呈现的方式； (5) 讨论营运能力指标的趋势分析及同业比较分析方法。

续表

序号	任务	教师活动	学生活动
3	综合素养提升	布置训练任务：计算并分析泰达股份2023年、2024年营运能力水平的变化情况，评价该公司的营运能力。	5人为一组，确定组长，组织完成训练任务，分析报告提交至课程平台，线上汇报交流。
4	学习效果检验	在课程平台布置测试内容，完成教师评价并汇总评价结果，发布评价结果。	完成测试，进行自我评价。

引导案例

长安汽车和富维股份资产营运指标分析

长安汽车和富维股份是主营汽车与零配件的同业公司，表7-1为公司在2020—2022年度的有关资产营运能力方面的指标，通过该表我们能得到一些有关资产营运能力方面的信息。

表7-1 长安汽车和富维股份财务指标比较表

财务指标	2020年		2021年		2022年	
	长安汽车	富维股份	长安汽车	富维股份	长安汽车	富维股份
应收账款周转率（次）	56.76	28.98	55.10	29.15	51.12	22.83
应收账款周转天数（天）	6.34	12.42	6.53	12.35	7.04	15.77
存货周转率（次）	15.51	12.45	13.67	10.66	15.21	6.09
存货周转天数（天）	23.20	28.90	26.36	33.78	23.67	59.07
流动资产周转率（次）	1.38	1.23	1.28	1.31	1.26	1.27
总资产周转率（次）	0.77	0.77	0.82	2.28	0.86	0.76

思考：

（1）近3年应收账款指标反映两公司营运能力的趋势是怎样的？

（2）近3年存货指标反映两公司营运能力的趋势是怎样的？

（3）近3年流动资产和总资产指标反映两公司营运能力的趋势是怎样的？

（4）比较分析两公司的营运能力。

下面，让我们一起来解决这些问题。

任务一　企业资产营运能力认知

相关知识

一、资产营运能力的概念

营运能力分析

概括地说，资产营运能力是指企业充分利用现有资源创造社会财富的能力，表现为企业资产占用资金的周转速度，反映企业资金利用的效率，表明企业管理人员经营管理、运用资金的能力。其实质就是要以合理的资金占用、尽可能短的时间周转，生产出尽可能多的产品、创造尽可能多的营业收入。因此，企业营运能力分析是了解企业财务状况稳定与否和能力强弱的关键环节。

二、资产营运能力分析的作用

（一）有助于投资者进行投资决策

股东通过资产营运能力分析，有助于判断企业财务安全性及资产的收益能力，以进行相应的投资决策。

（1）财务安全性与资产营运能力密切相关。一般说来，企业资产营运能力越强，资产的变现能力越强，企业遭遇现金拮据窘境的可能性越小，企业的财务安全性越高。

（2）资产营运能力直接影响着企业的收益。资产周转越快，说明等额资产实现收益的能力越强。

（二）有助于债权人进行信用决策

债权人通过资产营运能力分析，有助于判明其债权的物质保障程度或安全性，从而进行相应的信用决策。一般而言，资产营运能力越强，资产的变现能力越强，债权人的物质保障程度越高，债权的安全性相应越强。

（三）有助于企业管理者改善经营管理

管理者通过资产营运能力的分析，可以发现闲置资产和利用不充分的资产，从而处理闲置资产以节约资金，或提高资产利用效率以改善经营业绩。

此外，与企业有密切经济利益关系的部门和单位，分析企业的营运能力同样具有重要意义。企业的营运能力分析有助于政府及相关管理部门判明企业经营是否稳定，财务状况是否良好；监督企业各项经济政策、法规的执行情况；为国家宏观决策与调控提供可靠信息。企业的营运能力分析有助于业务关联企业判明企业有无充分合格的商品供应或有无足够的现金支付能力，有助于判明企业的供销能力及财务信用状况是否可靠，以确定可否建立长期稳定的业务合作关系或者所能给予的信用政策的松紧度。

总之，通过营运能力分析能够客观地评价一个企业的经营水平、管理水平，并全面预测企业的发展前景。

任务二 企业资产营运能力指标计算与分析

相关知识

一、资产营运能力分析的指标体系

资产营运能力分析包括流动资产营运能力分析、非流动资产营运能力分析和总资产营运能力分析。

（一）流动资产营运能力分析

流动资产营运能力分析，即通过相关的指标来评价企业流动资产经营运转的能力。

分析流动资产的周转情况可以了解企业流动资金利用的效率，把握企业管理者在企业经营管理活动中运用流动资金的能力。反映流动资产周转情况的指标主要包括现金周转率、应收账款周转率、存货周转率、营业周期、流动资产周转率等。

1. 现金周转率

现金周转率是指营业收入与现金平均余额的比率。营业收入包括主营业务收入和其他业务收入。计算现金周转率时可以使用主营业务收入，也可以使用包括其他业务收入的营业收入，只要比较的口径一致就可以了。在实践中用得最多的还是主营业务收入。现金包括库存现金和可随时支取的银行存款。其计算公式如下：

$$现金周转率=\frac{营业收入}{现金平均余额}$$

$$现金平均余额=(期初现金+期末现金)\div 2$$

$$现金周转天数=\frac{计算期天数}{现金周转率}$$

计算期天数通常为一年，即 360 天。

现金周转率高意味着企业对现金的利用效率较好，但是也表明企业日常所持有的现金过少，所以要分析地看，并比较该企业有关该指标的长期情况；相反，过低的现金周转率反映企业现金充足，说明企业持有现金过多导致现金闲置，管理者没有充分利用好现金流量产生效益。因此，一个企业的现金周转率是否恰当、现金持有量是否合理，应充分考虑企业的行业性质和业务性质，最基本的权衡是在流动性与盈利性之间的权衡，既不能造成资金的短缺，也不能造成资金的闲置。

【例 7-1】 宏达公司 2025 年的主营业务收入为 509 111 万元，其年初货币资金为 1 024 万元，年末货币资金为 1 056 万元。

要求：计算现金周转率和现金周转天数。

解：

计算过程如下：

$$现金周转率=509\ 111\div[(1\ 024+1\ 056)\div 2]=489.53\ （次）$$

$$现金周转天数=360\div 489.53=0.74\ （天）$$

该公司现金一年周转 489.53 次，周转一次不到一天。该结果是否优良，应具体分析，比如和同业进行比较，不能简单地得出结论。

2. 应收账款周转率

应收账款周转率是指企业一定时期的商品或产品赊销净额与应收账款平均余额的比率，即企业的应收账款在一定时期内（通常为一年）周转的次数。

这里使用“赊销净额”，而不使用“主营业务收入”，是因为只有赊销才会形成应收账款。现金销售部分与应收账款无关。

应收账款周转率是反映企业应收账款运用效率的指标。其计算公式如下：

$$\text{应收账款周转率（次数）}=\frac{\text{赊销净额}}{\text{应收账款平均余额}}$$

其中：

赊销净额＝营业收入－现销收入－销售折扣－销售折让－销货退回

赊销净额属于企业内部资料，很难取得，外部分析者可以用销售收入来代替。

应收账款平均余额＝(期初应收账款＋期末应收账款)÷2

应收账款周转率反映企业应收账款收回速度快慢及管理效率高低。一定期间内，企业的应收账款周转率越高，周转次数越多，表明企业应收账款收回速度越快，企业应收账款的效率越高，资产流动性越强，短期偿债能力越强。同时，较高的应收账款周转率能有效地减少收账费用和坏账损失，从而相对增加流动资产的收益能力。反之，较低的应收账款周转率则表明企业应收账款的管理效率较低，企业需加强应收账款的管理和催收工作。根据应收账款周转率的具体分析，还可以评价客户的信用程度及企业制定的信用政策的合理性。

应收账款周转率也可以用周转天数表示。应收账款周转天数表示应收账款周转一次所需要的天数，也称为应收账款平均收账期，即企业自商品赊销出去，直至应收账款收回为止所需的平均天数。其计算公式为：

$$\text{应收账款周转天数}=\frac{\text{计算期天数}}{\text{应收账款周转率}}$$

相对于周转次数，应收账款周转天数更易于理解，也更有意义。通过应收账款周转天数的比较，可以更好地分析应收账款的收回速度。

应收账款周转率并非越快越好，应收账款周转率过快可能是紧缩的信用政策引起的，其结果可能会危及企业的销售增长，损害企业的市场占有率。

【例7-2】 宏达公司2025年的主营业务收入为509 111万元，其年初应收账款为69 376万元，年末应收账款为59 091万元。

要求：计算应收账款周转率和应收账款周转天数。

解：

计算过程如下：

应收账款周转率＝509 111÷[(69 376＋59 091)÷2]＝7.93（次）

应收账款周转天数＝360÷7.93＝45（天）

该公司应收账款一年周转7.93次，周转一次需45天。该结果的评价依然要视具体情况而定。如果宏达公司的平均信用期为30天，45天这一周转天数则不值得称赞，因为它超过了平均信用期，说明应收账款的实际收回时间比应该收回的时间长。若宏达公司的平均信用期是 60 天，45 天则是一个不错的数字，说明应收账款的营运能力很强。

3. 存货周转率

存货周转率是反映企业存货运用效率的指标。

存货周转率有两种计算方式：一是以成本为基础的存货周转率，即企业一定时期的主营业务成本与存货平均余额的比率，主要用于流动性分析；二是以收入为基础的存货周转率，即企业一定时期的主营业务收入与存货平均余额的比率，主要用于盈利性分析。计算公式分别如下：

$$以成本为基础的存货周转率=\frac{主营业务成本}{存货平均余额}$$

$$以收入为基础的存货周转率=\frac{主营业务收入}{存货平均余额}$$

其中：

$$存货平均余额=(期初存货余额+期末存货余额)\div 2$$

两种存货周转率各有意义：以成本为基础的存货周转率运用得更为普遍，因为与存货相关的是主营业务成本，两者之比可以更切合实际地表现存货的周转状况；以收入为基础的存货周转率既维护了资产运用效率比率各指标计算上的一致性，又使计算的存货周转天数与应收账款周转天数建立在同一基础上，从而可直接相加并近似得出营业周期。

存货周转能力还可用存货周转天数衡量。存货周转天数是指存货周转一次所需要的天数。其计算公式为：

$$存货周转天数=\frac{计算期天数}{存货周转率}$$

通过存货周转天数，可以更直观地分析判断存货变现速度的快慢。

存货周转率不仅是考核企业存货运用效率的指标，还与企业的获利能力直接相关。一定时期内，企业的存货周转率越高，周转次数越多，存货周转天数越少，表明企业存货变现速度越快，企业存货的运用效率越高，资产流动性越强，企业的盈利能力越强；反之，则表明企业存货的运用效率越低，存货占用资金越多，企业的盈利能力越弱。

提　示　**分析存货周转率指标应注意的问题**

在分析存货周转率指标时，应注意以下几个问题：

(1) 报表使用者在分析存货周转率指标时，应尽可能结合存货的批量因素、季节性变化因素等情况对指标加以理解，同时对存货的结构以及影响存货周转率的重要指标进行分析，通过进一步计算原材料周转率、在产品周转率或某种存货的周转率，从不同角度、环节上找出存货管理中的问题，在满足企业生产经营需要的同时，尽可能减少经营占用资金，提高企业存货管理水平。

(2) 存货周转过快，有可能会因为存货储备不足而影响生产或销售业务的进一步发展，特别是那些供应较紧张的存货。

【例 7-3】　宏达公司 2025 年的主营业务成本为 423 666 万元，其年初存货净额为 77 141 万元，年末存货净额为 60 013 万元。

要求：计算存货周转率和存货周转天数。

解：

计算过程如下：

存货周转率＝423 666÷[(77 141＋60 013)÷2]＝6.18（次）

存货周转天数＝360÷6.18＝58（天）

评价该公司的存货周转情况是否良好，要结合该公司的所属行业，如果宏达公司是钢铁制造商，58 天的存货周转天数应该还不错；如果宏达公司是鲜活食品或鲜花销售商，则这个周转天数就说明该公司的存货周转存在着相当大的问题。因此，要使此计算更有意义，一定要将它与同行业水平和企业经营类别结合起来。

4. 营业周期

营业周期是指从取得存货开始到销售存货并收回现金为止的这段时间。营业周期的长短取决于存货周转天数和应收账款周转天数。其计算公式如下：

营业周期＝存货周转天数＋应收账款周转天数

把存货周转天数和应收账款周转天数加在一起计算出来的营业周期，指的是需要多长时间能将期末存货变为现金。一般情况下，营业周期短，说明资金周转速度快；营业周期长，说明资金周转速度慢。

【例 7－4】 宏达公司存货周转天数为 58 天，应收账款周转天数为 45 天。

要求：计算营业周期。

解：

计算过程如下：

营业周期＝58＋45＝103（天）

5. 流动资产周转率

流动资产周转率是指营业收入净额与流动资产平均占用额的比率，即企业的流动资产在一定时期内（通常为一年）周转的次数。其计算公式为：

$$流动资产周转率（次数）=\frac{营业收入净额}{流动资产平均占用额}$$

$$流动资产周转天数=\frac{计算期天数}{流动资产周转率}$$

流动资产周转率是反映企业流动资产周转速度和综合利用效率的指标。企业的流动资产周转率越高，流动资产周转速度越快，周转次数越多，表明企业以一定的流动资产完成的周转额越高，企业流动资产的经营利用效果越好，企业的经营效率越高，进而企业的偿债能力和盈利能力越强；反之，则表明企业利用流动资产进行经营活动的能力越差，效率越低。

【例 7－5】 宏达公司 2025 年的主营业务收入为 509 111 万元，其年初流动资产合计 337 045 万元，年末流动资产合计 177 995 万元。

要求：计算流动资产周转率和流动资产周转天数。

解：

计算过程如下：

流动资产周转率＝509 111÷[(337 045＋177 995)÷2]＝1.977（次）

流动资产周转天数＝360÷1.977＝182（天）

该公司的流动资产周转速度到底是快是慢，应结合历史资料或行业平均（或先进）水平判断。仅分析流动资产周转率这一个指标不足以找出产生问题的原因，最好结合应收账款、存货等主要流动资产项目的周转率状况作进一步分析判断。

（二）非流动资产营运能力分析

1. 固定资产周转率

固定资产周转率反映企业固定资产周转状况和运用效率，是指企业一定时期的主营业务收入与固定资产平均净值的比率。其计算公式为：

$$固定资产周转率（次数）=\frac{主营业务收入}{固定资产平均净值}$$

$$固定资产周转天数=\frac{计算期天数}{固定资产周转率}$$

$$固定资产平均净值=（期初固定资产净值+期末固定资产净值）\div 2$$

固定资产周转率没有绝对的判断标准，一般通过与历史水平相比较加以考察，进行趋势分析。由于企业之间机器设备与厂房等主要固定资产在种类、数量、形成时间等方面均存在较大差异，因而较难找到外部可借鉴的标准企业和标准比率，此指标的同业比较分析相对意义不大。

一般而言，固定资产周转率高，表明企业固定资产利用充分，说明企业固定资产投资得当，固定资产结构分布合理，能够较充分地发挥固定资产的使用效率，企业的经营活动有效；反之，则表明固定资产使用效率不高，提供的生产经营成果不多，企业固定资产的营运能力较差。

【例 7－6】　宏达公司 2025 年的主营业务收入为 509 111 万元，其年初固定资产净值为 322 443 万元，年末固定资产净值为 398 597 万元。

要求：计算固定资产营运能力指标。

解：

计算过程如下：

$$固定资产周转率=509\ 111\div[(322\ 443+398\ 597)\div 2]=1.412\ 2（次）$$

$$固定资产周转天数=360\div 1.412\ 2=255（天）$$

2. 长期投资周转率

长期投资的数额与主营业务收入之间的关系不一定很明显，企业进行长期投资的目的不是取得直接的投资收益，而是为了控制子公司的生产经营，取得间接收益，因此很少计算长期投资的周转率。其计算公式为：

$$长期资产周转率（次数）=\frac{营业收入净额}{长期资产平均余额}$$

$$长期资产周转天数=\frac{计算期天数}{长期资产周转率}$$

$$长期资产平均余额=（期初长期资产余额+期末长期资产余额）\div 2$$

【例 7－7】　宏达公司 2025 年的主营业务收入为 509 111 万元，其年初长期股权投资余额为 20 333 万元，年末长期股权投资余额为 41 342 万元。

要求：计算长期投资营运能力指标。

解：

计算过程如下：

长期投资周转率＝509 111÷[(20 333＋41 342)÷2]＝16.51（次）

长期投资周转天数＝360÷16.51＝22（天）

3. 其他资产周转率

其他资产包括无形资产、长期待摊费用、其他长期资产和递延税项。其他资产与主营业务收入之间的关系也不明显，只有这些资产对企业的收入或收益有贡献时，企业才应该持有它们。

【例 7-8】 宏达公司 2025 年的主营业务收入为 509 111 万元，年初其他资产合计 179 万元，其中：无形资产净值 14 万元，长期待摊费用 120 万元，其他长期资产 40 万元，递延税款借项 5 万元；年末其他资产合计 66 万元，其中：无形资产净值 16 万元，长期待摊费用 4 万元，其他长期资产 30 万元，递延税款借项 16 万元。

要求：计算其他资产营运能力指标。

解：

计算过程如下：

其他资产周转率＝509 111÷[(179＋66)÷2]＝4 156（次）

其他资产周转天数＝360÷4 156＝0.086 6（天）

（三）总资产营运能力分析

总资产营运能力反映企业的总资产在一定时期内创造了多少主营业务收入。反映总资产周转速度的财务指标是总资产周转率，它是指企业一定时期的主营业务收入与资产总额的比率，说明企业的总资产在一定时期内（通常为一年）周转的次数。其计算公式为：

$$总资产周转率（次数）=\frac{主营业务收入}{总资产平均余额}$$

其中：

$$总资产平均余额=(期初总资产+期末总资产)\div 2$$

总资产周转率越高，周转次数越多，表明总资产运用效率越好，其结果将使企业的偿债能力和盈利能力增强；反之，则表明企业利用全部资产进行经营活动的能力越差，效率越低，最终还将影响企业的盈利能力。如果企业总资产周转率长期处于较低的状态，企业则应采取适当措施提高各项资产的利用程度，对那些确实无法提高利用率的多余、闲置资产进行处理，提高总资产周转率。

总资产周转率也可用周转天数表示。其计算公式为：

$$总资产周转天数=\frac{计算期天数}{总资产周转率}$$

这里的计算期天数通常为一年，即 360 天。

总资产周转率的高低，取决于主营业务收入和资产两个因素。增加收入和减少资产，都可以提高总资产周转率。

【例 7-9】 宏达公司 2025 年的主营业务收入为 509 111 万元，其年初资产总额为 680 000 万元，年末资产总额为 618 000 万元。

要求：计算总资产周转率和总资产周转天数。

解：

计算过程如下：

总资产周转率=509 111÷[(680 000+618 000)÷2]=0.784（次）

总资产周转天数=360÷0.784=459（天）

该公司的总资产周转率为 0.784 次，平均约 459 天周转一次。分析该指标数值应结合该公司指标值的变动情况，或与行业平均水平相比较，这样才能加以说明。

二、资产营运能力分析

资产营运能力的好坏，并非单项资产营运能力指标所能揭示，必须在此基础上进行分析。资产营运能力分析主要应从三方面进行，即影响资产周转率的因素分析、资产周转率的趋势分析和资产周转率的同业比较分析。

（一）影响资产周转率的因素分析

资产营运能力指标不仅综合了各项资产的运用效率和管理效果，而且对投资报酬率有着重要的影响：当销售利润率一定时，投资报酬率的高低直接取决于资产周转率的大小。因此，分析资产运用效率首先应弄清影响资产周转率的因素，以便更客观地评价资产运用效率，并有针对性地改善资产运用效率，加速资产周转。

一般而言，影响资产周转率的因素包括：企业所处行业及经营背景、企业经营周期的长短、企业的资产构成及质量、资产的管理力度，以及企业所采用的财务政策等。除了企业所处行业及经营背景，其他因素我们都可以归结为影响企业营运能力的内部因素。下面从两大方面进行分析。

1. 影响企业营运能力的外部因素

企业所处行业及经营背景不同，会导致不同的资产周转率。

不同的行业，有不同的资产占用。制造业可能需要大量的原材料、在产品、产成品、机器、设备、厂房等，其资产占用量较大，资产周转相对较慢；而服务业，尤其是劳动密集型或知识型的服务业，企业除了人力资源，几乎少有其他资产。企业的经营背景不同，其资产周转也会呈现不同趋势。落后的、传统的经营和管理，其资产周转可能相对较慢；相反，在现代经营和管理背景下，各种先进的技术手段和理念的应用可有效地提高资产运用效率，加速资产周转。

2. 影响企业营运能力的内部因素

（1）企业资产的构成及质量。

流动资产的周转速度要快于非流动资产，所以，流动资产所占的比重越大，资产周转的速度会越快，营运能力会越强。但在实务中，由于主观或客观的原因，某些流动资产长时间无法改变其占用形态，比如超龄应收账款、超储积压存货等，不再具有较强的流动性，已转化为实质上的长期资产，因此造成资产流动性低下，以致营运资本不足。

（2）资产管理的力度和企业采用的财务政策。

资产管理力度不同，会有较大的资产构成和资产质量差异。资产的管理力度越大，拥有越合理的资产结构和越优良的资产质量，资产周转就越快；反之，越慢。企业所采用的财务政策决定着企业资产的账面占用总量，如折旧政策决定固定资产的账面价值，因此，它自然也会影响资产周转率。

总之，资产周转率受诸多因素的影响。不同行业、不同经营性质和经营背景的企业，其资产周转率不能比较。即使在同行业、同类型企业之间进行比较，也应注意它们在资产构成、财务政策等方面是否存在差异，如果有差异，则应将其影响剔除后方能得到较客观的比较结论。加大资产的管理力度，合理安排资产结构，提高资产的质量，选择有利的财务政策，可以提高资产管理效率，加速资产周转。

（二）资产周转率的趋势分析

企业的经济现象非常复杂，受多方面因素的影响，只从某一时期或某一时点上很难看清其发展规律和真实面目，尤其是资产周转率指标，其中资产数据是一个时点数，极易受偶然因素的干扰甚至是人为修饰的影响。因此，要弄清企业资产周转率的真实情况，首先应对其进行趋势分析，即对同一企业的各个时期的资产周转率的变化加以对比分析，掌握其发展规律和发展趋势。

【例 7-10】 宏达公司的主要资产及主营业务收入数据如表 7-2 所示。

表 7-2 相关数据

单位：元

项目	2022 年初	2023 年	2024 年	2025 年
应收账款	65 949	47 061	69 376	59 091
存货	72 574	57 228	77 141	60 013
流动资产	313 789	372 332	337 045	177 995
固定资产	197 502	212 348	199 537	186 333
总资产	567 140	584 680	680 000	618 000
主营业务收入	0	372 400	485 896	509 111

要求：试对宏达公司的各项资产周转率进行趋势分析。

解：

计算该公司各项资产周转率指标，如表 7-3 所示。

表 7-3 指标计算

指标	2023 年	2024 年	2025 年
应收账款周转率	6.590 5	8.346 0	7.925 9
存货周转率	5.737 9	7.232 2	7.423 9
流动资产周转率	1.085 5	1.369 9	1.976 9
固定资产周转率	1.817 2	2.359 3	2.638 8
总资产周转率	0.646 6	0.768 4	0.784 4

根据计算结果分析如下：总体来说，宏达公司的资产运用状况发展趋势良好，因为该公司的资产周转率有逐年上升的趋势。该公司大多数资产周转率指标在逐年增加，说明该

公司注意加强资产管理，并注重整体资产的优化，这为该公司资产运用效率的进一步提高奠定了良好的基础。

但也应看到，应收账款周转率指标的变动状况不太稳定，但整体趋势还是好的。

（三）资产周转率的同业比较分析

同业比较即同行业之间的比较，它可以与同行业平均水平相比，也可以与同行业先进水平相比，前者反映的是在行业中的一般状况，后者反映的是与行业先进水平的距离或者在行业中的领先地位。企业实际分析时可根据需要选择比较标准。

【例 7－11】　2025 年宏达公司及所在行业的各项资产周转率数据如表 7－4 所示。

表 7－4　各项数据

指标	行业平均水平	行业先进水平	宏达公司实际值	与先进水平差异	与先进水平差异率
应收账款周转率	7.09	10	7.93	−2.07	−20.70%
存货周转率	6.07	9	7.42	−1.58	−17.56%
流动资产周转率	1.99	3	1.98	−1.02	−34.00%
固定资产周转率	1.41	2	2.64	0.64	32.00%
总资产周转率	0.75	1	0.78	−0.22	−22.00%

要求：试进行同业比较分析。

解：

宏达公司各项资产周转率指标均超过或达到行业平均水平，但离行业先进水平仍有较大差距；除了固定资产周转率优先于行业先进水平外，其他各项资产周转率指标均比行业先进值低了 20%左右，流动资产周转率的差距高达 34%。该公司还存在较大的进步空间。虽然近几年公司已意识到自身的问题，在不断地改进，但力度不够，差距仍然很大。

素养园地　**学标杆、拓思路，提升资产运营效率**

东航资产投资管理有限公司（以下简称“东航资管”）在盘活存量资产，促增量发展方面具有标杆带动作用。东航资管在“团队建设”“组织架构”“制度优化”“管理输出”四个方面高效盘活存量资产，提升增量资产。

一是坚持自持运营，自主培养商业运营团队。构建商业租售、办公租售、市场推广、物业管理等多个业务条线的“年轻化、知识化、专业化”商业运营管理团队，探索“MU 事业管理人”等薪酬激励机制。二是灵活调整组织架构，适应业务高速发展。搭建“平台—分公司—商管中心”的三级管控模式，能够迅速适应新情况，应对新问题。三是逐步完善公司制度，促进业务标准化。围绕招商、运营、市场推广、合约规范等各方面逐步完善制度体系，让标准化成为市场化的基石。与阿里巴巴合作，建立智能化管理系统。四是打造标杆项目，促进品牌输出、管理输出。公司激励东航资管员工积极外拓管理输出项目，提高东航资管效益，探索投融管退机制，优化项目出租情况，稳定租金收入、开发项目的其他收入、规范业务流程及成本控制。

资料来源：金琳．东航资管：盘活存量资产．上海国资，2021（5）．

任务实施

内容	结论
1. 企业资产营运能力分析的内涵	
2. 企业资产营运能力分析对企业管理的积极作用	
3. 评价企业资产营运能力的指标有哪几类？	
4. 企业资产营运能力指标的计算公式包括哪些？	
5. 引导案例中长安汽车和富维股份资产营运比较分析的结果如何？	
教师评价	

组号		姓名		组长签字	
教师签字		日期			

综合素养提升

扫码查看泰达股份财务报表（见模块二的“综合素养提升”），计算并分析泰达股份2023年、2024年的应收账款周转率、存货周转率、流动资产周转率、固定资产周转率、总资产周转率。评价该公司的资产运用效率及趋势，给出公司应从哪些方面优化资产配置，提高资产的使用效率，增强营运能力，并选取一家公司进行同业分析。将分析结果做成幻灯片，汇报交流。

【学习效果检验】

在线测试

一、判断题

1. 从一定意义上讲，流动性比收益性更重要。（　　）

2. 当其他条件不变时，流动资产比重越高，总资产周转速度越快。（　　）

3. 存货周转速度越快，则存货的流动性越强，存货转换为现金或应收账款的速度也就越快。（　　）

4. 应收账款周转率反映企业应收账款的周转速度，应收账款周转率越大，对企业越有利。（　　）

5. 若固定资产净值增加幅度低于销售收入净额增长幅度，则会引起固定资产周转率增加，表明企业的营运能力有所提高。（　　）

6. 资产周转次数越多，周转天数越多，表明资产周转速度越快。（　　）

7. 在销售额既定的条件下，流动资产周转速度越快，流动资产的占用额就越多。（　　）

8. 总资产周转率越高，说明企业运用资产创造收入的能力越强，企业资产管理效率越高。（　　）

9. 营运能力分析的内容主要包括流动资产营运能力分析和固定资产营运能力分析。（　　）

10. 在销售净利润相同的情况下，存货周转率越高，获取的利润就越多。（　　）

11. 影响总资产营运能力的主要因素是企业营业收入水平和各项分类资产的利用状况。（　　）

二、单选题

1. 某公司当年营业收入净额为6 000万元，年初应收账款余额为300万元，年末应收账款余额为500万元，坏账准备按应收账款余额的10%计提，每年按360天计算，则该公司的应收账款周转天数为(　　)天。

A. 15　　B. 17　　C. 22　　D. 24

2. 某公司某年末流动负债为80万元，速动比率为1，流动比率为1.8，年度营业成本为640万元，年末存货周转率为(　　)次。

A. 6　　B. 8　　C. 9　　D. 10

3. 某公司当年的主营业务收入为 60 111 万元，其年初资产总额为 6 810 万元，年末资产总额为 8 600 万元，该公司总资产周转率及周转天数分别为(　　)。

A. 8.83 次、40.77 天　　B. 6.99 次、51.5 天

C. 8.83 次、51.5 天　　D. 7.8 次、46.15 天

4. 下面关于企业营运能力的说法，正确的是(　　)。

A. 资产周转率越大越好　　B. 资产周转天数越多越好

C. 销售额越大越好　　D. 营运资金越多越好

5. 企业进行长期股权投资的根本目的是(　　)。

A. 控制子公司的生产经营　　B. 取得投资收益

C. 获取股利　　D. 取得直接收益

6. 计算应收账款周转率时，应使用的收入指标是(　　)。

A. 主营业务收入　　B. 赊销净额

C. 销售收入　　D. 营业利润

7. 企业的应收账款周转天数为 90 天，存货周转天数为 180 天，则营业周期为(　　)天。

A. 90　　B. 180　　C. 270　　D. 360

8. 某企业本年销售收入为 20 000 元，应收账款周转率为 4 次，期初应收账款余额为 3 500 元，则期末应收账款余额为(　　)元。

A. 5 000　　B. 6 000　　C. 6 500　　D. 4 000

9. 以下选项中，变现能力最弱、风险最大的是(　　)。

A. 应收账款　　B. 现金　　C. 营业收入　　D. 存货

10. 计算流动资产周转率应选择的流动资产周转额是(　　)。

A. 营业收入　　B. 销售成本费用

C. 全部收入　　D. 销售成本

11. 当流动资产占用减少，同时流动资产周转速度加快时，企业一定存在流动资产的(　　)。

A. 绝对浪费　　B. 相对节约

C. 绝对节约和相对节约　　D. 相对浪费

12. 下列各项中，不属于影响固定资产周转速度的因素的是(　　)。

A. 折旧方法和折旧年限　　B. 通货膨胀

C. 闲置资产　　D. 固定资产突然升值

13. 某公司 2025 年和 2024 年的流动资产平均占用额分别为 2 700 万元和 3 500 万元，流动资产周转率分别为 10 次和 11 次，则 2025 年的营业收入比 2024 年增加了(　　)元。

A. 10 500　　B. 11 500　　C. 3 700　　D. 300

14. 在下列各项中，属于企业营运资产的是(　　)。

A. 固定资产　　B. 无形资产　　C. 闲置资产　　D. 总资产

15. 在下列各项中，不属于反映企业营运能力的指标的是(　　)。

A. 总资产周转率　　B. 固定资产周转天数

C. 流动资产利润率　　D. 现金转化周期

16. 下列各项中，不会影响企业营业收入净额的是(　　)。

A. 销售成本　　B. 营业收入总额

C. 销货退回金额　　D. 销货折让金额

17. 对提高企业总资产的营运能力影响不大的是(　　)。

A. 确定各项资产的合理比例　　B. 提高应收账款的周转速度

C. 降低营业成本　　D. 努力开发新产品，提高市场占有率

三、多选题

1. 反映企业营运能力的指标有(　　)。

A. 销售净利率　　B. 营运周期

C. 流动资产周转率　　D. 存货周转率

E. 应收账款周转率

2. 存货周转率可以以(　　)为基础进行计算。

A. 主营业务收入　　B. 主营业务成本

C. 其他业务收入　　D. 销售费用

E. 其他业务成本

3. 应收账款周转率下降的原因主要有(　　)。

A. 客户故意拖延　　B. 企业的收账政策

C. 客户财务困难　　D. 企业的信用政策

E. 赊销的比率

4. 影响企业资产周转率的因素包括(　　)。

A. 资产的管理力度　　B. 经营周期的长短

C. 资产构成及质量　　D. 企业所采用的财务政策

E. 所处行业及经营背景

5. 反映流动资产周转速度的指标有(　　)。

A. 营业周期　　B. 应收账款周转天数

C. 存货周转率　　D. 应收账款周转率

6. 在计算应收账款周转率时，关于应收账款余额的确定，下列说法错误的有(　　)。

A. 包括“应收账款”和“应收票据”等的全部赊销账款，金额为扣除坏账准备前的数额

B. 包括“应收账款”和“应收票据”等的全部赊销账款，金额为扣除坏账准备后的净额

C. 等于“应收账款”账户的期末余额

D. 仅在本年度发生的应收账款

7. 应收账款周转率有时不能说明应收账款正常收回时间的长短，其原因有(　　)。

A. 销售的季节性变动很大　　B. 大量使用现销而非赊销

C. 大量使用赊销而非现销　　D. 年底前大力促销和收缩商业信用

8. 分析企业资金周转状况的比率有(　　)。

A. 速动比率　　B. 流动资产周转率

C. 应收账款平均收账期　　D. 存货周转率

9. 营运能力分析的内容包括（　　）。
A. 全部资产营运能力分析
B. 流动资产营运能力分析
C. 固定资产营运能力分析
D. 现金流量比率分析
E. 本量利分析

10. 流动资产营运能力分析的内容包括（　　）。
A. 全部流动资产周转率分析
B. 全部流动资产垫支周转率分析
C. 流动资产周转加快效果分析
D. 存货周转率分析
E. 应收账款周转率分析

11. 全部资产营运能力分析的内容包括（　　）。
A. 全部资产产值率分析
B. 产品销售率分析
C. 全部资产收入率分析
D. 全部资产周转率分析
E. 总资产增长率分析

12. 以下选项中，属于反映全部资产周转次数的指标有（　　）。
A. 全部资产产值率
B. 产品销售率
C. 总资产周转率
D. 流动资产周转次数
E. 流动资产占总资产的比重

13. 以下选项中，属于影响固定资产产值率的指标有（　　）。
A. 产成品周转率
B. 生产设备资金产值率
C. 生产设备构成率
D. 生产用固定资产构成率
E. 百元产值占用资金

四、计算分析题

1. 某公司的相关数据如表 7-5 所示。

表 7-5　某公司的相关数据　　单位：万元

项目	上年	本年
主营业务收入	31 420	
主营业务成本	21 994	
流动资产合计	13 250	13 846
其中：存货	6 312	6 148
应收账款	3 548	3 216

要求：(1) 计算流动资产周转速度指标。
(2) 计算存货周转速度指标。
(3) 计算应收账款周转速度指标。

2. 某公司年初存货为 30 000 元，应收账款为 25 400 元，年末流动比率为 2，速动比率为 1.5，存货周转率为 4 次，流动资产合计 54 000 元。

要求：(1) 计算该公司本年销货成本。
(2) 若公司本年销售收入为 312 200 元，除应收账款外，其他速动资产忽略不计，则应收账款周转次数是多少？

3. 某公司流动资产由速动资产和存货构成，年初存货为 145 万元，应收账款为 125 万元，年末流动比率为 3，速动比率为 1.5，存货周转率为 4 次，流动资产余额为 270 万元（一年按 360 天计算）。

要求：(1) 计算该公司流动负债年末余额。

(2) 计算该公司存货年末余额和年平均余额。

(3) 计算该公司本年销货成本。

(4) 假定本年销售净额为 960 万元，应收账款以外的其他速动资产忽略不计，计算该公司应收账款周转期。

4. 某公司 2024 年存货平均占用额为 300 000 元，流动资产平均占用额为 670 000 元；2025 年存货平均占用额为 350 000 元，流动资产平均占用额为 720 000 元；2024 年产品营业收入净额为 420 000 元，2025 年为 500 000 元。

要求：根据上述材料，计算该公司的流动资产周转率和存货周转率。

5. A 公司有关资料如表 7-6 所示。

表 7-6 A 公司有关资料 单位：万元

项目	2024 年	2025 年
营业收入净额	300	420
固定资产平均余额	310	350

要求：分析 A 公司的固定资产营运能力。

【学习评价】

1. 学生自我评价表

学生自我评价表

班级		姓名		学号	
模块名称					
评价指标	评价内容			分数	自我评分
数字素养	能够快速有效地获取财务信息并具备评价、整合、交流信息的能力。			5 分	
职前工作	能感知工作岗位职责，认同工作价值。			5 分	
参与态度	积极主动参与课上讨论、课后组内任务，与教师、同学之间相互尊重、理解。			5 分	
学习能力	主动探究、自主学习；能发表个人见解；能按要求完成实训任务；能够虚心倾听、协作共享。			5 分	
学习方法	学习方法得当，实操技能得到提升。			5 分	
学习过程	遵守实训室管理规程；出勤、任务完成等情况良好。			5 分	
知识目标	掌握资产运用效率的各种衡量指标；掌握资产运用效率的趋势分析和同业比较分析方法。			20 分	
能力目标	能够运用相关指标对企业的资产营运能力进行分析，并做出资产运用效率的客观评价。			20 分	
素养目标	具备坚持不懈、艰苦奋斗的实干精神；培养善于沟通、勤于思考的职业态度；具备关心社会问题、国家发展的社会责任感。			20 分	
自评反馈	按时按质完成工作任务；较好地掌握专业知识点；具有较强的信息分析能力和理解能力；具有较为全面严谨的思维能力并能条理清晰地进行有效沟通。			10 分	
自评分数					
存在的不足					
努力的方向					

2. 教师评价表

教师评价表

班级		组名		姓名	
模块名称					
评价内容	评价要点			分数	教师评分
1. 数据获取情况	任务实施过程中数据获取能力			10 分	
2. 互动交流情况	组内交流，教学互动			10 分	
3. 任务完成情况	掌握营运能力指标计算公式，理解影响资产周转率的各种因素			10 分	
	了解资产运用效率的含义及分析目的			10 分	
	理解资产运用效率的趋势分析和同业比较分析方法			20 分	
	能够结合行业特点与当前经济形势，全面、综合地对企业的盈利能力进行分析			10 分	
	能与同学共同完成泰达股份营运能力指标的计算与资产营运效果的分析，并进行同业比较分析。			10 分	
4. 素养目标达成情况	团队协作			20 分	
	自主探究				
	学习态度				
	课堂纪律				
	出勤情况				
	创新意识				
	沟通交流				
	数字素养				
合计				100 分	
教师签名					

模块八　企业发展能力分析

学习目标

能力目标

1. 能根据企业现状，收集相关信息资料；

2. 能运用价值和影响价值变动的因素分析企业通过自身的生产经营活动，不断扩大积累而形成的发展潜能。

知识目标

1. 掌握销售增长率、资本增长率和股东权益增长率的分析方法；

2. 了解企业发展能力的分析目的和方法。

素养目标

1. 具备积极乐观的人生态度；

2. 具备敢于担当、勇于创新突破的精神。

任务导学

序号	任务	教师活动	学生活动
1	企业发展能力认知	以“引导案例：津达酒业公司发展潜力分析”为切入点，引导学生讨论企业发展能力的内涵、分析内容及企业发展状态财务分析，厘清学习目标。	（1）倾听教师讲解； （2）讨论引导案例中津达酒业公司的发展潜力，明确课程学习目标； （3）以小组为单位共同研讨企业发展能力内涵、分析内容及类型，组内交流。
2	企业发展能力指标计算与分析	（1）以引导案例中发展能力指标值为切入点，讲解发展能力指标涉及的范畴、指标分子分母的内涵、指标值对企业经营的意义； （2）运用 Excel 工具示范指标值的计算过程并进行可视化分析，讲解指标值的一般规律； （3）组织学生记忆发展能力指标计算公式。	（1）倾听教师讲解； （2）讨论并记忆发展能力指标； （3）运用 Excel 工具计算并分析指标值反映公司的发展潜能； （4）创新指标值可视化呈现的方式。

续表

序号	任务	教师活动	学生活动
3	综合素养提升	布置训练任务：计算并分析泰达股份2023年、2024年发展能力水平的变化情况，评价该公司的发展潜力。	5人为一组，确定组长，组织完成训练任务，分析报告提交至课程平台，线上汇报交流。
4	学习效果检验	在课程平台布置测试内容，完成教师评价并汇总评价结果，发布评价结果。	完成测试，进行自我评价。

引导案例

津达酒业公司发展潜力分析

津达酒业公司主要进行白酒系列产品的生产和销售，同时进行饮料、食品、包装材料的生产和销售，防伪技术开发，信息产业相关产品的研制开发。2023—2025年的简要报表如表8-1和表8-2所示。

表8-1　资产负债表（简表）　　单位：元

项目	2025年12月31日	2024年12月31日	2023年12月31日
流动资产	27 829 632 180.43	20 300 284 828.31	15 655 585 363.39
非流动资产	7 071 236 794.98	5 287 295 112.38	4 114 037 784.33
资产合计	34 900 868 975.41	25 587 579 940.69	19 769 623 147.72
流动负债	9 480 719 364.12	7 028 190 246.07	5 108 057 753.51
非流动负债	16 770 000.00	10 000 000.00	10 000 000.00
负债合计	9 497 489 364.12	7 038 190 246.07	5 118 057 753.51
所有者权益	25 403 379 611.29	18 549 389 694.62	14 651 565 394.21
负债和所有者权益合计	34 900 868 975.41	25 587 579 940.69	19 769 623 147.72

表8-2　利润表（简表）　　单位：元

项目	2025年度	2024年度	2023年度
一、营业收入	18 402 355 207.30	11 633 283 740.18	9 669 999 065.39
二、营业利润	12 336 164 425.08	7 160 906 229.50	6 075 520 510.72
三、利润总额	12 334 660 473.80	7 162 416 731.37	6 080 539 884.64
四、净利润	9 250 323 807.62	5 339 761 496.97	4 552 888 944.00

利用我们已学的知识，已经能够对公司的短期偿债能力、长期偿债能力和盈利能力进行分析。津达酒业公司财务比率分析如表8-3所示。

表8-3　津达酒业公司财务比率分析表

项目	2025年12月31日	2024年12月31日	2023年12月31日
一、短期偿债能力比率			
1. 流动比率	2.94	2.89	3.06
2. 速动比率	2.18	2.10	2.24

续表

项目	2025年12月31日	2024年12月31日	2023年12月31日
3. 现金比率	1.93	1.83	1.91
二、长期偿债能力比率			
1. 资产负债率	27.21%	27.51%	25.89%
2. 产权比率	0.37	0.38	0.35
3. 权益乘数	1.37	1.38	1.35
4. 利息偿付倍数	−34.17	−39.56	−44.50
三、资产管理比率			
1. 应收账款周转率	10 576.08	1 027.63	—
应收账款周转天数	0.03	0.35	—
2. 存货周转率	0.24	0.22	—
存货周转天数	1 480.77	1 669.57	—
3. 流动资产周转率	0.76	0.65	—
流动资产周转天数	470.78	556.34	—
4. 总资产周转率	0.61	0.51	—
总资产周转天数	591.66	701.80	—
四、盈利能力比率			
1. 总资产净利率	26.50%	20.87%	23.03%
2. 成本费用利润率	100.92%	84.76%	88.82%
3. 净资产收益率	36.41%	28.79%	31.07%

从分析结果可以看出，津达酒业公司有着超强的偿债能力、丰厚的报酬率。

分析的结果只表明津达酒业公司过去的状况，无法据此预测未来。就公司潜在投资者而言，他们需要知道未来的收益如何。所以，我们要进一步分析公司的发展能力，看看津达酒业公司能否保持超强的偿债能力、丰厚的报酬率。

思考：

评价企业的发展能力应从哪几个方面进行？

下面，让我们一起来解决这个问题。

任务一　企业发展能力认知

相关知识

一、企业发展能力及其影响因素

企业发展能力，也称企业成长能力，是企业通过自身的生产经营活动，不断扩大积累而形成的发展潜能。企业发展能力取决于多种因素，包括外部经营环境、企业内在素质及资源条件等。

企业的政策环境、核心业务、经营能力、企业制度、人力资源、行业环境、财务状况等方面的因素都对企业发展能力产生重要影响。

财务状况是过去的决策和行为产生的结果，其他因素是影响企业未来财务状况的动因，这些因素的所有改善都应最终表现为财务状况的改善。财务状况指标可以反映企业在政策环境、核心业务、经营能力、企业制度、人力资源、行业环境等方面的提高，反映市场份额的扩大、收入的增加、经营成本的降低。因此，可以从企业发展的动因与结果两个大的层面分析企业发展能力。其中，动因层面主要是对企业的竞争能力进行分析，结果层面主要是对财务状况进行分析。同时，由于企业的发展经常出现周期特征，因而在分析企业发展能力时还需明确企业及其产品所处的生命周期，这样才能结合竞争能力与财务状况的分析得出对企业发展能力的正确判断。

二、企业发展能力的分析内容

（一）企业竞争能力分析

企业竞争能力集中表现为企业产品的市场占有情况和产品的竞争能力。在分析企业竞争能力时，还应对企业所采取的竞争策略进行分析。

（二）企业周期分析

企业的发展过程总是呈现出一定的周期特征，处于不同周期阶段的企业的同一发展能力分析指标计算结果反映不同的发展能力。

（三）企业发展能力财务比率分析

1. 企业营业发展能力分析

企业营业结果可通过销售收入和资产规模的增长体现出来，因此企业营业发展能力分析可分为对销售增长的分析和对资产规模增长的分析。

2. 企业财务发展能力分析

从财务角度看，企业发展的结果体现为利润、股利和净资产的增长，因此企业财务发展能力分析可以分为对净资产规模增长的分析、对企业利润增长的分析和对企业股利增长的分析三个方面。

三、企业发展状态财务分析

在研究企业自身发展能力的同时，还应关注企业的发展状态。通过计算比较分析指标、结构分析指标和比率分析指标，我们可以了解企业的发展状态。

（一）平衡发展

（1）企业营业利润增长率高于通货膨胀率。

（2）当年销售利润能够支付管理费用、财务费用，满足流动资金需求，并有盈余用于企业发展投资。

（3）企业资金结构合理，财务费用不超过一定标准。

（二）过快发展

（1）营业额增长很快，存货和应收账款也相应增长，且后两项增长比营业额快。

（2）企业营运资金需求增加，但企业没有足够的资金来源来满足资金的需求，从而常常出现现金支付困难。

（三）失控发展

（1）企业市场需求增长很快，企业预期增长势必持续，因而企业通过借款来支持这种增长。

（2）企业资金结构不合理，营运资金为负。

（3）一旦市场需求减少，企业因生产能力已经扩大，固定费用支出增加，发生销售困难，难以及时调整结构，增长出现失控。

（四）负债发展

（1）企业盈利很低，却决定大量举债投资。

（2）营运资金为正，其需求大量增加，但企业利润增长缓慢。

（3）这是一种不平衡的冒险发展，企业自我发展能力很低，有大量借款。

（五）周期性发展

（1）企业发展随经济周期的变化而变化，如冶金行业，企业经济扩张时期发展很快，盈利较好，在需求不足时期，盈利下降，发展速度放慢。

（2）这种企业的投资根据长期发展趋势来确定，企业固定费用增加很容易使企业陷入困境。

（六）低速发展

（1）企业盈利率较低。

（2）没有新增生产能力，也没有新产品进入市场。

（3）企业投资已经收回。

（4）流动资金和流动负债均没有增长。

（5）这种企业对竞争很敏感，企业的投资与发展没有保障。

（七）慢速发展

（1）企业主动减少投资，营业额增长放慢。

（2）企业流动资产仍有增长。

（3）可能是企业产品竞争能力降低，也可能是企业盈利率降低，难以再投资。

（4）有一些企业往往在此时靠增加对外投资来解决问题。

任务二　企业发展能力指标计算与分析

相关知识

企业发展能力分析主要分析企业业务成长性和持续发展趋势。一般用如下指标进行分析与预测。

一、销售增长指标

（一）销售增长率

该指标反映的是相对化的销售收入增长情况，与绝对量的销售增长额相比，消除了企业规模的影响，更能反映企业的发展情况。其计算公式为：

$$销售增长率=\frac{本年销售增长额}{上年销售总额}\times100\%$$

其中：

$$本年销售增长额=本年销售总额-上年销售总额$$

进行财务报表分析时，销售额可取营业收入数据。

例如，引导案例中津达酒业公司2025年的销售增长率为：

$$销售增长率=\frac{18\ 402\ 335\ 207.30-11\ 633\ 283\ 740.18}{11\ 633\ 283\ 740.18}\times100\%=58.19\%$$

利用该指标分析企业发展能力时应注意：

(1) 该指标是衡量企业经营状况和市场占有能力、预测企业经营业务拓展趋势的重要指标，也是衡量企业增长增量和存量资本的重要前提。不断增加的销售收入是企业生存的基础和发展的条件。

(2) 该指标大于0，表示企业本年的销售收入有所增长，指标值越高，表明增长速度越快。

(3) 在实际分析时应结合企业历年的销售水平、企业市场占有情况、行业未来发展及其他影响企业发展的潜在因素进行潜在性预测，或结合企业前三年的销售收入增长率进行趋势性分析，进而做出判断。

(4) 分析中可以其他类似企业水平、企业历史水平及行业平均水平作为比较标准。

(5) 指标值受增长基数影响，因此分析中还要使用增长额和三年销售收入平均增长率等指标进行综合判断。

(二) 三年销售收入平均增长率

为消除销售收入短期异常波动的影响，反映企业较长时期的销售收入增长情况可采用该指标。

二、资产增长指标

(一) 总资产增长率

总资产增长率，也称资产增长率。资产是企业用于取得收入的资源，也是企业偿还债务的保障。资产增长是企业发展的一个重要方面，发展性高的企业一般能保持资产的稳定增长。

总资产增长率的计算公式为：

$$总资产增长率=\frac{本年总资产增长额}{年初资产总额}\times100\%$$

其中：

$$本年总资产增长额=资产总额年末数-资产总额年初数$$

如引导案例资料，津达酒业公司2025年的总资产增长率为：

$$总资产增长率=\frac{34\ 900\ 868\ 975.41-25\ 587\ 579\ 940.69}{25\ 587\ 579\ 940.69}\times100\%=36.40\%$$

总资产增长率越高，说明企业本年内资产规模扩张的速度越快，但应注意资产规模扩张的质与量之间的关系，以及企业的后续发展能力，避免盲目扩张。

企业间的可比性问题：

（1）不同企业的资产使用效率不同，为保持净收益的同幅度增长，资产使用效率低的企业需要更大幅度的资产增长。

（2）不同企业采取的发展策略体现在总资产增长率的不同上。

（3）会计处理方法的不同会影响总资产增长率（影响资产的账面价值）。

（4）受历史成本原则的影响，资产总额反映的只是资产的取得成本而非现时价值。

（5）由于一些重要资产无法体现在资产总额中（如人力资产、某些非专利技术），因此该指标无法反映企业真正的资产增长情况。

除了通过计算总资产增长率分析总资产的增长情况外，还可以通过计算流动资产增长率、固定资产增长率、无形资产增长率及员工增长率等指标对各类具体资产的增长情况进行分析，计算时都是用本年增长额除以年初数额。

企业总资产增长率高并不意味着企业的资产规模增长就一定适当。评价一个企业的资产规模增长是否适当，必须与销售增长、利润增长等情况结合起来分析。企业只有在销售增长、利润增长超过资产规模增长的情况下，这种资产规模增长才属于效益型增长，才是适当的、正常的。

因此，我们还需要正确分析企业资产增长的来源。如果一个企业的资产增长完全依赖于负债的增长，而所有者权益项目在年度里没有发生变动或者变动不大，则说明企业不具备良好的发展潜力。从企业自身的角度看，企业资产的增长应该主要取决于企业盈利的增加。当然，盈利的增长能带来多大程度的资产增长还要视企业实行的股利政策而定。

三年平均资产增长率指标消除了资产短期波动的影响，反映了企业较长时期内的资产增长情况。

（二）固定资产成新率

固定资产成新率是企业当期平均固定资产净值同平均固定资产原值的比率，反映了企业所拥有的固定资产的新旧程度，体现了企业固定资产更新的快慢和持续发展的能力。其计算公式为：

$$固定资产成新率=\frac{平均固定资产净值}{平均固定资产原值}\times 100\%$$

平均固定资产净值是指企业固定资产净值的年初数和年末数的平均值，平均固定资产原值是指企业固定资产原值的年初数和年末数的平均值。

该指标高，表明企业的固定资产比较新，可以为企业服务较长时间，对扩大再生产的准备比较充足，发展的可能性较大。

利用该指标分析时应注意的问题：

（1）剔除企业应提未提折旧对固定资产真实情况的影响。

（2）进行企业间比较时，注意不同折旧方法对指标的影响。

（3）该指标受周期影响大，评价时应注意企业所处周期阶段这一因素。

三、资本增长指标

（一）资本积累率

较多的资本积累是企业发展强劲的标志，是企业扩大再生产的源泉。资本积累率，又称为股东权益增长率、资本增长率、净资产增长率，是企业本年净资产增长额同年初净资产的比率，反映企业净资产当年的变动水平。其计算公式为：

$$资本积累率=\frac{扣除客观因素后的本年净资产增长额}{年初净资产}\times 100\%$$

$$=\frac{扣除客观因素后的本年年末所有者权益总额-年初所有者权益总额}{年初所有者权益总额}\times 100\%$$

$$=净资产收益率\times(1-红利分配率)\times 100\%$$

如引导案例资料，津达酒业公司 2025 年的资本积累率为：

$$资本积累率=\frac{25\ 403\ 379\ 611.29-18\ 549\ 389\ 694.62}{18\ 549\ 389\ 694.62}\times 100\%=36.95\%$$

该指标体现了企业资本的保全和增长情况。该指标越高，表明企业资本积累越多，应对风险和持续发展的能力越强。扣除的客观因素指企业非主观因素的所有者权益增减变动，表现形式包括股东投入资本、股本溢价等。

（二）资本保值增值率

资本保值增值率是财政部制定的评价企业经济效益的十大指标之一，资本保值增值率反映了企业资本的营运效益与安全状况。

资本保值增值率是指企业本年年末所有者权益扣除客观因素后同年初所有者权益总额的比率。该指标表示企业当年资本在企业自身努力下的实际增减变动情况，是评价企业财务效益状况的辅助指标，反映了投资者投入企业资本的保全性和增长性。其计算公式为：

$$资本保值增值率=\frac{扣除客观因素后的本年年末所有者权益总额}{年初所有者权益总额}\times 100\%$$

如引导案例资料，津达酒业公司 2025 年年末所有者权益扣除客观因素后为 2 396 333 890.95 元。

津达酒业公司 2025 年的资本保值增值率为：

$$资本保值增值率=\frac{25\ 403\ 379\ 611.29+2\ 396\ 333\ 890.95}{18\ 549\ 389\ 694.62}\times 100\%=149.87\%$$

为计算简便，可采用如下资本保值增值率变形公式：

$$资本保值增值率=\frac{年初所有者权益总额+本年净利润}{年初所有者权益总额}\times 100\%$$

如引导案例资料，津达酒业公司 2025 年的资本保值增值率为：

$$资本保值增值率=\frac{18\ 549\ 389\ 694.62+9\ 250\ 323\ 807.62}{18\ 549\ 389\ 694.62}\times 100\%=149.87\%$$

一般认为，资本保值增值率越高，表明企业的资本保全状况越好，所有者权益增长越快，债权人的债务越有保障。该指标通常应当大于 100%。

（三）三年资本积累率

资本积累率指标有一定的滞后性，仅反映当期情况。为反映企业资本保全增值的历史发展情况，了解企业的发展趋势，需要计算三年资本积累率，以了解连续几年的资本积累情况。其计算公式为：

$$三年资本积累率=\left(\sqrt[3]{\frac{第\ 3\ 年年末股东权益}{第\ 1\ 年年末股东权益}}-1\right)\times 100\%$$

如引导案例资料，津达酒业公司 2023—2025 年的资本积累率为：

$$资本积累率=\left(\sqrt[3]{\frac{25\ 403\ 379\ 611.29}{14\ 651\ 565\ 394.21}}-1\right)\times 100\%=90.20\%$$

该指标越高，表明企业所有者权益得到的保障程度越大，企业可以长期使用的资金越充裕，抗风险和连续发展的能力越强。

利用该指标分析时应注意所有者权益各类别的增长情况。实收资本的增长一般源于外部资金的进入，表明企业具备了进一步发展的基础，但并不表明企业过去具有很强的发展能力和积累能力；留存收益的增长反映企业通过自身经营积累了发展后备资金，既反映企业在过去经营中的发展能力，也反映企业进一步发展的后劲。

四、营业利润增长指标

（一）营业利润增长率

营业利润增长率又称销售利润增长率，是企业本年营业利润增长额与上年营业利润总额的比率，反映企业营业利润的增减变动情况。其计算公式为：

$$营业利润增长率=\frac{本年营业利润增长额}{上年营业利润总额}\times 100\%$$

其中：

$$本年营业利润增长额=本年营业利润总额-上年营业利润总额$$

如引导案例资料，津达酒业公司 2025 年的营业利润增长率为：

$$营业利润增长率=\frac{12\ 336\ 164\ 425.08-7\ 160\ 906\ 229.50}{7\ 160\ 906\ 229.50}\times 100\%=72.27\%$$

营业利润增长率越高，说明企业销售额提供的营业利润越多，企业的盈利能力越强。

（二）净利润增长率

净利润增长率说明企业当期净利润与上期净利润相比的增长幅度，指标值越大，代表企业盈利能力越强。其计算公式为：

$$净利润增长率=\frac{本年净利润增长额}{上年净利润总额}\times 100\%$$

津达酒业公司 2025 年的净利润增长率为：

$$净利润增长率=\frac{9\ 250\ 323\ 807.62-5\ 339\ 761\ 496.97}{5\ 339\ 761\ 496.97}\times 100\%=73.23\%$$

净利润增长率是反映企业增长能力的重要指标，净利润增长率越高，表明企业积累越快。

为了正确地反映企业净利润和营业利润的增长趋势，应将企业连续多期的净利润增长率和营业利润增长率指标进行对比分析，这样可以排除个别时期偶然或特殊性因素的影响，从而更加全面真实地揭示企业净利润和营业利润的增长情况。

五、市场占有指标

市场占有率是指企业的某项指标占同业或同区域市场总量的份额及比重。其计算公式为：

$$市场占有率=\frac{本单位占有的市场份额}{市场总需求（消费）量}\times 100\%$$

设某年白酒业销售收入约 2 700 亿元，津达酒业公司销售额约 184 亿元。

津达酒业公司的市场占有率为：

$$市场占有率=\frac{184}{2\ 700}\times100\%=6.81\%$$

分析市场占有指标的目的是评估企业的市场渗透力和发展能力。分析的指标一般包括业务量、收入所占的市场份额或比重，市场占有率越高越好。津达酒业公司由于生产条件要求较高，因此产量低、价格高，市场占有率指标虽然不高，但仍居同行业之首。

六、反映上市公司发展能力的特殊指标

股利增长率与企业价值（股票价值）有很密切的关系。股票价值等于下一年的预期股利除以要求的股票收益率和预期股利增长率的差额所得的商，即：

$$股票价值=\frac{DPS}{r-g}$$

式中，DPS 表示下一年的预期股利，r 表示要求的股票收益率，g 表示股利增长率。

股利增长率的计算公式为：

$$股利增长率=\frac{本年每股股利增长额}{上年每股股利}\times100\%$$

津达酒业公司 2025 年度每 10 股派发 39.97 元，2024 年度每 10 股派发 23 元，送 1 股。津达酒业公司股利增长率为：

$$股利增长率=\frac{3.997-2.3}{2.3}\times100\%=73.78\%$$

股利增长率越高，企业股票的价值越高。

素养园地　**弘扬南泥湾精神　促企业高质量发展**

“一把镢头一把枪，生产自给保卫党中央。”359 旅在抗日救国精神的鼓舞下，不怕任何困难和压力，披荆斩棘开荒生产，取得了南泥湾屯垦的伟大胜利。自力更生、自己动手、勤俭节约、反对浪费的南泥湾精神是企业发展的立足点。在当下，我国面临着复杂的国际形势，我们要团结一致，紧跟党中央发展经济的战略部署，秉持艰苦奋斗、自力更生的南泥湾精神，控制成本、提高效益，推动企业高质量发展。

任务实施

<table>
<tr><th colspan="2">内容</th><th colspan="4">结论</th></tr>
<tr><td colspan="2">1. 企业发展能力的内涵是什么？</td><td colspan="4"></td></tr>
<tr><td colspan="2">2. 企业发展状态有哪几种？</td><td colspan="4"></td></tr>
<tr><td colspan="2">3. 评价企业发展能力的指标有哪几类？</td><td colspan="4"></td></tr>
<tr><td colspan="2">4. 企业发展能力指标的计算公式包括哪些？</td><td colspan="4"></td></tr>
<tr><td colspan="2">教师评价</td><td colspan="4"></td></tr>
<tr><td>组号</td><td></td><td>姓名</td><td></td><td>组长签字</td><td></td></tr>
<tr><td>教师签字</td><td></td><td>日期</td><td colspan="3"></td></tr>
</table>

综合素养提升

扫码查看泰达股份财务报表（见模块二的“综合素养提升”），利用 Excel 等工具计算泰达股份 2023 年、2024 年发展能力指标，并评价该公司的发展潜力。做成幻灯片，汇报交流。

【学习效果检验】

在线测试

一、判断题

1. 增长能力的大小是一个相对概念。（　　）

2. 企业资产增长率高意味着企业资产规模增长适当。（　　）

3. 从根本上看，一个企业的股东权益增长应该主要依赖于企业运用股东投入资本所创造的收益。（　　）

4. 根据产品生命周期理论，当一个产品处在成熟期时，市场基本饱和，销售增长率与上一期相比变动不大。（　　）

5. 若一个公司的股东权益增长率大大低于当年的净利润增长率，则表明该公司股东权益增长主要来自生产经营活动创造的净利润。（　　）

二、单选题

1. 下列指标中，不属于增长率指标的是（　　）。

A. 销售增长率　　B. 股东权益增长率　　C. 资产增长率　　D. 利息偿付倍数

2. 下列因素中，能直接影响股东权益增长率变化的指标是（　　）。

A. 股东净投资率　　B. 总资产周转率　　C. 总资产报酬率　　D. 总资产

3. 如果企业某一种产品处于投放期，其销售增长率的特点是（　　）。

A. 基本不变　　B. 与上期相比变动不大

C. 比值较大　　D. 比值较小

4. 如果企业某一种产品处于成长期，其销售增长率的特点是（　　）。

A. 比值较大　　B. 与上期相比变动不大

C. 比值较小　　D. 不变

5. 以下关于收益增长率的说法，正确的是（　　）。

A. 实际应用中，通常以资产增长率作为表现形式

B. 实际应用中，通常以净利润增长率、营业利润增长率作为表现形式

C. 在净利润增长率的计算中，若上期净利润为负值，则直接代入公式计算

D. 如果企业的营业利润增长率高于企业的营业收入增长率，则说明企业处于衰退期

6. 股东权益增长率的大小不直接取决于（　　）。

A. 本期股东权益增加额　　B. 股东权益期初余额

C. 资产期初余额　　D. 股东净投资率

7. 下列指标中，反映企业收益增长能力的是(　　)。

A. 销售增长率　　B. 净利润增长率　　C. 总资产报酬率　　D. 资本积累率

8. 下列指标中，不能直接影响可持续增长率的是(　　)。

A. 净资产收益率　　B. 股利支付率　　C. 销售净利率　　D. 营业利润增长率

9. 对于一个快速成长的企业而言，管理层需要采取措施加以控制，可采取的措施有(　　)。

A. 发行新的股权资本　　B. 降低财务杠杆系数

C. 增加股利支付　　D. 保持销售策略

10. 以下说法不正确的是(　　)。

A. 净利润主要来自营业利润

B. 收益的增长主要表现为净利润的增长

C. 营业利润的增长主要来自营业收入的增加

D. 资本积累是营业收入的主要来源

三、多选题

1. 下列项目中，属于增长能力比率分析内容的有(　　)。

A. 销售增长比率　　B. 资产增长率

C. 收益增长率　　D. 股东权益增长率

E. 剩余收益增长率

2. 增长能力分析的目的包括(　　)。

A. 正确评价企业的财务状况　　B. 有利于债权者进行正确的借贷决策

C. 判断企业拥有资源的潜力　　D. 分析企业负债变化趋势

E. 正确确定企业未来发展速度和政策

3. 评价企业资本扩张的指标主要有(　　)。

A. 股东权益增长率　　B. 三年平均资本积累率

C. 权益资本成本率　　D. 剩余收益比率

E. 固定资产成新率

4. 分析企业资产增长来源的方法有(　　)。

A. 计算总资产增长率

B. 计算股东权益的增加占资产增加额的比重并进行比较

C. 利用股东权益增长率分析

D. 分析主营业务利润增长率

E. 分析净利润增长率

5. 以下说法正确的有(　　)。

A. 快速增长不会导致企业破产

B. 可持续增长率是分析企业可持续增长能力的核心指标

C. 只有股东权益增长率的变化才反映企业的增长能力

D. 剩余收益衡量的是扣除必要的权益资本成本后股东权益账面价值的增加

E. 增长能力分析，通常是通过对企业各项财务指标与往年相比所进行的纵向观察，判断企业在未来一定时期的动态发展变化趋势的一种财务分析

四、计算题

1. 东港公司属于纺织品行业，2024 年和 2025 年的简要报表如表 8－4 所示。

表 8－4　东港公司简要报表　　单位：万元

项目		2024 年	2025 年
资产负债表	资产总额	18 980	23 000
	流动资产	7 130	8 050
	固定资产	11 850	14 950
	负债和所有者权益	18 980	23 000
	负债	5 880	6 500
	所有者权益	13 100	16 500
利润表	营业收入	1 800	2 400
	营业利润	360	600
	净利润	240	400

要求：(1) 计算各个重要项目的增长率（股东权益增长率、资产增长率、销售增长率、净利润增长率），并简要分析。

(2) 分析东港公司的整体发展能力。

2. 海利公司 2021—2025 年资产及销售额资料如表 8－5 所示。

表 8－5　资料表　　单位：万元

项目	2021 年	2022 年	2023 年	2024 年	2025 年
流动资产	15 690	16 400	22 300	25 100	26 750
固定资产	2 696	3 513	3 293	3 464	3 576
总资产	25 775	27 127	31 250	34 600	36 342
销售额	6 577	8 426	9 130	9 818	10 200
营业利润	1 572	1 827	2 580	2 718	3 510

要求：根据上述资料，完成表 8－6 并进行简要分析（计算结果保留整数）。

表 8－6　计算表

项目	2022 年	2023 年	2024 年	2025 年
流动资产比率				
总资产增长率				
销售增长率（环比分析）				
营业利润增长率				

【学习评价】

1. 学生自我评价表

学生自我评价表

班级		姓名		学号	
模块名称					
评价指标	评价内容			分数	自我评分
数字素养	能够快速有效地获取财务信息并具备评价、整合、交流信息的能力。			5 分	
职前工作	能感知工作岗位职责，认同工作价值。			5 分	
参与态度	积极主动参与课上讨论、课后组内任务，与教师、同学之间相互尊重、理解。			5 分	
学习能力	主动探究、自主学习；能发表个人见解；能按要求完成实训任务；能够虚心倾听、协作共享。			5 分	
学习方法	学习方法得体；实操技能得到提高。			5 分	
学习过程	遵守实训室管理规程；出勤、任务完成等情况良好。			5 分	
知识目标	掌握发展能力指标计算公式；了解企业发展能力的分析目的和方法。			20 分	
能力目标	能够根据企业现状，收集相关信息资料；运用价值和影响价值变动的因素分析企业通过自身的生产经营活动，不断扩大积累而形成的发展潜能。			20 分	
素养目标	积极乐观、敢于担当、勇于创新。			20 分	
自评反馈	按时按质完成工作任务；较好地掌握专业知识点；具有较强的信息分析能力和理解能力；具有较为全面严谨的思维能力并能条理清晰地进行有效沟通。			10 分	
自评分数					
存在的不足					
努力的方向					

2. 教师评价表

教师评价表

班级		组名	姓名	
模块名称				
评价内容	评价要点		分数	教师评分
1. 数据获取情况	任务实施过程中数据获取能力		10 分	
2. 互动交流情况	组内交流，教学互动		10 分	
3. 任务完成情况	理解企业发展能力内涵		20 分	
	掌握发展能力指标计算公式		10 分	
	掌握企业发展能力的分析类型		10 分	
	根据企业现状，收集发展能力信息资料，评价企业发展潜力		10 分	
	能与同学共同完成泰达股份发展能力指标的计算与分析。		10 分	
4. 素养目标达成情况	团队协作		20 分	
	自主探究			
	学习态度			
	课堂纪律			
	出勤情况			
	创新意识			
	责任担当			
	劳动纪律			
合计			100 分	
教师签名				

模块九　企业综合财务分析

学习目标

能力目标

1. 能运用杜邦分析法对企业的综合财务状况、经营绩效进行评价与判断；
2. 能运用沃尔评分法对企业的综合财务状况、经营绩效进行评价与判断；
3. 能运用综合绩效评价方法对企业的综合财务状况、经营绩效进行评价与判断。

知识目标

1. 掌握杜邦分析法的程序，理解指标间的依存关系；
2. 掌握沃尔评分法的步骤，理解评价指标及分配权重的意义；
3. 掌握企业综合绩效评价体系，理解定量评价和定性评价方法；
4. 了解财务报表综合分析的内容。

素养目标

1. 具备甄选适合企业经营特点的综合财务分析方法，为企业提供经营管理决策的能力；
2. 具备诚实守信、勇于开拓、爱岗敬业的职业素养；
3. 具备大局意识、责任意识、奉献意识，能做到理论自信、文化自信。

任务导学

序号	任务	教师活动	学生活动
1	企业综合财务分析逻辑框架	以“引导案例：小赵所做的公司财务分析全面吗”为切入点，引导学生讨论如何构建企业综合财务分析逻辑框架，厘清学习目标。	（1）倾听教师讲解； （2）讨论引导案例中小赵所做的公司财务分析，明确课程学习目标； （3）以小组为单位共同研讨构建企业综合财务分析逻辑框架，组内交流。

续表

序号	任务	教师活动	学生活动
2	企业综合财务分析方法选用	(1) 以引导案例中小赵所做的公司财务分析指标和财务建议为切入点，讲解综合财务分析的评价方法； (2) 运用 Excel 工具示范杜邦分析法计算过程，并进行可视化分析，讲解指标值的一般规律； (3) 运用 Excel 工具示范沃尔评分法体系的计算过程并进行可视化分析的示范，讲解指标值的一般规律； (4) 组织学生记忆杜邦分析体系。	(1) 倾听教师讲解； (2) 讨论并记忆杜邦分析体系； (3) 运用 Excel 工具计算并分析杜邦分析体系中的指标值，讨论公司综合财务状况，并记忆体系结构； (4) 运用 Excel 工具计算并分析沃尔评分法中的指标值，讨论公司综合实力； (5) 创新指标值可视化呈现的方式。
3	综合素养提升	布置训练任务：运用杜邦分析法分析泰达股份 2024 年综合财务状况。	5 人为一组，确定组长，组织完成训练任务，将分析报告提交至课程平台，线上汇报交流。
4	学习效果检验	在课程平台布置测试内容，完成教师评价并汇总评价结果，发布评价结果。	完成测试，进行自我评价。

引导案例

小赵所做的公司财务分析全面吗

小赵要对爱华公司的财务状况进行分析。2021—2025 年爱华公司净资产收益率总体情况如表 9-1 所示。

表 9-1　爱华公司净资产收益率总体情况

项目	2021 年	2022 年	2023 年	2024 年	2025 年
净资产收益率	0.095 909	0.065 812	0.132 953	0.018 908	0.155 240
营业收入净利率	0.172 151	0.046 466	0.051 961	0.006 225	0.047 400
总资产周转率	0.449 100	0.606 700	1.124 000	1.010 100	1.130 000
权益乘数	1.243 100	2.338 200	2.664 100	2.798 000	2.954 000

小赵做了如下分析：从表 9-1 可以看出，该公司的净资产收益率保持在较高水平，2025 年达到 15.52%，经调查，超过行业均值 13.27%。从整体趋势来看，公司的净资产收益率呈现不断增长的势头，而且在影响净资产收益率的各个指标中，只有营业收入净利率发生较大的下降，总资产周转率和权益乘数都有所上升。

2021—2025 年爱华公司收入、成本和费用总体情况如表 9-2 所示。

表 9-2　爱华公司收入、成本和费用总体情况

项目	2021 年	2022 年	2023 年	2024 年	2025 年
营业收入	100.00%	100.00%	100.00%	100.00%	100.00%
营业成本	81.55%	81.52%	86.02%	88.45%	87.29%

续表

项目	2021年	2022年	2023年	2024年	2025年
税金及附加	0.29%	1.87%	0.68%	0.75%	1.06%
管理费用	12.84%	8.20%	5.16%	5.10%	3.42%
销售费用	2.78%	5.81%	8.25%	6.82%	7.05%
财务费用	0.34%	0.16%	0.71%	1.44%	0.42%
营业利润	18.17%	5.72%	5.36%	−0.92%	6.07%

小赵做了如下分析：由表9-2可以看出，导致爱华公司营业收入净利率下降的主要原因是营业成本及财务费用的提高，其中营业成本的增幅最大。原材料价格上涨是营业成本上涨的主要原因。财务费用上涨的主要原因是利息费用的大幅上涨，主要是公司借入大量贷款扩大规模导致的。

由此，小赵得出爱华公司的财务评价和建议：爱华公司的净资产收益率指标保持在较高的水平，资产周转率稳步增长，这说明公司资产利用效率高，获利能力强，具有较大的投资价值。但是公司的营业收入净利率指标却出现明显的下滑，权益乘数较高，偿债压力较大，营业成本占比较高，公司今后要加大对其成本的控制及对负债的监管力度。

思考：

小赵对爱华公司的财务分析全面吗？应该从哪些方面做补充说明？

下面，让我们一起来解决这些问题。

任务一　企业综合财务分析逻辑框架

相关知识

财务分析的最终目的在于全方位地了解企业财务状况、经营成果，并对企业经济效益的优劣做出系统、合理的评价。单独分析任何一项财务指标，都难以全面评价企业的综合业绩。要想对企业财务状况和经营成果有一个总体认知，就必须采用适当的方法进行综合性的评价。

一、综合财务分析的概念

所谓综合财务分析，就是将企业偿债能力、盈利能力、营运能力、发展能力等方面的分析，纳入一个有机的分析系统之中，全面地对企业财务状况、经营成果进行解剖和透视，从而对企业经济效益做出较为准确的评价与判断。

每个单独的财务指标只能说明企业能力的某一方面，如流动比率较高的企业只能说明其短期偿债能力较强，销售利润率较高的企业只能说明其盈利能力较强，企业的偿债能力和盈利能力的综合水平如何，通过单一指标无法做出客观评价。可见，进行企业的综合财务分析十分必要。

二、综合财务分析的原则

由于各个企业的内部经济活动和外部经济环境均有所不同，影响企业经营与财务活动的因素很多，要成功地分析和把握企业总体的财务状况和经营成果，在进行会计报表综合分析时，应遵循一定的原则。

（一）综合性原则

所设置的评价指标要尽可能涵盖偿债能力、营运能力和盈利能力等各方面的考核要求。

（二）有用性原则

评价指标体系尽量能够提供多层次、多角度的信息资源，设置的指标评价体系既能满足企业内部管理层实施决策的需要，又能满足外部投资者和政府管理机构凭以决策及实施宏观调控的要求。

（三）定性分析与定量分析相结合原则

企业财务分析中的任何经济指标，都同时存在着质和量的规定性，既不存在只有质没有量的经济指标，也不存在只有量没有质的经济指标。例如，资金利润率是个质量指标，以反映企业的经济效益的高低，但又是通过具体的数量表示的。所以，客观上要求在财务分析中，既要注重质的方面，运用定性分析来界定和反映；又要注重量的方面，通过定量分析来计算和比较。否则，就不能对企业情况做出全面而准确的分析和评价，财务分析的实用性就会降低。

三、综合财务分析的特征

综合财务分析与单项分析相比，具有以下特点。

（一）分析问题的方法不同

单项分析是把企业财务活动的总体分解为每个具体部分，逐一加以分析考察；而综合财务分析是通过归纳综合，在分析的基础上从总体上把握企业的财务状况。

（二）反映事物的本质不同

单项分析具有实务性和实证性，能够真切地认识每一具体的财务现象；而综合财务分析具有高度的抽象性和概括性，着重从整体上概括财务状况的本质特征。

（三）分析的重点和比较的基准不同

单项分析的重点和比较基准是财务计划、财务理论标准；而综合财务分析的重点和比较基准是企业的整体发展趋势。

（四）财务指标的地位不同

单项分析把每个分析的指标视为同等重要的角色来处理，它不太考虑各种指标之间的相互关系；而综合财务分析的各种指标有主辅之分，要抓住主要指标，在对主要指标分析的基础上，再对其他辅助指标进行分析，这样才能分析透彻、把握准确。

? 讨论　单项指标的财务分析为综合财务分析提供了哪些保障？

任务二　企业综合财务分析方法选用

相关知识

一、杜邦分析法

（一）杜邦分析法的含义

杜邦分析法

杜邦分析法又称杜邦分析体系，是利用各主要财务比率指标之间的内在联系，对企业财务状况及经济效益进行综合系统分析评价的方法。该体系以净资产收益率为主体指标，以总资产报酬率和权益乘数为核心，分别反映企业盈利能力、偿债能力、营运能力及发展能力，并按其内在联系有机结合，从而形成一个将资产负债表、利润表的数据综合在一起的指标分析体系。由于这种分析方法由美国杜邦公司的财务管理人员在实践中摸索和建立起来，故名为杜邦分析法。

杜邦分析体系从所有者的角度出发，将其关注的净资产收益率分解，提供了一张考察公司资产管理效率和股东投资是否最大化回报的线路图，从而能够揭示影响公司目标的关键因素。

（二）杜邦分析法的具体内容

1. 重要指标分解

（1）净资产收益率的分解，如下所示：

$$\text{净资产收益率}=\frac{\text{净利润}}{\text{所有者权益}}=\frac{\text{净利润}\times\text{资产}}{\text{所有者权益}\times\text{资产}}$$

$$=\text{总资产报酬率}\times\text{权益乘数}$$

（2）总资产报酬率的分解，如下所示：

$$\text{总资产报酬率}=\frac{\text{净利润}}{\text{资产总额}}=\frac{\text{净利润}\times\text{营业收入}}{\text{资产总额}\times\text{营业收入}}$$

$$=\text{营业收入净利率}\times\text{总资产周转率}$$

（3）权益乘数的分解，如下所示：

$$\text{权益乘数}=\frac{\text{资产总额}}{\text{所有者权益}}=\frac{\text{资产总额}}{\text{资产总额}-\text{负债总额}}=\frac{1}{1-\text{资产负债率}}$$

2. 重要指标关系

决定净资产收益率的因素有三个：营业收入净利率、总资产周转率和权益乘数。关系如下：

$$\text{净资产收益率}=\text{营业收入净利率}\times\text{总资产周转率}\times\text{权益乘数}$$

三项指标还可以进一步分解，具体见杜邦体系图（见图 9-1）。这样，体现投资者报酬的指标就可以与企业筹资、投资和生产运营等各种经营活动的效率相联系，来衡量企业运用自有资本的效率。

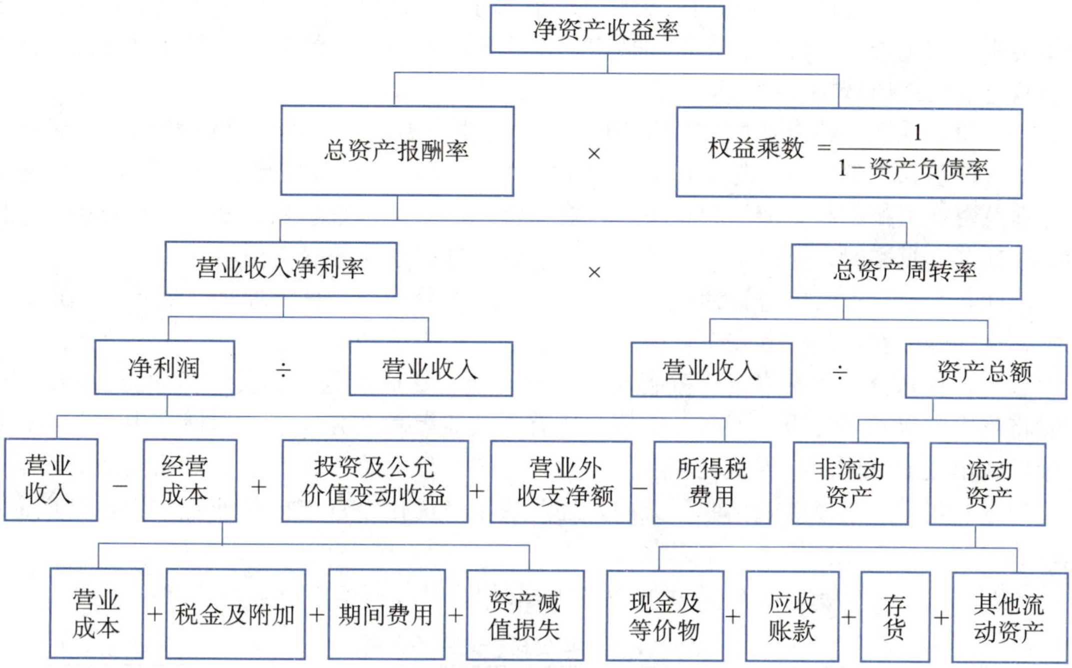

图 9-1　杜邦体系图

3. 杜邦体系图各项指标的意义

（1）净资产收益率反映所有者投入资金的盈利能力，是杜邦体系中的核心指标，是正指标，数值越大，对所有者资本金的回报越高。它受企业的总资产报酬率和权益乘数的影响。总资产报酬率是对企业运用资产进行生产经营活动的效率高低的评价，权益乘数是对企业筹资情况的评价。通过与这两个指标建立关系，能对企业的经营活动和筹资、用资活动进行良好的评价。

（2）总资产报酬率反映企业所有资产获取报酬的能力，是一个重要的盈利能力指标。它揭示了企业生产经营活动的效率，综合性极强。企业的销售收入、成本费用、资产结构、资产周转速度以及资金占用量等各种因素，都直接影响总资产报酬率的高低。总资产报酬率是营业收入净利率与总资产周转率的乘积。通过该指标，可以评价企业的销售活动和资产管理活动的绩效。

（3）营业收入净利率反映企业营业收入的利润率水平，是一个重要的盈利能力指标。营业收入是企业净利润的重要源泉，提高营业收入的获利水平对提升整个企业的获利能力至关重要。一方面，企业必须经营适销对路的产品，以提高营业收入；另一方面，要降低各种成本费用，这样才能使净利润的增长高于营业收入的增长，从而使营业收入净利率得到提高。

（4）总资产周转率反映企业的资产周转情况，是一个重要的营运能力指标。资产周转速度直接影响企业的获利能力，如果企业资产周转较慢，就会占用大量资金，增加资金成本，减少企业的利润；反之，资产周转得较快，不仅使企业获得更多的收益，还能提升企业整体的流动性。所以，总资产周转率是企业资产管理水平的重要体现。

要提高总资产周转率，一方面需要开拓市场，增加营业收入；另一方面需要控制资产占用资金的数额并合理安排资产的结构。另外，对总资产周转率的分析还应结合对流动资产周转率、固定资产周转率、存货周转率、应收账款周转率等的分析。只有这样才能进一步查找企业资产周转快慢的关键所在。

（5）权益乘数反映企业的资本结构和长期偿债能力。它对净资产收益率具有倍率作用，受资产负债率的影响，与资产负债率同方向变动，资产负债率越高，权益乘数就越高，在总资产报酬率高于债务利息率时，对净资产收益率是正影响；反之，在总资产报酬率低于债务利息率时，对净资产收益率是负影响。这就是财务杠杆作用。

因此，企业要审时度势，适度开展负债经营，充分利用好杠杆原理，保持适当的权益乘数，从而保障企业的债务安全，保持企业收益与风险的均衡。

总之，杜邦分析体系将企业盈利能力、营运能力、风险与偿债能力等都联系在一起，同时将收入、成本、费用、资产、负债、所有者权益等六大会计要素囊括其中，全面、系统地反映出企业整体的财务状况和经营成果，并揭示出系统中各个主要指标变动的影响因素，为进一步采取具体措施指明了方向，还为决策者优化经营结构和理财结构，提高企业偿债能力和经营效益提供了基本思路。

【例 9-1】 利华公司 2024 年和 2025 年的相关财务数据如表 9-3 所示。

表 9-3　利华公司相关财务数据　　　　单位：万元

项目	2025 年	2024 年
营业收入	2 800	3 500
全部成本	2 350	2 880
其中：主营业务成本	1 080	1 200
管理费用	870	980
财务费用	290	550
销售费用	110	150
利润总额	450	620
所得税	113	155
税后净利	337	465
资产总额	1 280	1 980
其中：固定资产	590	780
货币资金	210	390
应收账款（平均）	80	140
存货	400	670
负债总额	550	880

要求：运用杜邦分析法进行综合财务分析。

解：

利华公司综合财务分析过程如下所示：

（1）计算利华公司财务比率，如表 9-4 所示。

表 9-4　利华公司财务比率

项目	2025 年	2024 年
营业收入净利率	12.04%	13.29%
总资产周转率	2.19	1.77
总资产报酬率	26.37%	23.52%
资产负债率	42.97%	44.44%
权益乘数	1.75	1.80
净资产收益率	46.15%	42.34%

（2）指标分解。

1）净资产收益率的分解分析：

净资产收益率＝总资产报酬率×权益乘数

2025 年：46.15%＝26.37%×1.75

2024 年：42.34%＝23.52%×1.80

通过分解可以明显地看出，该公司净资产收益率的变动是资本结构（权益乘数）变动和资产利用效果（总资产报酬率）变动两方面共同作用的结果。2025 年公司的总资产报酬率比 2024 年有明显的上升，说明公司资产的利用效果较好。由于公司注意了财务风险的控制，降低了权益乘数，使得净资产收益率上升缓慢。

2）总资产报酬率的分解分析：

总资产报酬率＝营业收入净利率×总资产周转率

2025 年：26.37%＝12.04%×2.19

2024 年：23.52%＝13.29%×1.77

通过分解可以看出，2025 年的总资产周转率比 2024 年提高了 0.42，表明该公司利用其总资产产生销售收入的效率在增加。总资产周转率提高的同时营业收入净利率有所降低，致使总资产报酬率的增长幅度较小。

3）营业收入净利率的分解分析：

营业收入净利率＝净利润÷营业收入

2025 年：12.04%＝337÷2 800×100%

2024 年：13.29%＝465÷3 500×100%

该公司 2025 年销售收入比 2024 年下降了 700 万元，降幅达到 20%，净利润比 2024 年下降了 128 万元，降幅达到 28%，其原因为收入下降的同时，成本费用的下降幅度小于收入的下降幅度。

4）全部成本的分解分析：

全部成本＝主营业务成本＋管理费用＋财务费用＋销售费用

2025 年：2 350＝1 080＋870＋290＋110

2024 年：2 880＝1 200＋980＋550＋150

2025 年的全部成本比 2024 年下降了 530 万元，下降幅度为 18.4%，低于收入下降的幅度。其中，主营业务成本下降了 10%。从四个成本费用项目下降比率可以看出，主营业务成本下降的幅度最小，应该继续分析产品成本的构成项目，找出是材料成本还是加工成本存在成本控制不力问题，从而达到有效控制成本的目的。

通过分解可以看出杜邦分析法有效地解释了指标变动的原因和趋势，为采取应对措施指明了方向。

在本例中，净资产收益率有所提高的主要原因是总资产周转率提高。在销售收入下降的同时，企业加强了资产的管理。根据相关资料可知，2025 年资产总额的占用比 2024 年下降了 700 万元，其中固定资产下降 190 万元，货币资金下降 180 万元，应收账款下降 60 万元，存货下降 270 万元。存货在资产下降总额中的比重最大。这说明公司资产的运用能力增强，从而提高了净资产收益率。

在本例中，公司的权益乘数有所下降，说明资本结构发生了变动。权益乘数越小，企业负债程度越低，偿还债务能力越强，财务风险程度越低。这个指标同时反映了财务杠杆对利润水平的影响。财务杠杆具有正反两方面的作用。在收益较好的年度，它可以使股东获得的潜在报酬增加，但股东要承担因负债增加而引起的风险；在收益不好的年度，则可能使股东潜在的报酬下降。管理者应该准确把握公司所处的环境，准确预测利润，合理控制负债带来的风险。

因此，对于公司来说，当前最重要的就是开拓销售渠道，增加销售量，提高销售收入，控制固定成本，尤其是管理费用，使营业收入净利率得到提高，继续保持自己高的总资产周转率，进而使总资产报酬率有较大的提高。

? 讨论　运用杜邦分析法分析利华公司的财务杠杆利用情况。

提　示

杜邦分析法的局限性

(1) 对短期财务结果过分重视，有可能助长企业管理层的短期行为，忽略企业长期的价值创造。

(2) 财务指标反映的是企业过去的经营业绩，它在衡量工业时代的企业的财务状况时足够用。但在目前的信息时代，顾客、供应商、雇员、技术创新等因素对企业经营业绩的影响越来越大，而杜邦分析法在这些方面是无能为力的。

(3) 在目前的市场环境中，企业的无形知识资产对提高企业长期竞争力至关重要，杜邦分析法却不能解决无形资产的估值问题。

二、沃尔评分法

（一）沃尔评分法的含义

沃尔评分法又叫综合评分法，它通过对选定的多项财务比率分别给定各自的分数比重，然后通过与行业标准比率进行比较，确定各项指标的得分及总体指标的累计分数，并据此评价企业综合的财务状况。由于亚历山大·沃尔是这种方法的创始人之一，因此它被称作沃尔评分法。

（二）沃尔评分法的雏形

亚历山大·沃尔在 1928 年出版的《信用晴雨表研究》和《财务报表比率分析》中提

出了信用能力指数的概念，以此来评价企业的信用水平。他选择了7个财务比率，分别给定各个比率在100分的总分中所占的分数，即权重，然后确定各个比率的标准值，并用比率的实际值与标准值相除得到的相对值乘以权重，计算出各项比率的得分，最后将7个比率的得分加总得到总分，即信用能力指数，这就是沃尔评分法的雏形。沃尔评分法的雏形如表9-5所示。

表9-5　沃尔评分法雏形

财务比率	权重 ①	标准值 ②	实际值 ③	相对值 ④=③÷②	评分 ⑤=①×④
流动比率	25	2.00			
净资产/负债	25	1.50			
资产/固定资产	15	1.50			
销售成本/存货	10	8.00			
销售额/应收账款	10	6.00			
销售额/固定资产	10	4.00			
销售额/净资产	5	3.00			
合计	100	—			—

原始的沃尔评分法为综合评价企业的财务状况提供了一种非常重要的思路，但它在理论上存在着一定的缺陷：它未能说明为什么选择这7个比率，而不是更多或者更少，或者选择其他财务比率；它未能证明各个财务比率所占权重的合理性；它也未能说明比率的标准值是如何确定的。沃尔评分法从技术上讲也有一个问题，就是某一个指标严重异常时，会对总评分产生不合逻辑的重大影响。这个缺陷是由财务比率与其比重相乘引起的。财务比率提高一倍，评分增加100%；而缩小一半，其评分只减少50%。

提　示　**时代区别**

现代社会与沃尔所处的时代相比已经发生了很大的变化。现在通常认为，在选择指标时，偿债能力、营运能力、获利能力和发展能力指标均应当选到，除此之外，还应当适当选取一些非财务指标作为参考。

（三）沃尔评分法的基本步骤

尽管原始的沃尔评分法存在着一些缺陷，但它在实践中仍被广泛应用并得到不断的改进和发展。在社会发展的不同阶段和不同环境中，人们应用沃尔评分法时所选择的财务比率不断地变化，各个比率的权重不断地得到修正，各个比率的标准值不断地被调整，评分方法不断地改进，但是沃尔评分法的基本思路始终没有改变，其应用的基本步骤也没有发生大的变化。

下面以东盛公司的资料演示沃尔评分法的基本步骤。

1. 选择评价指标并分配指标权重

选择财务比率时应注意：所选择的比率要具有全面性，反映偿债能力、盈利能力、营运能力等的比率都应包括在内，只有这样才能反映企业的综合财务状况；所选择的比率要具有代表性，即在每个方面的众多财务比率中要选择那些典型的、重要的比率。

东盛公司综合评价选择的指标和分配的权重如表 9-6 所示。

表 9-6　东盛公司综合评价指标及权重表

选择的指标	分配的权重
一、偿债能力指标	20
1. 资产负债率	12
2. 已获利息倍数	8
二、获利能力指标	38
1. 净资产收益率	25
2. 总资产报酬率	13
三、营运能力指标	18
1. 总资产周转率	9
2. 流动资产周转率	9
四、发展能力指标	24
1. 营业增长率	12
2. 资本积累率	12
	100

分配的权重可以根据评价目的调整，特别关心偿债能力的人可以加大偿债能力指标的权重。这种分配是主观判断的结果。

2. 确定各项评价指标的标准值

财务指标的标准值一般可以行业平均数、企业历史先进数、国家有关标准或者国际公认数为基准来加以确定。表 9-7 中的标准值仅是为举例目的而假设的。

表 9-7　指标的标准值

选择的指标	指标的标准值
一、偿债能力指标	
1. 资产负债率	60%
2. 已获利息倍数	3
二、获利能力指标	
1. 净资产收益率	25%
2. 总资产报酬率	16%
三、营运能力指标	
1. 总资产周转率	2
2. 流动资产周转率	5
四、发展能力指标	
1. 营业增长率	10%
2. 资本积累率	15%

3. 对各项评价指标记分并计算综合分数

计算公式如下：

$$各项评价指标的得分=各项评价指标的权重\times\frac{指标的实际值}{标准值}$$

$$综合得分=\sum 各项评价指标的得分$$

东盛公司实际得分如表 9-8 所示。

表 9-8　东盛公司实际得分计算表

选择的指标	分配的权重①	指标的标准值②	指标的实际值③	实际得分④=①×③÷②
一、偿债能力指标	20			
1. 资产负债率	12	60%	28.26%	5.65
2. 已获利息倍数	8	3	15	40.00
二、获利能力指标	38			
1. 净资产收益率	25	25%	16.21%	16.21
2. 总资产报酬率	13	16%	20.93%	17.00
三、营运能力指标	18			
1. 总资产周转率	9	2	0.93	4.19
2. 流动资产周转率	9	5	2.64	4.75
四、发展能力指标	24			
1. 营业增长率	12	10%	11.11%	13.33
2. 资本积累率	12	15%	13.01%	10.41
综合得分	100			111.54

4. 形成评价结果

在最终评价时，如果综合得分大于 100，则说明企业的财务状况比较好；反之，则说明企业的财务状况与同行业平均水平或者本企业历史先进水平相比较差。由于该公司综合得分为 111.54，大于 100，说明其财务状况良好。

在沃尔评分法的各个步骤中，最为关键的是第一步和第二步，即各项财务比率权重和标准值的确定。要给各个财务比率分配合理的权重，并且为每个财务比率确定恰当的标准值，需要综合考虑多方面的因素，并且在长期的分析实践中不断修正。

提　示　**各项比率指标实际值的计算公式**

资产负债率＝负债总额/资产总额×100%

已获利息倍数＝息税前利润/利息费用

净资产收益率＝净利润/加权平均净资产×100%

总资产报酬率＝净利润/平均资产总额×100%

总资产周转率＝营业收入/平均资产总额

流动资产周转率＝营业收入/平均流动资产余额

营业增长率＝(报告期营业收入－基期营业收入)/基期营业收入×100%

资本累积率＝报告期股东权益增加额/期初股东权益余额×100%

? 讨论 沃尔评分法对评价公司综合财务实力有什么重要作用？

三、企业综合绩效评价

（一）企业综合绩效评价体系

综合绩效评价以投入产出分析为基本方法，运用数理统计和运筹学的方法，通过建立综合评价指标体系，对照相应行业评价标准，定量分析与定性分析相结合，对企业特定经营期间的盈利能力、资产质量、债务风险、经营增长以及管理状况等进行综合评判。

《企业财务通则》第六十七条规定："主管财政机关应当建立健全企业财务评价体系，主要评估企业内部财务控制的有效性，评价企业的偿债能力、盈利能力、资产营运能力、发展能力和社会贡献。评估和评价的结果可以通过适当方式向社会发布。"

企业综合绩效评价指标及权重表如表 9－9 所示，该体系共 4 项评价内容、30 项指标，包括定量指标 22 项（财务绩效）、定性指标 8 项（管理绩效），并根据各项指标的重要程度分别给定了相应的权数。其中，指标权重实行百分制。

表 9－9　企业综合绩效评价指标及权重表

评价内容与权数		财务绩效（70%）				管理绩效（30%）	
		基本指标	权数	修正指标	权数	评议指标	权数
盈利能力状况	34	净资产收益率	20	销售（营业）利润率	10	战略管理	18
		总资产报酬率	14	盈余现金保障倍数	9	发展创新	15
				成本费用利润率	8	经营决策	16
				资本收益率	7	风险控制	13
资产质量状况	22	总资产周转率	10	不良资产比率	9	基础管理	14
		应收账款周转率	12	流动资产周转率	7	人力资源	8
				资产现金回收率	6	行业影响	8
债务风险状况	22	资产负债率	12	速动比率	6	社会贡献	8
		已获利息倍数	10	现金流动负债比率	6		
				带息负债比率	5		
				或有负债比率	5		
经营增长状况	22	销售（营业）增长率	12	销售（营业）利润增长率	10		
		资本保值增值率	10	总资产增长率	7		
				技术投入比率	5		

（二）企业综合绩效评价计分方法

企业综合绩效评价计分方法采用功效系数法和综合分析判断法。其中，功效系数法用于财务绩效定量评价指标的计分，综合分析判断法用于管理绩效定性评价指标的计分。

1. 财务绩效定量评价——功效系数法

功效系数法根据多目标规划原理，对每一项评价指标确定一个满意值和不允许值，以满意值为上限，以不允许值为下限，计算各指标实现满意值的程度，并以此确定各指标的分数，再经过加权平均进行综合，从而评价被研究对象的综合状况。

（1）基本指标的评价。

基本指标反映企业的基本状况，是对企业效益的初步评价。基本指标评价的参照水平即标准值由国务院国有资产监督管理委员会统计评价局制定，定期颁布，分为五档：优秀值、良好值、平均值、较低值、较差值；对应五档评价标准的标准系数分别为1.0、0.8、0.6、0.4、0.2。标准系数是评价标准的水平参数，反映了评价指标对应评价标准所达到的水平档次。不同行业、不同规模的企业有不同的标准值。

2023年全国国有企业全行业的绩效评价标准值如表9-10所示。

表9-10 全国国有企业全行业的绩效评价标准值

范围：全行业

项目	优秀值（1）	良好值（0.8）	平均值（0.6）	较低值（0.4）	较差值（0.2）
一、盈利能力状况					
净资产收益率（%）	13.5	9.9	6.2	0.6	−8.3
总资产报酬率（%）	9.3	6.8	4.6	0.5	−5.4
二、资产质量状况					
总资产周转率（次）	1.6	1.0	0.5	0.3	0.1
应收账款周转率（次）	22.2	12.8	8.3	4.0	1.9
三、债务风险状况					
资产负债率（%）	44.7	55.2	65.2	80.7	92.7
已获利息倍数	5.9	4.5	3.2	0.7	−1.7
四、经营增长状况					
销售（营业）增长率（%）	26.9	19.6	15.0	1.7	−9.9
资本保值增值率（%）	113.4	108.9	106.1	101.3	91.0

1）单项指标得分的计算。

计算公式如下：

单项指标得分＝本档基础分＋本档调整分

本档基础分＝指标权数×本档标准系数

本档调整分＝[（实际值－本档标准值）/（上档标准值－本档标准值）]×（上档基础分－本档基础分）

上档基础分＝指标权数×上档标准系数

【例 9－2】 大华公司是一家国有企业，20××年平均净资产为 100 000 万元，当年净利为 8 000 万元，净资产收益率为 11%；该净资产收益率已达到良好值（9.9%）水平，可以得到基础分；它处于优秀值档（13.5%）和良好值档（9.9%）之间，需要调整。

要求：计算净资产收益率指标得分。

解：

计算过程如下：

本档基础分＝20×0.8＝16（分）

本档调整分＝[(11%－9.9%)/(13.5%－9.9%)]×(20×1－16)＝1.22(分)

净资产收益率指标得分＝16＋1.22＝17.22（分）

2）基本指标总分的计算。

计算公式如下：

$$分类指标得分 = \sum 类内各项基本指标得分$$

$$基本指标总分 = \sum 各类基本指标得分$$

假设大华公司单项指标得分的计算结果如表 9－11 第 3 列所示，则分类指标得分如表 9－11 第 4 列所示。

表 9－11　大华公司单项指标得分和分类指标得分

类别	基本指标（分数）	单项指标得分	分类指标得分
一、盈利能力状况	净资产收益率（20 分） 总资产报酬率（14 分）	17.22 12.00	29.22
二、资产质量状况	总资产周转率（10 分） 应收账款周转率（12 分）	7.64 10.70	18.34
三、债务风险状况	资产负债率（12 分） 已获利息倍数（10 分）	10.00 8.00	18.00
四、经营增长状况	销售（营业）增长率（12 分） 资本保值增值率（10 分）	9.60 8.10	17.70
基本指标总分			83.26

（2）修正指标的计算。

基本指标有较强的概括性，但是不够全面。为了更全面地评价企业绩效，另外设置了 4 类、14 项修正指标，根据修正指标的高低计算修正系数，用得出的系数去修正基本指标得分。修正指标的标准值由国务院国有资产监督管理委员会统计评价局制定，定期颁布，分为五档：优秀值、良好值、平均值、较低值、较差值。不同行业、不同规模的企业有不同的标准值。

2023 年全国国有企业全行业的绩效评价修正指标标准值如表 9－12 所示。

表 9-12　全国国有企业绩效评价修正指标标准值（2023 年）

范围：全行业

项目	优秀值（1）	良好值（0.8）	平均值（0.6）	较低值（0.4）	较差值（0.2）
一、盈利能力状况					
销售（营业）利润率（%）	22.4	15.3	10.0	2.6	−4.8
盈余现金保障倍数	11.1	5.4	1.2	−1.0	−3.8
成本费用利润率（%）	12.2	8.5	4.8	1.0	−5.1
资本收益率（%）	14.6	10.7	7.0	1.0	−5.2
二、资产质量状况					
不良资产比率（%）	0.3	1.4	3.4	6.3	13.9
流动资产周转率（次）	3.0	1.9	1.5	1.0	0.6
资产现金回收率（%）	21.7	10.0	3.9	−2.5	−8.9
三、债务风险状况					
速动比率（%）	134.8	98.0	75.0	57.5	36.6
现金流动负债比率（%）	27.2	20.4	10.9	−2.8	−9.4
带息负债比率（%）	25.7	37.2	52.3	71.6	84.6
或有负债比率（%）	0.5	1.9	5.2	11.8	18.0
四、经营增长状况					
销售（营业）利润增长率（%）	25.9	18.9	13.9	0.4	−8.6
总资产增长率（%）	19.9	16.1	10.4	−3.7	−11.8
技术投入比率（%）	1.8	1.3	1.0	0.7	0.3

修正指标的计算是在基本指标计分结果的基础上，运用功效系数法原理，分别计算盈利能力、资产质量、债务风险和经营增长四个部分的综合修正系数，再据此计算出修正后的分数。

1）单项加权修正系数的计算。

计算公式如下：

某指标加权修正系数＝(修正指标权数/该部分权数)×该指标单项修正系数

某指标单项修正系数＝1.0＋(本档标准系数＋功效系数×0.2－该部分基本指标分析系数)

单项修正系数控制修正幅度为 0.7～1.3。

功效系数＝(指标实际值－本档标准值)/(上档标准值－本档标准值)

某部分基本指标分析系数＝该部分基本指标得分/该部分权数

【例 9-3】　承例 9-2，假设大华公司 20××年实际的销售（营业）利润率为 18%，已达到良好水平。

要求：计算销售（营业）利润率指标加权修正系数。

解：

计算过程如下：

盈利能力指标分析系数＝29.22/34＝0.86

销售（营业）利润率指标功效系数＝(18%－15.3%)/(22.4%－15.3%)＝0.38

销售（营业）利润率指标修正系数＝1.0＋(0.8＋0.38×0.2－0.86)＝1.02

销售（营业）利润率指标加权修正系数＝10÷34×1.02＝0.30

提示

特殊情况

（1）如果修正指标实际值达到优秀值以上，其单项修正系数的计算公式如下：

单项修正系数＝1.2＋本档标准系数－该部分基本指标分析系数

（2）如果修正指标实际值处于较差值以下，其单项修正系数的计算公式如下：

单项修正系数＝1.0－该部分基本指标分析系数

（3）如果资产负债率≥100%，指标得0分；其他情况按照规定的公式计分。

（4）如果盈余现金保障倍数分子为正数，分母为负数，单项修正系数确定为1.1；如果分子为负数，分母为正数，单项修正系数确定为0.9；如果分子、分母同为负数，单项修正系数确定为0.8。

（5）如果不良资产比率≥100%或分母为负数，单项修正系数确定为0.8。

（6）对于销售（营业）利润增长率指标，如果上年主营业务利润为负数，本年为正数，单项修正系数为1.1；如果上年主营业务利润为零，本年为正数，或者上年为负数，本年为零，单项修正系数确定为1.0。

（7）如果个别指标难以确定行业标准，该指标单项修正系数确定为1.0。

2）综合修正系数的计算。

计算公式如下：

$$某部分综合修正系数 = \sum 该部分各修正指标加权修正系数$$

假设大华公司单项加权修正系数的计算结果如表9-13第3列所示，则综合修正系数如表9-13第4列所示。

表9-13　大华公司单项加权修正系数与综合修正系数计算结果

类别	修正指标（100）	单项加权修正系数	综合修正系数
一、盈利能力状况	销售（营业）利润率（10）	0.30	0.81
	盈余现金保障倍数（9）	0.17	
	成本费用利润率（8）	0.20	
	资本收益率（7）	0.14	
二、资产质量状况	不良资产比率（9）	0.24	0.95
	流动资产周转率（7）	0.45	
	资产现金回收率（6）	0.26	

续表

类别	修正指标（100）	单项加权修正系数	综合修正系数
三、债务风险状况	速动比率（6）	0.24	0.98
	现金流动负债比率（6）	0.35	
	带息负债比率（5）	0.16	
	或有负债比率（5）	0.23	
四、经营增长状况	销售（营业）利润增长率（10）	0.31	0.90
	总资产增长率（7）	0.23	
	技术投入比率（5）	0.36	

（3）修正后得分的计算。

计算公式如下：

$$各部分修正后得分=各部分基本指标分数\times 该部分综合修正系数$$

$$修正后得分=\sum 各部分修正后得分$$

大华公司各类基本指标和分类综合修正系数如表 9－14 所示，可计算出修正后定量指标的总得分。

表 9－14　修正后得分计算表

项目	修正系数	基本指标得分	修正后得分
盈利能力状况	0.81	29.22	23.67
资产质量状况	0.95	18.34	17.42
债务风险状况	0.98	18.00	17.64
经营增长状况	0.90	17.70	15.93
修正后定量指标总得分			74.66

2. 管理绩效定性评价——综合分析判断法

管理绩效定性评价是指在企业财务绩效定量评价的基础上，通过采取专家评议的方式，对企业一定期间的经营管理水平进行定性分析与综合评判。

（1）管理绩效定性评价的内容。

企业管理绩效定性评价从战略管理、发展创新、经营决策、风险控制、基础管理、人力资源、行业影响、社会贡献八个方面，反映企业在一定经营期间所采取的各项管理措施及其管理成效。

（2）管理绩效定性评价的指标。

企业管理绩效定性评价的指标由战略管理、发展创新、经营决策、风险控制、基础管理、人力资源、行业影响、社会贡献八个方面指标构成。

（3）管理绩效定性评价的标准。

管理绩效定性评价标准分为优（A）、良（B）、中（C）、低（D）、差（E）五个档次。对应五档评价标准的标准系数分别为 1.0、0.8、0.6、0.4、0.2，差（E）以下为 0。

管理绩效定性评价标准具有行业普遍性和一般性，在进行评价时，应当根据不同行业的经营特点，灵活把握个别指标的标准尺度。对于定性评价标准没有列示，但对被评价企业经营绩效产生重要影响的因素，在评价时也应予以考虑。

（4）管理绩效定性评价指标的计分方法。

管理绩效定性评价指标的计分一般通过专家评议打分形式完成，聘请的专家不少于7名。评议专家在充分了解企业管理绩效状况的基础上，对照评价参考标准，采取综合分析判断法，对企业管理绩效指标做出分析评议，评判各项指标所处的水平档次，并直接给出评价分数。

计分公式为：

$$\text{管理绩效定性评价指标分数} = \sum \text{单项指标分数}$$

$$\text{单项指标分数} = (\sum \text{单项评议指标权数} \times \text{各专家给定等级参数}) / \text{专家人数}$$

有7位专家对大华公司的管理绩效做出了评价，表9-15是其中一位专家给出的等级评价。

表9-15 评议指标等级表

评议指标	权数	等级（参数）				
		优（1）	良（0.8）	中（0.6）	低（0.4）	差（0.2）
1. 经营者基本素质	20		✓			
2. 产品市场占有率	18			✓		
3. 基础管理水平	20	✓				
4. 员工素质	12		✓			
5. 技术装备水平	10	✓				
6. 行业（或地区）影响	5		✓			
7. 经营发展战略	5				✓	
8. 长期发展能力	10			✓		

假设7位专家对“经营者基本素质”的评议结果为：优3人，良3人，中1人，则：

$$\begin{aligned}\text{经营者基本素质指标得分} &= (20\times1+20\times1+20\times1+20\times0.8+20\times0.8+20\\&\quad\times0.8+20\times0.6)\div7\\&=17.14\end{aligned}$$

其他7项指标的计算与上述方法相同，不再举例。假设计算完的得分分别为：14，17，8，6，3，2，5，则：

$$\text{管理绩效定性评价指标分数} = 17.14+14+17+8+6+3+2+5=72.14$$

3. 综合绩效评价

（1）综合绩效评价的计分方法。

在得出财务绩效定量评价分数和管理绩效定性评价分数后，按照规定的权重（即财务绩效定量评价指标权重为70%，管理绩效定性评价指标权重为30%），计算两者之和形成综合绩效评价分数。

计算公式为：

企业综合绩效评价分数＝财务绩效定量评价分数×70%＋管理绩效定性评价分数×30%

大华公司的综合绩效评价分数如下：

综合绩效评价分数＝74.66×70%＋72.14×30%＝73.904

提　示

绩效改进度

在得出评价分数以后，应当计算年度之间的绩效改进度，以反映企业年度之间经营绩效的变化状况。

计算公式为：

绩效改进度＝本期绩效评价分数/基期绩效评价分数

绩效改进度大于1，说明经营绩效上升；绩效改进度小于1，说明经营绩效下滑。

对经济效益上升幅度显著、经营规模较大、有重大科技创新的企业，予以适当加分，以充分反映不同企业的努力程度和管理难度，激励企业加强科技创新。

（2）综合绩效评价结果。

企业综合绩效评价结果以评价类型、评价级别和评价得分表示。具体分级标准如表 9－16 所示。

表 9－16　企业综合绩效评级表

评价类型	评价级别	评价得分
优（A）	A＋＋	95～100 分
	A＋	90～94 分
	A	85～89 分
良（B）	B＋	80～84 分
	B	75～79 分
	B－	70～74 分
中（C）	C	60～69 分
	C－	50～59 分
低（D）	D	40～49 分
差（E）	E	39 分以下

大华公司的综合绩效评价得分为 73.904 分，依据表 9－16 的评价级别，属于良（B－）级。

素养园地

树立大局意识、责任意识、奉献意识

作为一名财经人，要牢固树立大局意识，必须站在企业全局的角度来观察、思考和分析处理问题。树立高度的责任感和强烈的事业心，不论什么业务，不论大事小事，都要尽职尽责、尽心尽力去办理，培养高标准、高质量、高效率的工作意识，确保各项工作精益求精、万无一失。牢记财务工作者的职业操守，坚持立足本职，爱岗奉献，埋头苦干，争创一流，淡泊名利，无私奉献。

知识链接

企业财务绩效定量评价指标计算公式

1. 盈利能力状况

（1）基本指标。

1）净资产收益率。

净资产收益率＝净利润/平均净资产×100%

平均净资产＝(年初所有者权益＋年末所有者权益)/2

2）总资产报酬率。

总资产报酬率＝(利润总额＋利息支出)/平均资产总额×100%

平均资产总额＝(年初资产总额＋年末资产总额)/2

（2）修正指标。

1）销售（营业）利润率。

销售（营业）利润率＝主营业务利润/主营业务收入净额×100%

2）盈余现金保障倍数。

盈余现金保障倍数＝经营现金净流量/（净利润＋少数股东损益）

3）成本费用利润率。

成本费用利润率＝利润总额/成本费用总额×100%

成本费用总额＝主营业务成本＋营业税金及附加＋经营费用（销售费用）＋管理费用＋财务费用

4）资本收益率。

资本收益率＝净利润/平均资本×100%

平均资本＝[(年初实收资本＋年初资本公积)＋(年末实收资本＋年末资本公积)]/2

2. 资产质量状况

（1）基本指标。

1）总资产周转率（次）。

总资产周转率（次)＝主营业务收入净额/平均资产总额

2）应收账款周转率（次）。

应收账款周转率（次)＝主营业务收入净额/应收账款平均余额

应收账款平均余额＝(年初应收账款余额＋年末应收账款余额)/2

应收账款余额＝应收账款净额＋应收账款坏账准备

（2）修正指标。

1）不良资产比率。

不良资产比率＝(资产减值准备余额＋应提未提和应摊未摊的潜亏挂账＋未处理资产损失)/(资产总额＋资产减值准备余额)×100%

2）资产现金回收率。

资产现金回收率＝经营现金净流量/平均资产总额×100%

3）流动资产周转率（次）。

流动资产周转率（次)＝主营业务收入净额/平均流动资产总额

平均流动资产总额=(年初流动资产总额+年末流动资产总额)/2

3. 债务风险状况

(1) 基本指标。

1) 资产负债率。

资产负债率=负债总额/资产总额×100%

2) 已获利息倍数。

已获利息倍数=(利润总额+利息支出)/利息支出

(2) 修正指标。

1) 速动比率。

速动比率=速动资产/流动负债×100%

速动资产=流动资产-存货

2) 现金流动负债比率。

现金流动负债比率=经营现金净流量/流动负债×100%

3) 带息负债比率。

带息负债比率=(短期借款+一年内到期的长期负债+长期借款+应付债券+应付利息)/负债总额×100%

4) 或有负债比率。

或有负债比率=或有负债余额/(所有者权益+少数股东权益)×100%

或有负债余额=已贴现承兑汇票+担保余额+贴现与担保外的被诉事项金额+其他或有负债

4. 经营增长状况

(1) 基本指标。

1) 销售(营业)增长率。

销售(营业)增长率=(本年主营业务收入总额-上年主营业务收入总额)/上年主营业务收入总额×100%

2) 资本保值增值率。

资本保值增值率=扣除客观增减因素的年末国有资本及权益/年初国有资本及权益×100%

(2) 修正指标。

1) 销售(营业)利润增长率。

销售(营业)利润增长率=(本年主营业务利润总额-上年主营业务利润总额)/上年主营业务利润总额×100%

2) 总资产增长率。

总资产增长率=(年末资产总额-年初资产总额)/年初资产总额×100%

任务实施

<table>
<tr><th colspan="2">内容</th><th colspan="4">结论</th></tr>
<tr><td colspan="2">1. 企业综合财务分析的原则</td><td colspan="4"></td></tr>
<tr><td colspan="2">2. 杜邦分析法架构</td><td colspan="4"></td></tr>
<tr><td colspan="2">3. 沃尔评分法架构</td><td colspan="4"></td></tr>
<tr><td colspan="2">4. 综合绩效评价法架构</td><td colspan="4"></td></tr>
<tr><td colspan="2">教师评价</td><td colspan="4"></td></tr>
<tr><td>组号</td><td></td><td>姓名</td><td></td><td>组长签字</td><td></td></tr>
<tr><td>教师签字</td><td></td><td>日期</td><td colspan="3"></td></tr>
</table>

综合素养提升

扫码查看泰达股份财务报表（见模块二的“综合素养提升”），选用杜邦分析法对2024年泰达股份进行财务综合分析。做成幻灯片，汇报交流。

（1）利用Excel等工具分别计算年末和年初的净资产收益率、总资产报酬率、权益乘数、营业收入净利率、总资产周转率指标，并与同行业企业创业环保（股票代码：600874）进行比对，评价泰达股份综合财务实力。（学生自行收集创业环保2024年财务报表）

（2）绘制杜邦体系图。

【学习效果检验】

在线测试

一、判断题

1. 总资产收益率指标是衡量企业利用资产获取利润的能力的指标。（　　）

2. 企业财务综合分析工作不是每年年末必须进行的一项工作。（　　）

3. 杜邦分析法是指根据各主要财务比率指标之间的内在联系，建立财务分析指标体系，综合分析企业财务状况的方法。（　　）

4. 沃尔评分法为综合评价企业的财务状况提供了一种非常重要的思路，但它在理论上存在着一定的缺陷。（　　）

5. 我国企业综合绩效评价运用了定量分析与定性分析相结合的方法，定量与定性的占比分别为70%和30%。（　　）

6. A公司2024年的主营业务收入为500 000万元，其年初资产总额为650 000万元，年末资产总额为600 000万元，则该公司的总资产周转率为0.8。（　　）

7. 依据杜邦分析原理，在其他因素不变的情况下，提高权益乘数，将提高净资产收益率。（　　）

二、单选题

1. 杜邦分析体系的核心指标是（　　）。

A. 总资产周转率　　B. 权益乘数

C. 净资产收益率　　D. 销售净利率

2. 下列不属于资本结构分析指标的是（　　）。

A. 平均资产总额　　B. 负债总额

C. 资产负债率　　D. 权益乘数

3. 某公司负债总额为60万元，资产总额为100万元，则该公司的权益乘数为（　　）。

A. 5　　B. 2　　C. 0　　D. 2.5

4. 某企业权益乘数高，说明该企业的（　　）。

A. 偿债能力弱　　B. 偿债能力强

C. 盈利能力强　　D. 营运能力强

5. 沃尔评分法的基本指标有(　　)个。

A. 4　　B. 7　　C. 6　　D. 12

6. 下列不属于企业综合绩效评价体系中的基本指标的是(　　)。

A. 总资产报酬率　　B. 应收账款周转率

C. 资产负债率　　D. 速动比率

7. 营业收入净利率与总资产周转率之间的关系是(　　)。

A. 二者相乘等于净资产收益率　　B. 二者相加等于1

C. 二者相除等于总资产报酬率　　D. 二者无任何关系

8. 某公司2024年营业收入净利率、总资产周转率和权益乘数分别为12%、1.2、2，2025年营业收入净利率为15%。营业收入净利率的变动对公司净资产收益率的影响数是(　　)。

A. 7.2%　　B. 10.2%　　C. 8%　　D. 5.5%

9. 甲公司当年利润总额为4 500万元，利息费用为1 500万元，该公司当年的利息偿付倍数是(　　)。

A. 3.5　　B. 3　　C. 4　　D. 0.33

10. 企业当年实现营业收入3 800万元，净利润480万元，资产周转率为2，则总资产收益率为(　　)。

A. 20%　　B. 25%　　C. 10%　　D. 30%

三、多选题

1. 沃尔评分法的基本步骤包括(　　)。

A. 选择评价指标并分配权重　　B. 确定各指标的标准值与标准系数

C. 评分并计算综合分数　　D. 做出决策

2. 评价企业效绩的基本指标包括(　　)。

A. 净资产报酬率　　B. 资产负债率

C. 流动比率　　D. 已获利息倍数

3. 杜邦分析体系中影响净资产收益率的指标有(　　)。

A. 流动比率　　B. 销售净利率

C. 总资产周转率　　D. 权益乘数

4. 如果某公司的资产负债率为60%，则可以推算出(　　)。

A. 全部负债占资产的比重为60%

B. 产权比率为1.5

C. 所有者权益占资金来源的比例少于一半

D. 在资金来源构成中，负债占0.6，所有者权益占0.4

E. 负债与所有者权益的比例为66.67%

四、计算分析题

1. 某公司2024年年末资产负债表和利润表如表9-17和表9-18所示。

表 9-17　资产负债表

2024 年 12 月 31 日　　　　单位：万元

资产	年初数	年末数	负债及所有者权益	年初数	年末数
货币资金	2 000	3 000	短期借款	2 340	1 470
应收账款	3 000	7 600	应付账款	4 000	3 470
存货	9 000	5 000	长期借款	6 000	7 000
固定资产	40 000	40 000	实收资本	30 000	30 000
无形资产	340	340	盈余公积	12 000	14 000
总计	54 340	55 940	总计	54 340	55 940

表 9-18　利润表

2024 年 12 月　　　　单位：万元

项目	本期金额
一、营业收入	68 000
减：营业成本	36 000
税金及附加	7 000
销售费用	1 000
管理费用	1 200
财务费用	900
加：投资收益	
二、营业利润	21 900
加：营业外收入	20
减：营业外支出	10
三、利润总额	21 910
减：所得税费用（经过纳税调整后）	5 000
四、净利润	16 910

注：2023 年营业收入为 58 000 万元。

要求：(1) 计算该公司的营业收入净利率、总资产净利率、总资产周转率、权益乘数和净资产收益率。

(2) 用文字列出净资产收益率与其他各项指标之间的关系式，用数据加以验证，绘出该公司的杜邦体系图。

(3) 计算表 9-19 的相应指标并填列，运用沃尔评分法对该公司财务状况做出综合评价。

表 9-19　沃尔评分法下公司财务状况分析

选定的指标	分配的权重 ①	指标的标准值 ②	指标的实际值 ③	实际得分 ④=①×③÷②
一、偿债能力指标	20			
1. 资产负债率	12	60%		
2. 已获利息倍数	8	10		
二、获利能力指标	38			
1. 净资产收益率	25	25%		
2. 总资产报酬率	13	10%		
三、营运能力指标	18			
1. 总资产周转率	9	2		
2. 流动资产周转率	9	5		
四、发展能力指标	24			
1. 营业增长率	12	25%		
2. 资本累积率	12	15%		
五、综合得分	100			

2. 某公司近 5 年的财务指标如表 9-20 所示。

表 9-20　财务指标

项目	第一年	第二年	第三年	第四年	第五年
应收账款周转率	22.10	34.65	42.93	87.34	102.44
存货周转率	0.38	0.37	0.32	0.39	0.37
流动资产周转率	1.04	0.56	0.61	0.64	0.63
总资产周转率	0.88	0.47	0.47	0.48	0.53
资产负债率（%）	64.93	26.74	26.86	29.98	33.84
流动比率	1.30	3.10	2.83	2.53	2.21
净资产收益率（%）	56.53	12.96	13.21	17.07	19.68
每股收益（元）	0.64	0.83	0.96	1.49	2.09

要求：简要评价该公司的营运能力、盈利能力和偿债能力。

【学习评价】

1. 学生自我评价表

学生自我评价表

班级		姓名		学号	
模块名称					
评价指标	评价内容			分数	自我评分
数字素养	能够快速有效地获取财务信息并具备评价、整合、交流信息的能力。			5 分	
职前工作	能感知工作岗位职责，认同工作价值。			5 分	
参与态度	积极主动参与课上讨论、课后组内任务，与教师、同学之间相互尊重、理解。			5 分	
学习能力	主动探究、自主学习；能发表个人见解；能按要求完成实训任务；能够虚心倾听、协作共享。			5 分	
学习方法	学习方法得体；实操技能得到提高。			5 分	
学习过程	遵守实训室管理规程；出勤、任务完成等情况良好。			5 分	
知识目标	掌握杜邦分析法架构和指标计算公式；掌握沃尔评分法的步骤；掌握企业综合绩效评价体系。			20 分	
能力目标	能选取运用杜邦分析法、沃尔评分法、综合绩效评价法对企业的综合财务状况、经营绩效进行评价与判断。			20 分	
素养目标	具备诚实守信、勇于开拓、爱岗敬业的职业素养；具备大局意识、责任意识、奉献意识，能做到理论自信、文化自信。			20 分	
自评反馈	按时按质完成工作任务；较好地掌握专业知识点；具有较强的信息分析能力和理解能力；具有较为全面严谨的思维能力并能条理清晰地进行有效沟通。			10 分	
自评分数					
存在的不足					
努力的方向					

2. 教师评价表

教师评价表

班级		组名		姓名	
模块名称					
评价内容	评价要点			分数	教师评分
1. 数据获取情况	任务实施过程中数据获取能力			10分	
2. 互动交流情况	组内交流，教学互动			10分	
3. 任务完成情况	掌握杜邦分析法的程序，理解指标间的依存关系			10分	
	掌握沃尔评分法的步骤，理解评价指标及分配权重的意义			10分	
	掌握企业综合绩效评价体系，理解定量评价和定性评价方法			20分	
	能够结合企业特点，选用恰当的综合财务分析方法			10分	
	能与同学一起运用杜邦分析法完成泰达股份综合财务状况和财务质量的评价。			10分	
4. 素养目标达成情况	团队协作			20分	
	自主探究				
	学习态度				
	课堂纪律				
	出勤情况				
	大局意识				
	责任意识				
	诚实守信				
	劳动纪律				
合计				100分	
教师签名					

模块十　撰写财务报表分析报告

学习目标

能力目标

1. 能厘清财务报表分析报告逻辑顺序；
2. 能撰写财务分析报告。

知识目标

1. 掌握财务报表分析报告的内容、框架；
2. 掌握撰写财务报表分析报告的方法。

素养目标

1. 具备做事务实、做人踏实、作风朴实、技术扎实的会计工匠精神；
2. 具备遵守会计职业道德、保守商业机密的职业素养。

任务导学

序号	任务	教师活动	学生活动
1	财务报表分析报告逻辑	以“引导案例：张佳的困惑”为切入点，引导学生讨论财务报表分析报告的逻辑顺序，厘清学习目标。	（1）倾听教师讲解； （2）讨论财务报表分析报告的逻辑顺序，明确课程学习目标，组内交流。
2	撰写财务报表分析报告	（1）讲解撰写财务报表分析报告的方法； （2）组织学生讨论财务报表分析报告架构； （3）组织学生讨论撰写分析报告应注意的要点。	（1）倾听教师讲解； （2）讨论并记忆财务报表分析报告架构； （3）讨论并理解撰写分析报告应注意的要点。
3	综合素养提升	布置训练任务：计算并分析泰达股份2023年、2024年盈利能力水平的变化，评价该公司的盈利能力。	5人为一组，确定组长，组织完成训练任务，分析报告提交至课程平台，线上汇报交流。
4	学习效果检验	在课程平台布置测试内容，完成教师评价并汇总评价结果，发布评价结果。	完成测试，进行自我评价。

引导案例

张佳的困惑

张佳在长河证券公司实习，经过一段时间的学习，她掌握了财务报表分析所有指标的计算方法。张佳计算贵州茅台的财务报表分析指标，列出详细数据提交给自己的客户，推荐其对贵州茅台进行投资。客户看到满篇的数字，皱起了眉头。

思考：

（1）张佳的分析数据没有错误，客户为什么不满意？

（2）张佳忽略了什么？她应该如何修改自己的财务报表分析报告？

下面，让我们一起来解决这些问题。

任务一　财务报表分析报告逻辑

相关知识

财务报表分析报告是以财务报表及其附注的资料为主要依据，通过计算财务分析指标，调查和研究相关资料，撰写的书面分析报告。

一、财务报表分析报告的分类

（1）财务报表分析报告根据编写的时间来划分，可分为两种：一是定期分析报告；二是非定期分析报告。定期分析报告又可以分为每日、每周、每旬、每月、每季、每年报告，具体根据公司管理要求而定，有的公司还要进行特定时点分析。

（2）财务报表分析报告根据编写的内容来划分，可分为三种：一是综合性分析报告；二是专项分析报告；三是项目分析报告。综合性分析报告是对公司整体运营及财务状况的分析评价；专项分析报告是针对公司运营的一部分，如资金流量、销售收入变量的分析；项目分析报告是对公司的局部或一个独立运作项目的分析。

二、财务报表分析报告的格式与内容

严格地讲，财务报表分析报告没有固定的格式和体裁，但要能够反映要点、分析透彻、有实有据、观点鲜明、符合报送对象的要求。一般来说，财务报表分析报告包含以下几个方面的内容：提要段、说明段、分析段、评价段和建议段，即通常说的五段论式。但在实际编写时可根据具体的目的和要求有所取舍，不一定要囊括这五部分内容。

此外，财务报表分析报告在表达方式上可以采取一些创新的手法，如可采用文字处理与图表表达相结合的方法，使其易懂、生动、形象。

（一）提要段

提要段，概括公司综合情况，让使用者对财务分析报告有一个总括的认识。

（二）说明段

说明段，对公司运营及财务现状进行介绍。该部分要求文字表述恰当、数据引用准确。对经济指标进行说明时可适当运用绝对数、比较数及复合指标数。特别要关注公司当前运作上的重心，对重要事项要单独反映。公司在不同阶段、不同月份的工作重点有所不同，所需要的财务分析重点也不同。如公司正进行新产品的投产、市场开发，则公司各阶层需要对新产品的成本、回款、利润数据进行分析的财务报表分析报告。

（三）分析段

分析段，对公司的经营情况进行分析研究。在说明问题的同时还要分析问题，寻找问题的原因，以达到解决问题的目的。财务报表分析一定要有理有据，要细化分解各项指标，因为有些报表的数据是比较含糊和笼统的，要善于运用表格、图示，突出表达分析的内容。分析问题一定要善于抓住当前要点，多反映公司经营焦点和易于忽视的问题。

（四）评价段

评价段，作出财务说明和分析后，对于经营情况、财务状况、盈利业绩，应该从财务角度给予公正、客观的评价和预测。财务评价不能运用似是而非、可进可退、左右摇摆等不负责任的语言，评价要从正面和负面两方面进行，评价既可以单独分段进行，也可以将评价内容穿插在说明部分和分析部分。

（五）建议段

建议段，即财务人员在对经营运作、投资决策进行分析后形成的意见和看法，特别是对运作过程中存在的问题所提出的改进建议。

值得注意的是，财务报表分析报告中提出的建议不能太抽象，要具体化，最好有一套切实可行的方案。

任务二　撰写财务报表分析报告的方法

财务分析报告的撰写

相关知识

撰写财务报表分析报告，通常包括以下步骤。

一、了解报告使用者和分析对象

提供给财务部领导的分析报告可以专业化一些，而提供给其他部门领导尤其是对本专业相当陌生的领导的分析报告则要力求通俗一些。分析人员在写作时要准确把握好报告的框架结构和分析层次，以满足不同层次阅读者的需要。

分析对象若是某一部门或二级公司，分析的内容可以具体一些；分析对象若是整个集团公司，则分析要力求精练，不能对所有问题面面俱到，集中性地抓住几个重点问题进行分析即可。

二、了解使用者对信息的需求

了解使用者对信息的需求，充分领会领导所需要的信息是什么。有的财务报表分析报告内容很多，写得很长，财务分析人员花了不少精力，但是使用者不需要的信息太多，而使用者真正想获得的信息却太少。写好财务报表分析报告的前提是财务分析人员要尽可能多地与使用者沟通，分析出他们真正想了解的信息。

三、搜集资料，了解行业特点

搜集资料是一个调查过程，深入全面的调查是进行科学分析的前提。资料包括相关的政策、法规文件，历年的财务报表分析报告，年度财务计划，行业的相关统计资料。各种资料搜集齐全后，要加以整理核实。

财务报表分析报告一定要与公司经营业务紧密结合，深刻领会财务数据的业务背景，切实揭示业务过程中存在的问题。财务人员在做分析报告时，由于不了解业务，往往闭门造车，并由此陷入就数据论数据的被动局面，得出来的分析结论也就差之千里。

四、选择分析标准

（1）目标标准，包括财务预算标准中的指标目标值。

（2）行业标准，即同行业在相同时期内的平均水平或近期平均水平。

（3）历史标准，即本企业历史上最佳状况或最近一期状况的财务数据。

分析者应根据财务报表分析需要，选择适合本企业的标准。

五、建立财务报表分析报告的框架

报告写作前，财务分析人员一定要有一个清晰的框架和分析思路。根据报告的使用者不同，报告的框架也不同。

财务报表分析报告的框架如下。

（一）分析的背景

（1）公司概要。

（2）本行业基本情况。

（3）公司近 3 年业务概要及财务状况。

（二）公司近 3 年财务指标对比分析

分析前，应说明分析目的、分析框架、分析步骤。

1. 资产负债表分析

内容包括：资产负债表结构分析、资产负债表具体项目分析（突出重点）等。通过图表的手段，表述详细、准确。各项主要数据应有一个历史趋势情况、行业情况的比较分析。

2. 利润表分析

内容包括：利润额变动分析、利润的构成分析。通过图表的手段，表述详细、准确。各项主要数据应有一个历史趋势情况、行业情况的比较分析。

3. 现金流量表分析

内容包括：现金流量表结构分析、现金流量表变动趋势分析等。通过图表的手段，表述详细、准确。各项主要数据应有一个历史趋势情况、行业情况的比较分析。

（三）财务能力分析与结构分析

（1）偿债能力分析。

（2）营运能力分析。

（3）盈利能力分析。

（4）发展能力分析。

（5）资产结构分析。

（6）资本结构分析。

（四）综合评价

对公司目前存在的主要问题进行归纳和提炼。评价公司财务政策、重大交易、重大事项等对公司财务的影响，以及对公司成长性的影响。对公司拟投资的项目是否具有投资价值做出评价，分析公司财务的总体风险状况，得出公司财务状况的基本结论及提出对策和建议。

上市公司财务报表分析报告的撰写框架如表 10－1 所示。

表 10－1　上市公司财务报表分析报告的撰写框架

一、公司背景及简介 （1）成立时间、创立者、性质、主营业务、所属行业、注册地。 （2）所有权结构、公司结构、主管单位。 （3）公司重大事件（如重组、并购、业务转型等）。 二、公司所属行业特征分析 （一）产业结构 （1）该行业中厂商的大致数目及分布。 （2）产业集中度：该行业中前几位的厂商所占的市场份额、市场占有率的具体数据。 （3）进入壁垒和退出成本：具体需要何种条件才能进入，如资金量、技术要求、人力成本、国家相关政策等，以及厂商退出该行业需花费的成本和转型成本等。 （二）产业增长趋势 （1）销售收入和利润的年增长率、市场总容量等的历史数据。 （2）依据上述历史数据及科技与市场发展的可能性，预测该行业未来的增长趋势。 （3）分析影响增长的原因：探讨技术、资金、人力成本等因素是如何影响行业增长的，并比较各自的影响力（应提供有关专家意见）。 （三）产业竞争分析 （1）行业内的竞争概况和竞争方式。 （2）对替代品和互补品的分析：替代品和互补品行业对该行业的影响、各自的优劣势、未来趋势。 （3）影响该行业上升或者衰落的因素分析。 （四）相关产业分析 （1）列出上下游行业的具体情况、对该行业的依赖情况、上下游行业的发展前景，如可能，应作产业相关度分析。 （2）列出上下游行业的主要厂商及其简要情况。 （五）劳动力需求分析 （1）该行业对人才的主要要求，目前劳动力市场上的供需情况。 （2）劳动力市场的变化对行业发展的影响。 （六）政府影响力分析 （1）分析国家产业政策对行业发展起的作用（政府的引导倾向、各种优惠措施等）。 （2）其他相关政策的影响，如环保政策、人才政策、对外开放政策等。

三、公司治理结构分析

（1）股权结构分析：列出持股10%以上的股东，如可能，应找到最终持有人。

（2）是否存在影响公司的少数股东，如存在，分析最终持有人等情况，以及其在资本市场上的操作历史。

（3）“三会”的运行情况，如股东大会的参加情况、对议案的表决情况、董事会董事的出席情况和表决情况、监事会的工作情况及效率。

（4）经理层状况：总经理的权限等。

（5）组织结构分析：公司的组织结构模式、管理方式、效率等。

（6）主要股东、董事、管理人员的背景、业绩、声誉等。

（7）重点分析公司一把手的情况（教育背景、经营业绩、任职期限、政府背景）及在公司中所起的作用。

（8）分析公司中层管理人员的总体情况，如素质、背景、对公司管理理念的理解、忠诚度等。

四、主营业务分析

（一）主导产品

（1）名称、价格、质量、产品生命周期、公司规模、特许经营、科技含量、占有率、专利、商标、发展战略、市场定位、消费群等。

（2）生产周期、库存量、周转率等。

（3）销售方式。

（4）设计能力、年产能力、实际生产量。

（5）广告投入数量及方式。

（6）客户反馈。

（7）同类产品的差别。

（二）产品定价

（1）本公司及竞争对手的定价政策，定价政策对公司经营的影响。

（2）主要产品的价格。

（3）需求弹性。

（4）价格变动敏感性分析。

（5）是否为行业中的价格领导者。

（三）生产类型

生产率、生产周期、生产成本、能耗、需求人力等。

（四）公共关系

略。

（五）市场营销

（1）营销网络、结构、模式。

（2）激励机制（对分销商、销售人员）。

五、公司竞争力分析

（一）简单分析

分析公司未来发展的潜力，并与同行业竞争对手比较。

（二）R&D（研发）

（1）主要研究项目和对原有产品的改进计划。

现在：费用、完成时间、收益。

将来：投资金额、收益、时间。

竞争对手的研发情况。

主要研究人员的简要介绍（教育背景、构成比例、队伍稳定度、薪酬、激励机制等）。

（2）设施及实验室。

（3）R&D占销售收入的比例。

（4）与竞争对手的比较。

（5）专利、商标、Know-how（技术诀窍）等。

（6）与科研机构的长期稳定合作。

（三）激励机制

年薪制、期权、其他激励措施。

六、公司经营战略分析、公司新建项目可行性分析及风险分析

（一）公司经营战略分析

（1）总结公司经营发展战略。

（2）分析公司经营发展战略的可行性与实现的必要条件。

（二）公司新建项目可行性分析

（1）资源情况（人才、技术、资金、是否为相关行业、优势、地理资源及位置）。

（2）影响项目成败的因素，项目所处行业的现状（结构、成熟度、市场空间）。

（3）具体分析现有资源能否支持项目运行。

（4）竞争对手情况。

（5）行业发展趋势。

（6）国家产业政策。

（三）风险分析

（1）资金来源及占净资产的比例。

（2）经营业绩的影响：几个主要指标（净利润、每股收益、净资产收益率）。

（3）如项目失败，对公司经营的影响程度。

七、财务分析

（一）最近三年来主要财务指标

主营业务收入、主营业务利润、净利润、非正常性经营损益所占利润总额的比例、总资产、所有者权益、每股收益、净资产收益率。

（二）财务比率

选取最近三年数据，如有行业指标对比更好，应说明各项指标的意义。

1. 流动性指标

流动比率＝流动资产/流动负债

速动比率＝（流动资产－存货）/流动负债

2. 资产效率比率

应收账款周转率＝销售收入/应收账款净额

存货周转率＝主营业务成本/存货净额

固定资产周转率＝销售收入/固定资产

总资产周转率＝销售收入/总资产

3. 盈利性指标

毛利率＝主营业务利润/销售收入

净利润率＝净利润/销售收入

总资产收益率＝*EBIT*/总资产

净资产收益率＝净利润/所有者权益

投资收益＝*EBIT*/（所有者权益＋长期负债）

4. 负债管理比率

资产负债率＝负债/总资产

利息倍率＝*EBIT*/利息费用

（三）现金流量表分析

（1）总体分析公司现金流的运转情况。

（2）每股现金流情况。

（3）与利润表和资产负债表进行对照分析。

（4）营运资金管理情况。

（四）资产质量

（1）有无重大诉讼。

（2）应收账款、其他应收款的年限，计提坏账情况。

（3）其他或有负债情况。

八、问题及结论

第二部分到第七部分每部分得出一条总结性意见，最终得到一个或几个结论。结论是在前面事实基础上分析得到的逻辑结果，不进行相应的引申，不分析二级市场相关的情况。

六、撰写分析报告应注意的要点

（一）要突出重点，忌泛泛而谈

财务状况分析重在揭露问题，查找原因，提出建议。所以，分析内容应当突出当期财务情况的重点，抓住问题的本质，找出影响当期指标变动的主要因素，重点剖析变化较大的指标的主客观原因。这样才能客观、正确地评价、分析企业的当期财务情况，预测企业发展走势，从而有针对性地提出整改建议和措施。

（二）要深入剖析，忌浅尝辄止

表面良好的指标背后往往隐藏着个别严重的缺点、漏洞和隐患，这就要求我们既不能被表面现象所迷惑，又不能就事论事，而要善于深入调查研究，善于捕捉事物发展变化过程中偶然现象的必然规律，抱着实事求是的态度，克服“先入为主”的思想。通过对现有大量详细资料的反复推敲、印证，去粗取精，去伪存真，以得出对企业财务状况客观、公正的评价。例如，指标的对比口径上，要深入调查核实，观察其计价、标准、时间、构成、内容等是否具有可比性，没有可比性的指标之间的对比只能扭曲事物的本来面目，甚至会误导报告使用者。

（三）语言精练，通俗易懂

分析报告的行文要尽可能流畅、通顺、简明、精练，避免口语化、冗长化。

编制财务报表分析报告时，要清楚地知道报告阅读的对象主要是企业管理者及投资者（包括潜在投资者）。财务状况分析主要服务于企业内部经济管理的改善、生产运行质量的提高，为企业管理者做决策提供参考。所以，财务报表分析报告应尽量做到直截了当、简明扼要、通俗易懂。

（四）坚持定期分析与日常分析相结合的原则

年度、季度、月度分析固然重要，但随着财务决策对信息及时性要求的不断提高，要求能够及时地分析企业日常的财务状况、获利能力、资产管理能力以及企业的未来发展趋势，甚至要求对财务状况进行实时分析。因此，在注重定期分析的同时，同样也要重视日常分析。

（五）坚持报表分析与专题分析相结合的原则

企业的财务状况分析主要从三大报表着手，对企业各期的经济指标进行分析，编制财务情况说明书。从效果上看，难以面面俱到，实际作用有限。在实际工作中，财务分析人员往往缺乏与阅读对象的沟通，缺乏对主要经营事项进行有的放矢的专题分析。因此，企业财务报表分析报告应围绕领导和广大职工最关心的热点问题和实际工作中遇到的新问题来展开，传递对领导决策有用的信息，真正起到参谋作用。

素养园地

保守商业机密

会计人员应保守的商业机密既包括法律层面又包括职业道德层面。具体包括：

（1）技术信息，指生产技术有关信息。如设计、程序、产品配方、制作工艺、制作方法、质量控制、技术研发、技术影响分析等。

（2）经营信息，指一切与企业生产营销活动有关的信息，如采购渠道、进货价格、供应商名单、生产计划、生产成本、经营战略、产品资料、营销计划、广告策划、竞争策略、销售方式、客户名单、销售渠道、销售价格、标底标书等。

（3）管理信息，包括企业内部管理模式、方法和经验，人力资源信息，财务信息等信息。管理信息的主要成分是财务信息，如资金具体来源，投资计划，现金流向，利益相关方的背景材料，成本费用、内部控制、收支结构、单位内部的预算、决策资料，税收筹划资料。

会计人员应有良好的职业操守，应做到适度披露信息，优先保护股东的知情权，尽最大可能保护公司的商业秘密，不为任何诱惑所动，坚持原则，坚守纪律，在任何情况下都不能泄露本单位秘密。

资料来源：高建普．会计人员保守单位商业秘密的解读．财经界，2010（8）.

职业素养提升

贵州茅台股份有限公司财务分析报告的撰写

一、背景资料

（一）公司基本资料

茅台股份有限公司于1999年11月20日，由中国贵州茅台酒厂（集团）有限责任公司（现更名为“中国贵州茅台酒厂有限责任公司”）作为主发起人，并联合中国贵州茅台酒厂（集团）技术开发公司（现更名为“贵州茅台酒厂技术开发公司”）、贵州省轻纺集体工业联社、深圳清华大学研究院、中国食品发酵工业研究所、北京市糖业烟酒公司、江苏省糖烟酒总公司、上海捷强烟草糖酒（集团）有限公司共同发起设立。注册资本为一亿八千五百万元，于2001年在上交所上市。多年发展至今，茅台酒已经成为世界三大名酒之一，并且在国内独创年代梯级式的产品开发模式。形成了低度、高中低档、极品三大系列200多个规格品种，全方位跻身市场，从而占据了白酒市场制高点，成为我国白酒行业的领军品牌。公司经营范围：茅台酒系列产品的生产与销售；饮料、食品、包装材料的生产、销售；防伪技术开发、信息产业相关产品的研制、开发；酒店经营管理、住宿、餐饮、娱乐、洗浴及停车场管理服务。

（二）业务概要

1. 主要业务

公司主要业务是茅台酒及系列酒的生产与销售。主导产品“贵州茅台酒”是世界三大蒸馏名酒之一，也是集国家地理标志产品、有机食品和国家非物质文化遗产于一身的白酒品牌。

2. 经营模式

公司经营模式为：采购原料—生产产品—销售产品。原料采购根据公司生产和销售计划进行；产品生产工艺流程为：制曲—制酒—贮存—勾兑—包装；销售模式为：公司产品通过直销和批发代理渠道进行销售。直销渠道指自营渠道，批发代理渠道指社会经销商、商超、电商等渠道。

3. 行业情况

白酒是中国数千年来生产及饮用的传统酒品，近年来，我国白酒行业市场规模增长稳定。在消费市场环境变化、年轻消费者口味变化、限制“三公"消费、“禁酒令”等多方面因素的影响下，我国白酒产量逐年下降。根据国家统计局数据，2022 年全国规模以上白酒企业完成酿酒总产量 671.24 万千升，同比下降 5.58%；实现销售收入 6 626.45 亿元，同比增长 9.64%；实现利润总额 2 201.72 亿元，同比增长 29.36%。

宏观经济方面，我国经济长期向好的基本面没有变化，居民人均可支配收入持续增长，白酒消费需求将呈上升趋势。行业发展方面，正面临着“新秩序重塑期、新格局形成期、新消费升级期”三期叠加的行业发展新形势，市场消费需求将会更加向优势产区、头部企业和优秀品牌集中、倾斜，行业“马太效应”越发明显，行业总体发展态势向好，中国白酒进入了“美”时代。从政策端看，处于新秩序重塑期，行业准入、标准、土地、环保、安全等要求更加精准和规范；从供给端看，处于新格局形成期，原产地、主产区、基地产区将进一步优化白酒产业布局，加速名企名酒、中小酒企格局调整；从需求端看，处于新消费升级期，年轻群体的个性需求，消费场景的拓展丰富，品质文化的更高追求，将驱动酒企加速转型升级。

4. 经营情况

公司坚持以习近平新时代中国特色社会主义思想为指导，深入学习贯彻党的二十大精神和习近平总书记视察贵州重要讲话精神，全面落实贵州省第十三次党代会精神和省委、省政府决策部署，聚焦集团公司“双翻番、双巩固、双打造”战略目标，围绕茅台“五线”高质量发展道路，不畏艰险、聚力攻坚，统筹推进生产经营和改革发展各项工作，圆满完成年度各项目标任务，交出了令人振奋的优异答卷，谱写了砥砺奋进、同心筑梦的壮美篇章。

（三）财务资料

2022—2024 年的公司财务报表见表 10－2 至表 10－4。

表 10－2　贵州茅台资产负债表　　单位：万元

报表日期	2024 年 12 月 31 日	2023 年 12 月 31 日	2022 年 12 月 31 日
流动资产			
货币资金	5 929 582.30	6 907 013.64	5 827 431.87
交易性金融资产	24 851.33	40 071.21	—
衍生金融资产	—	—	—
应收票据及应收账款	200 338.22	7 430.69	12 639.04
应收票据	198 440.80	1 393.34	10 545.32
应收账款	1 897.42	6 037.34	2 093.71

续表

报表日期	2024年12月31日	2023年12月31日	2022年12月31日
应收款项融资	—	—	—
预付款项	2 697.50	3 458.51	89 737.72
其他应收款（合计）	2 995.57	2 750.21	3 181.86
应收利息	—	—	—
应收股利	—	—	—
其他应收款	2 995.57	2 750.21	3 181.86
买入返售金融资产	722 031.07	350 484.99	—
存货	5 434 328.52	4 643 518.51	3 882 437.42
划分为持有待售的资产	—	—	—
一年内到期的非流动资产	121 095.98	—	212 360.13
待摊费用	—	—	—
待处理流动资产损益	—	—	—
其他流动资产	16 017.66	7 140.39	16 084.37
流动资产合计	25 172 667.46	22 517 251.78	21 661 143.57
非流动资产			
发放贷款及垫款	238 122.85	213 081.82	413 474.44
可供出售金融资产	—	—	—
持有至到期投资	151 517.44	532 300.21	38 068.53
长期应收款	—	—	—
长期股权投资	—	—	—
投资性房地产	762.52	413.85	533.5
在建工程（合计）	214 961.99	213 746.47	220 832.99
在建工程	214 961.99	213 746.47	220 832.99
工程物资	—	—	—
固定资产及清理（合计）	2 187 144.67	1 990 928.07	1 974 262.25
固定资产净额	2 187 144.67	1 990 928.07	1 974 262.25
固定资产清理	—	—	—
生产性生物资产	—	—	—
公益性生物资产	—	—	—
油气资产	—	—	—
使用权资产	41 059.42	31 420.55	40 255.15
无形资产	885 020.58	857 226.73	708 317.72
开发支出	9 852.29	21 801.56	19 053.66
商誉	—	—	—
长期待摊费用	15 210.60	16 005.89	14 645.53
递延所得税资产	552 000.69	464 588.74	345 893.14
其他非流动资产	23 239.58	10 956.35	—

续表

报表日期	2024 年 12 月 31 日	2023 年 12 月 31 日	2022 年 12 月 31 日
非流动资产合计	4 721 790.53	4 752 714.23	3 775 336.93
资产总计	29 894 457.99	27 269 966.01	25 436 480.50
流动负债			
短期借款	—	—	—
交易性金融负债	—	—	—
应付票据及应付账款	351 496.92	309 309.11	240 837.11
应付票据	—	—	—
应付账款	351 496.92	309 309.11	240 837.11
预收款项	—	—	—
应付手续费及佣金	—	—	—
应付职工薪酬	582 437.14	540 192.12	478 231.12
应交税费	771 768.65	694 966.39	689 655.54
其他应付款（合计）	542 900.67	521 313.37	454 384.28
应付利息	—	—	—
应付股利	—	—	—
其他应付款	542 900.67	521 313.37	454 384.28
预提费用	—	—	—
一年内的递延收益	—	—	—
应付短期债券	—	—	—
一年内到期的非流动负债	11 195.11	5 705.49	10 935.12
其他流动负债	122 269.38	182 249.80	197 927.28
流动负债合计	5 651 599.06	4 869 761.15	4 906 566.88
非流动负债			
长期借款	—	—	—
应付债券	—	—	—
租赁负债	31 390.64	26 663.62	33 444.79
长期应付职工薪酬	—	—	—
长期应付款（合计）	—	—	—
长期应付款	—	—	—
专项应付款	—	—	—
预计非流动负债	—	—	—
递延所得税负债	10 336.78	7 894.31	—
长期递延收益	—	—	—
其他非流动负债	—	—	—
非流动负债合计	41 727.42	34 557.93	33 444.79
负债合计	5 693 326.48	4 904 319.08	4 940 011.67

续表

报表日期	2024年12月31日	2023年12月31日	2022年12月31日
所有者权益			
实收资本（或股本）	125 619.78	125 619.78	125 619.78
资本公积	137 496.44	137 496.44	137 496.44
减：库存股	—	—	—
其他综合收益	−991.62	−606.17	−1 077.69
专项储备	—	—	—
盈余公积	4 663 579.35	3 899 876.31	3 252 277.92
一般风险准备	106 152.97	106 152.97	106 152.97
未分配利润	18 278 741.52	17 298 317.83	16 130 197.82
归属于母公司股东权益合计	23 310 598.44	21 566 857.16	19 750 667.24
少数股东权益	890 533.07	798 789.77	745 801.59
所有者权益（或股东权益）合计	24 201 131.51	22 365 646.93	20 496 468.83
负债和所有者权益（或股东权益）总计	29 894 457.99	27 269 966.01	25 436 480.50

表10-3　贵州茅台利润表　　单位：万元

报表日期	2024年12月31日	2023年12月31日	2022年12月31日
一、营业总收入	17 414 407.00	15 056 033.03	12 755 395.94
营业收入	17 089 915.23	14 769 360.50	12 409 984.38
二、营业总成本	5 452 397.15	4 696 088.95	3 974 830.96
营业成本	1 378 948.24	1 186 727.39	1 009 346.86
税金及附加	2 692 616.15	2 223 417.59	1 849 581.85
销售费用	563 930.01	464 861.36	329 772.42
管理费用	931 565.01	972 938.93	901 219.11
财务费用	−147 021.99	−178 950.37	−139 180.58
研发费用	21 837.55	15 737.19	13 518.57
资产减值损失	—	—	—
公允价值变动收益	6 098.07	315.2	—
投资收益	913.03	3 402.60	6 384.00
其中：对联营企业和合营企业的投资收益	—	—	—
汇兑收益	—	—	—
三、营业利润	11 968 857.95	10 370 865.52	8 787 952.18
加：营业外收入	7 093.66	8 677.97	7 085.23
减：营业外支出	12 093.78	13 288.12	24 888.43
其中：非流动资产处置损失	—	—	—

续表

报表日期	2024年12月31日	2023年12月31日	2022年12月31日
四、利润总额	11 963 857.82	10 366 255.37	8 770 148.97
减：所得税费用	3 030 385.02	2 614 107.74	2 232 635.30
五、净利润	8 933 472.80	7 752 147.63	6 537 513.68
归属于母公司所有者的净利润	8 622 814.64	7 473 407.16	6 271 644.37
少数股东损益	310 658.16	278 740.47	265 869.30
六、每股收益			
基本每股收益（元/股）	68.64	59.49	49.93
稀释每股收益（元/股）	68.64	59.49	49.93
七、其他综合收益	—385.45	471.52	224.1
八、综合收益总额	8 933 087.35	7 752 619.15	6 537 737.77
归属于母公司所有者的综合收益总额	8 622 429.19	7 473 878.67	6 271 868.47
归属于少数股东的综合收益总额	310 658.16	278 740.47	265 869.30

表 10-4　贵州茅台现金流量表　　单位：万元

报表日期	2024年12月31日	2023年12月31日	2022年12月31日
一、经营活动产生的现金流量			
销售商品、提供劳务收到的现金	18 264 520.33	16 369 990.94	14 069 167.86
收到的税费返还	—	150	3 319.19
收到的其他与经营活动有关的现金	325 809.77	234 619.65	275 942.22
经营活动现金流入小计	20 008 633.47	16 825 616.90	13 781 587.49
购买商品、接受劳务支付的现金	1 082 487.42	1 102 947.60	835 785.92
支付给职工以及为职工支付的现金	1 535 254.10	1 384 529.39	1 175 224.16
支付的各项税费	7 705 562.15	6 668 347.25	6 204 332.45
支付的其他与经营活动有关的现金	901 541.28	794 370.95	512 308.74
经营活动现金流出小计	10 762 264.25	10 166 292.12	10 111 727.91
经营活动产生的现金流量净额	9 246 369.22	6 659 324.77	3 669 859.58
二、投资活动产生的现金流量			
收回投资所收到的现金	855 000.00	754 994.73	—
取得投资收益所收到的现金	9 238.22	14 071.50	588
处置固定资产、无形资产和其他长期资产所收回的现金净额	71.57	2 494.84	35.51
处置子公司及其他营业单位收到的现金净额	—	—	—
收到的其他与投资活动有关的现金	553.25	460.59	497.18
投资活动现金流入小计	864 863.04	772 021.65	1 120.69

续表

报表日期	2024年12月31日	2023年12月31日	2022年12月31日
购建固定资产、无形资产和其他长期资产所支付的现金	467 871.21	261 975.59	530 654.64
投资所支付的现金	574 513.60	1 481 785.28	21 000.00
取得子公司及其他营业单位支付的现金净额	—	—	—
支付的其他与投资活动有关的现金	998.5	702.19	3 148.68
投资活动现金流出小计	1 043 383.30	1 744 463.06	554 803.32
投资活动产生的现金流量净额	−178 520.26	−972 441.40	−553 682.63
三、筹资活动产生的现金流量			
吸收投资收到的现金	—	—	—
其中：子公司吸收少数股东投资收到的现金	—	—	—
取得借款收到的现金	—	—	—
发行债券收到的现金	—	—	—
收到其他与筹资活动有关的现金	—	—	—
筹资活动现金流入小计	—	—	—
偿还债务支付的现金	—	—	—
分配股利、利润或偿付利息所支付的现金	7 095 102.77	5 875 478.67	5 737 019.62
其中：子公司支付给少数股东的股利、利润	216 414.86	220 453.04	261 881.51
支付其他与筹资活动有关的现金	11 647.88	13 431.53	5 433.28
筹资活动现金流出小计	7 106 750.65	5 888 910.20	5 742 452.90
筹资活动产生的现金流量净额	−7 106 750.65	−5 888 910.20	−5 742 452.90
四、汇率变动对现金及现金等价物的影响	−108.27	171.83	91.11
五、现金及现金等价物净增加额	1 960 990.03	−201 855.00	−2 626 184.84
加：期初现金及现金等价物余额	15 036 018.90	15 237 873.90	17 864 058.74
六、期末现金及现金等价物余额	16 997 008.93	15 036 018.90	15 237 873.90

二、2022—2024年公司财务财务指标对比分析

（一）资产负债表分析

资产负债表水平分析（见表10-5）、资产负债表垂直分析（见表10-6）。

表 10-5 资产负债表水平分析

报表日期	2024年12月31日	2023年12月31日	2022年12月31日	变动额情况		变动率情况	
				2024年与2023年变动额	2023年与2022年变动额	2024年变动率	2023年变动率
流动资产							
货币资金	5 929 582.30	6 907 013.64	5 827 431.87	−977 431.34	1079581.77	−14.15%	18.53%
交易性金融资产	24 851.33	40 071.21	—	−15219.88		−37.98%	
衍生金融资产	—	—	—				
应收票据及应收账款	200 338.22	7 430.69	12 639.04	192 907.53	−5 208.35	2 596.09%	−41.21%
应收票据	198 440.80	1 393.34	10 545.32	197 047.46	−9151.98	14 142.09%	−86.79%
应收账款	1 897.42	6 037.34	2 093.71	−4 139.92	3 943.63	−68.57%	188.36%
应收款项融资	—	—	—				
预付款项	2 697.50	3 458.51	89 737.72	−761.01	−86 279.21	−22.00%	−96.15%
其他应收款(合计)	2 995.57	2 750.21	3 181.86	245.36	−431.65	8.92%	−13.57%
应收利息	—	—	—				
应收股利	—	—	—				
其他应收款	2 995.57	2 750.21	3 181.86	245.36	−431.65	8.92%	−13.57%
买入返售金融资产	722 031.07	350 484.99	—	371 546.08		106.01%	
存货	5 434 328.52	4 643 518.51	3 882 437.42	790 810.01	761081.09	17.03%	19.60%
划分为持有待售的资产	—	—	—				
一年内到期的非流动资产	121 095.98	—	212 360.13				
待摊费用	—	—	—				
待处理流动资产损益	—	—	—				

续表

报表日期	2024年12月31日	2023年12月31日	2022年12月31日	变动额情况		变动率情况	
				2024年与2023年变动额	2023年与2022年变动额	2024年变动率	2023年变动率
其他流动资产	16 017.66	7 140.39	16 084.37	8 877.27	−8 943.98	124.32%	−55.61%
流动资产合计	25 172 667.46	22 517 251.78	21 661 143.57	2 655 415.68	856 108.21	11.79%	3.95%
非流动资产							
发放贷款及垫款	238 122.85	213 081.82	413 474.44	25 041.03	−200 392.62	11.75%	−48.47%
可供出售金融资产	—	—	—				
持有至到期投资	151 517.44	532 300.21	38 068.53	−380 782.77	494 231.68	−71.54%	1 298.27%
长期应收款	—	—	—				
长期股权投资	—	—	—				
投资性房地产	762.52	413.85	533.5	348.67	−119.65	84.25%	−22.43%
在建工程(合计)	214 961.99	213 746.47	220 832.99	1215.52	−7086.52	0.57%	−3.21%
在建工程	214 961.99	213 746.47	220 832.99	1 215.52	−7 086.52	0.57%	−3.21%
工程物资	—	—	—				
固定资产及清理(合计)	2 187 144.67	1 990 928.07	1 974 262.25	196 216.6	16 665.82	9.86%	0.84%
固定资产净额	2 187 144.67	1 990 928.07	1 974 262.25	196 216.6	16 665.82	9.86%	0.84%
固定资产清理	—	—	—				
生产性生物资产	—	—	—				
公益性生物资产	—	—	—				
油气资产	—	—	—				
使用权资产	41 059.42	31 420.55	40 255.15	9 638.87	−8 834.6	30.68%	−21.95%

续表

报表日期	2024 年 12 月 31 日	2023 年 12 月 31 日	2022 年 12 月 31 日	变动额情况		变动率情况	
				2024 年与 2023 年变动额	2023 年与 2022 年变动额	2024 年变动率	2023 年变动率
无形资产	885 020.58	857 226.73	708 317.72	27 793.85	148 909.01	3.24%	21.02%
开发支出	9 852.29	21 801.56	19 053.66	−11 949.27	2 747.9	−54.81%	14.42%
商誉	—	—	—				
长期待摊费用	15 210.60	16 005.89	14 645.53	−795.29	1 360.36	−4.97%	9.29%
递延所得税资产	552 000.69	464 588.74	345 893.14	87 411.95	118 695.6	18.81%	34.32%
其他非流动资产	23 239.58	10 956.35	—	12 283.23		112.11%	
非流动资产合计	4 721 790.53	4 752 714.23	3 775 336.93	−30 923.7	977 377.3	−0.65%	25.89%
资产总计	29 894 457.99	27 269 966.01	25 436 480.50	2 624 491.98	1 833 485.51	9.62%	7.21%
流动负债							
短期借款	—	—	—				
交易性金融负债	—	—	—				
应付票据及应付账款	351 496.92	309 309.11	240 837.11	42 187.81	68 472	13.64%	28.43%
应付票据	—	—	—				
应付账款	351 496.92	309 309.11	240 837.11	42 187.81	68 472	13.64%	28.43%
预收款项	—	—	—				
应付手续费及佣金	—	—	—				
应付职工薪酬	582 437.14	540 192.12	478 231.12	42 245.02	61961	7.82%	12.96%
应交税费	771 768.65	694 966.39	689 655.54	76 802.26	5 310.85	11.05%	0.77%
其他应付款(合计)	542 900.67	521 313.37	454 384.28	21 587.3	66 929.09	4.14%	14.73%

续表

报表日期	2024年12月31日	2023年12月31日	2022年12月31日	变动额情况		变动率情况	
				2024年与2023年变动额	2023年与2022年变动额	2024年变动率	2023年变动率
应付利息	—	—	—				
应付股利	—	—	—				
其他应付款	542 900.67	521 313.37	454 384.28	21 587.3	66 929.09	4.14%	14.73%
预提费用	—	—	—				
一年内的递延收益	—	—	—				
应付短期债券	—	—	—				
一年内到期的非流动负债	11 195.11	5 705.49	10 935.12	5 489.62	−5 229.63	96.22%	−47.82%
其他流动负债	122 269.38	182 249.80	197 927.28	−59 980.42	−15 677.48	−32.91%	−7.92%
流动负债合计	5 651 599.06	4 869 761.15	4 906 566.88	781 837.91	−36 805.73	16.05%	−0.75%
非流动负债							
长期借款	—	—	—				
应付债券	—	—	—				
租赁负债	31 390.64	26 663.62	33 444.79	4 727.02	−6 781.17	17.73%	−20.28%
长期应付职工薪酬	—	—	—				
长期应付款(合计)	—	—	—				
长期应付款	—	—	—				
专项应付款	—	—	—				
预计非流动负债	—	—	—				
递延所得税负债	10 336.78	7 894.31	—	2 442.47		30.94%	

续表

报表日期	2024 年 12 月 31 日	2023 年 12 月 31 日	2022 年 12 月 31 日	变动额情况		变动率情况	
				2024 年与 2023 年变动额	2023 年与 2022 年变动额	2024 年变动率	2023 年变动率
长期递延收益	—	—	—				
其他非流动负债	—	—	—				
非流动负债合计	41 727.42	34 557.93	33 444.79	7 169.49	1 113.14	20.75%	3.33%
负债合计	5 693 326.48	4 904 319.08	4 940 011.67	789 007.4	−35 692.59	16.09%	−0.72%
所有者权益							
实收资本(或股本)	125 619.78	125 619.78	125 619.78	0	0	0.00%	0.00%
资本公积	137 496.44	137 496.44	137 496.44	0	0	0.00%	0.00%
减:库存股	—	—	—				
其他综合收益	−991.62	−606.17	−1 077.69	−385.45	471.52	63.59%	−43.75%
专项储备	—	—	—				
盈余公积	4 663 579.35	3 899 876.31	3 252 277.92	763 703.04	647 598.39	19.58%	19.91%
一般风险准备	106 152.97	106 152.97	106 152.97	0	0	0.00%	0.00%
未分配利润	18 278 741.52	17 298 317.83	16 130 197.82	980 423.69	1 168 120.01	5.67%	7.24%
归属于母公司股东权益合计	23 310 598.44	21 566 857.16	19 750 667.24	1 743 741.28	1 816 189.92	8.09%	9.20%
少数股东权益	890 533.07	798 789.77	745 801.59	91 743.3	52 988.18	11.49%	7.10%
所有者权益(或股东权益)合计	24 201 131.51	22 365 646.93	20 496 468.83	1 835 484.58	1 869 178.1	8.21%	9.12%
负债和所有者权益(或股东权益)总计	29 894 457.99	27 269 966.01	25 436 480.50	2 624 491.98	1 833 485.51	9.62%	7.21%

表 10-6 资产负债表垂直分析

报表日期	2024年12月31日	2023年12月31日	2022年12月31日	结构比重情况			结构变动情况	
				2024年	2023年	2022年	2024年	2023年
流动资产								
货币资金	5 929 582.30	6 907 013.64	5 827 431.87	19.84%	25.33%	22.91%	−5.49%	2.42%
交易性金融资产	24 851.33	40 071.21	—	0.08%	0.15%		−0.06%	
衍生金融资产	—	—	—					
应收票据及应收账款	200 338.22	7 430.69	12 639.04	0.67%	0.03%	0.05%	0.64%	−0.02%
应收票据	198 440.80	1 393.34	10 545.32	0.66%	0.01%	0.04%	0.66%	−0.04%
应收账款	1 897.42	6 037.34	2 093.71	0.01%	0.02%	0.01%	−0.02%	0.01%
应收款项融资	—	—	—					
预付款项	2 697.50	3 458.51	89 737.72	0.01%	0.01%	0.35%	0.00%	−0.34%
其他应收款(合计)	2 995.57	2 750.21	3 181.86	0.01%	0.01%	0.01%	0.00%	0.00%
应收利息	—	—	—					
应收股利	—	—	—					
其他应收款	2 995.57	2 750.21	3 181.86	0.01%	0.01%	0.01%	0.00%	0.00%
买入返售金融资产	722 031.07	350 484.99	—	2.42%	1.29%		1.13%	
存货	5 434 328.52	4 643 518.51	3 882 437.42	18.18%	17.03%	15.26%	1.15%	1.76%
划分为持有待售的资产	—	—	—					
一年内到期的非流动资产	121 095.98	—	212 360.13	0.41%		0.83%		
待摊费用	—	—	—					
待处理流动资产损益	—	—	—					

续表

报表日期	2024年12月31日	2023年12月31日	2022年12月31日	结构比重情况			结构变动情况	
				2024年	2023年	2022年	2024年	2023年
其他流动资产	16 017.66	7 140.39	16 084.37	0.05%	0.03%	0.06%	0.03%	−0.04%
流动资产合计	25 172 667.46	22 517 251.78	21 661 143.57	84.21%	82.57%	85.16%	1.63%	−2.59%
非流动资产								
发放贷款及垫款	238 122.85	213 081.82	413 474.44	0.80%	0.78%	1.63%	0.02%	−0.84%
可供出售金融资产	—	—	—					
持有至到期投资	151 517.44	532 300.21	38 068.53	0.51%	1.95%	0.15%	−1.45%	1.80%
长期应收款	—	—	—					
长期股权投资	—	—	—					
投资性房地产	762.52	413.85	533.5	0.00%	0.00%	0.00%	0.00%	0.00%
在建工程(合计)	214 961.99	213 746.47	220 832.99	0.72%	0.78%	0.87%	−0.06%	−0.08%
在建工程	214 961.99	213 746.47	220 832.99	0.72%	0.78%	0.87%	−0.06%	−0.08%
工程物资	—	—	—					
固定资产及清理(合计)	2 187 144.67	1 990 928.07	1 974 262.25	7.32%	7.30%	7.76%	0.02%	−0.46%
固定资产净额	2 187 144.67	1 990 928.07	1 974 262.25	7.32%	7.30%	7.76%	0.02%	−0.46%
固定资产清理	—	—	—					
生产性生物资产	—	—	—					
公益性生物资产	—	—	—					
油气资产	—	—	—					
使用权资产	41 059.42	31 420.55	40 255.15	0.14%	0.12%	0.16%	0.02%	−0.04%

续表

报表日期	2024年12月31日	2023年12月31日	2022年12月31日	结构比重情况			结构变动情况	
				2024年	2023年	2022年	2024年	2023年
无形资产	885 020.58	857 226.73	708 317.72	2.96%	3.14%	2.78%	−0.18%	0.36%
开发支出	9 852.29	21 801.56	19 053.66	0.03%	0.08%	0.07%	−0.05%	0.01%
商誉	—	—	—					
长期待摊费用	15 210.60	16 005.89	14 645.53	0.05%	0.06%	0.06%	−0.01%	0.00%
递延所得税资产	552 000.69	464 588.74	345 893.14	1.85%	1.70%	1.36%	0.14%	0.34%
其他非流动资产	23 239.58	10 956.35	—	0.08%	0.04%		0.04%	
非流动资产合计	4 721 790.53	4 752 714.23	3 775 336.93	15.79%	17.43%	14.84%	−1.63%	2.59%
资产总计	29 894 457.99	27 269 966.01	25 436 480.50	100.00%	100.00%	100.00%	0.00%	0.00%
流动负债								
短期借款	—	—	—					
交易性金融负债	—	—	—					
应付票据及应付账款	351 496.92	309 309.11	240 837.11	1.18%	1.13%	0.95%	0.04%	0.19%
应付票据	—	—	—					
应付账款	351 496.92	309 309.11	240 837.11	1.18%	1.13%	0.95%	0.04%	0.19%
预收款项	—	—	—					
应付手续费及佣金	—	—	—					
应付职工薪酬	582 437.14	540 192.12	478 231.12	1.95%	1.98%	1.88%	−0.03%	0.10%
应交税费	771 768.65	694 966.39	689 655.54	2.58%	2.55%	2.71%	0.03%	−0.16%
其他应付款(合计)	542 900.67	521 313.37	454 384.28	1.82%	1.91%	1.79%	−0.10%	0.13%

续表

报表日期	2024年12月31日	2023年12月31日	2022年12月31日	结构比重情况			结构变动情况	
				2024年	2023年	2022年	2024年	2023年
应付利息	—	—	—					
应付股利	—	—	—					
其他应付款	542 900.67	521 313.37	454 384.28	1.82%	1.91%	1.79%	−0.10%	0.13%
预提费用	—	—	—					
一年内的递延收益	—	—	—					
应付短期债券	—	—	—					
一年内到期的非流动负债	11 195.11	5 705.49	10 935.12	0.04%	0.02%	0.04%	0.02%	−0.02%
其他流动负债	122 269.38	182 249.80	197 927.28	0.41%	0.67%	0.78%	−0.26%	−0.11%
流动负债合计	5 651 599.06	4 869 761.15	4 906 566.88	18.91%	17.86%	19.29%	1.05%	−1.43%
非流动负债			0.00%	0.00%	0.00%	0.00%	0.00%	
长期借款	—	—	—					
应付债券	—	—	—					
租赁负债	31 390.64	26 663.62	33 444.79	0.11%	0.10%	0.13%	0.01%	−0.03%
长期应付职工薪酬	—	—	—					
长期应付款(合计)	—	—	—					
长期应付款	—	—	—					
专项应付款	—	—	—					
预计非流动负债	—	—	—					
递延所得税负债	10 336.78	7 894.31	—	0.03%	0.03%		0.01%	

续表

报表日期	2024年12月31日	2023年12月31日	2022年12月31日	结构比重情况			结构变动情况	
				2024年	2023年	2022年	2024年	2023年
长期递延收益	—	—	—					
其他非流动负债	—	—	—					
非流动负债合计	41 727.42	34 557.93	33 444.79	0.14%	0.13%	0.13%	0.01%	0.00%
负债合计	5 693 326.48	4 904 319.08	4 940 011.67	19.04%	17.98%	19.42%	1.06%	−1.44%
所有者权益								
实收资本(或股本)	125 619.78	125 619.78	125 619.78	0.42%	0.46%	0.49%	−0.04%	−0.03%
资本公积	137 496.44	137 496.44	137 496.44	0.46%	0.50%	0.54%	−0.04%	−0.04%
减:库存股	—	—	—					
其他综合收益	−991.62	−606.17	−1 077.69	0.00%	0.00%	0.00%	0.00%	0.00%
专项储备	—	—	—					
盈余公积	4 663 579.35	3 899 876.31	3 252 277.92	15.60%	14.30%	12.79%	1.30%	1.52%
一般风险准备	106 152.97	106 152.97	106 152.97	0.36%	0.39%	0.42%	−0.03%	−0.03%
未分配利润	18 278 741.52	17 298 317.83	16 130 197.82	61.14%	63.43%	63.41%	−2.29%	0.02%
归属于母公司股东权益合计	23 310 598.44	21 566 857.16	19 750 667.24	77.98%	79.09%	77.65%	−1.11%	1.44%
少数股东权益	890 533.07	798 789.77	745 801.59	2.98%	2.93%	2.93%	0.05%	0.00%
所有者权益(或股东权益)合计	24 201 131.51	22 365 646.93	20 496 468.83	80.96%	82.02%	80.58%	−1.06%	1.44%
负债和所有者权益(或股东权益)总计	29 894 457.99	27 269 966.01	25 436 480.50	100.00%	100.00%	100.00%	0.00%	0.00%

1. 资产负债表水平分析

（1）资产规模与质量分析。

2022—2024年，贵州茅台资产总计持续扩张，从2022年的25 436 480.50万元增长至2024年的29 894 457.99万元，2023年、2024年同比增速分别为7.21%、9.62%，增速呈逐年加快趋势，反映企业经营规模扩张节奏稳步提升。

流动资产是增长核心。2024年流动资产较2023年增长11.79%，较2023年3.95%的增速显著提升。其中，存货连续两年保持双位数增长（2023年增长19.60%、2024年增长17.03%），增长趋势稳健，符合白酒企业基酒储备的行业特性；买入返售金融资产2024年激增106.01%，较2023年新增项目呈现爆发式增长；应收票据波动剧烈，2023年同比下降86.79%后，2024年骤增14 142.09%，呈现极端"V型"走势，需重点关注异常增长背后的信用风险；货币资金呈现"先增后降"趋势，2023年增长18.53%后，2024年下降14.15%，需警惕对短期运营资金的影响。

非流动资产小幅调整。2024年非流动资产微降0.65%，较2023年25.89%的高速增长明显放缓，呈现"高增后微调"趋势。其中持有至到期投资波动极大，2023年暴涨1 298.27%后，2024年骤降71.54%，反映投资策略大幅调整；固定资产（2023年增长0.84%、2024年增长9.86%）和无形资产（2023年增长21.02%、2024年增长3.24%）保持持续增长，生产能力与品牌价值稳步夯实。

（2）负债与权益结构分析。

负债温和增长。2024年负债合计增长16.09%，较2023年0.72%的微降态势明显反弹，呈现"企稳后加速"趋势。流动负债（2023年下降0.75%、2024年增长16.05%）与非流动负债（2023年增长3.33%、2024年增长20.75%）同步呈现增速提升态势，应付账款、租赁负债等增幅显著，但资产负债率始终低于20%（2022年为19.42%、2023年为17.98%、2024年为19.04%），整体偿债压力可控。

权益积累稳定。所有者权益2024年增长8.21%，较2023年9.12%的增速略有放缓，但保持稳健增长趋势。盈余公积连续两年保持近20%的高增长（2023年增长19.91%、2024年增长19.58%），未分配利润增速虽从2023年的7.24%降至2024年的5.67%，但积累规模持续扩大，体现盈利持续性，为企业长期发展提供支撑。

2. 资产负债表垂直分析

（1）资产结构分析。流动资产占比呈现"先降后升"趋势（2022年为85.16%、2023年为82.57%、2024年为84.21%），始终保持80%以上的高位，反映资产流动性强、质量优良；非流动资产占比则反向波动（2022年为14.84%、2023年为17.43%、2024年为15.79%），整体维持在15%～18%，以固定资产和无形资产为主，符合白酒行业轻资产运营特征。

（2）负债结构分析。流动负债占总负债比重始终超99%（2024年为99.26%），非流动负债占比不足1%，负债结构长期保持高度集中于短期的特征；资产负债率呈现"U型"走势（2022年为19.42%、2023年为17.98%、2024年为19.04%），长期低于20%，远低于行业平均水平，抗风险能力突出。

（3）权益结构。未分配利润占所有者权益比重从2022年的63.41%微降至2024年的61.14%，虽略有下降但仍占主导；盈余公积占比持续提升（2022年为12.79%、2023年为14.30%、2024年为15.60%），权益结构向"盈余公积增厚"方向优化，显示企业盈利积累丰厚，自我造血能力强劲。

（二）利润表分析

利润表水平分析（见表10-7），利润表垂直分析（见表10-8）。

表 10-7　利润表水平分析

报表日期	2024 年 12 月 31 日	2023 年 12 月 31 日	2022 年 12 月 31 日	变动额情况		变动率情况	
				2024 年与 2023 年变动额	2023 年与 2022 年变动额	2024 年变动率	2023 年变动率
一、营业总收入	17 414 407.00	15 056 033.03	12 755 395.94	2 358 373.97	2 300 637.09	15.66%	18.04%
营业收入	17 089 915.23	14 769 360.50	12 409 984.38	2 320 554.73	2 359 376.12	15.71%	19.01%
二、营业总成本	5 452 397.15	4 696 088.95	3 974 830.96	756 308.2	721 257.99	16.11%	18.15%
营业成本	1 378 948.24	1 186 727.39	1 009 346.86	192 220.85	177 380.53	16.20%	17.57%
税金及附加	2 692 616.15	2 223 417.59	1 849 581.85	469 198.56	373 835.74	21.10%	20.21%
销售费用	563 930.01	464 861.36	329 772.42	99 068.65	135 088.94	21.31%	40.96%
管理费用	931 565.01	972 938.93	901 219.11	−41 373.92	71 719.82	−4.25%	7.96%
财务费用	−147 021.99	−178 950.37	−139 180.58	31 928.38	−39 769.79	−17.84%	28.57%
研发费用	21 837.55	15 737.19	13 518.57	6 100.36	2 218.62	38.76%	16.41%
资产减值损失	—	—	—				
公允价值变动收益	6 098.07	315.2	—	5 782.87		1 834.67%	
投资收益	913.03	3 402.60	6 384.00	−2 489.57	−2 981.4	−73.17%	−46.70%
其中:对联营企业和合营企业的投资收益	—	—	—				
汇兑收益	—	—	—				
三、营业利润	11 968 857.95	10 370 865.52	8 787 952.18	1 597 992.43	1 582 913.34	15.41%	18.01%
加:营业外收入	7 093.66	8 677.97	7 085.23	−1 584.31	1 592.74	−18.26%	22.48%
减:营业外支出	12 093.78	13 288.12	24 888.43	−1 194.34	−11 600.31	−8.99%	−46.61%
其中:非流动资产处置损失	—	—	—				

续表

报表日期	2024 年 12 月 31 日	2023 年 12 月 31 日	2022 年 12 月 31 日	变动额情况		变动率情况	
				2024 年与 2023 年变动额	2023 年与 2022 年变动额	2024 年变动率	2023 年变动率
四、利润总额	11 963 857.82	10 366 255.37	8 770 148.97	1 597 602.45	1 596 106.4	15.41%	18.20%
减：所得税费用	3 030 385.02	2 614 107.74	2 232 635.30	416 277.28	381 472.44	15.92%	17.09%
五、净利润	8 933 472.80	7 752 147.63	6 537 513.68	1 181 325.17	1 214 633.95	15.24%	18.58%
归属于母公司所有者的净利润	8 622 814.64	7 473 407.16	6 271 644.37	1 149 407.48	1 201 762.79	15.38%	19.16%
少数股东损益	310 658.16	278 740.47	265 869.30	31 917.69	12 871.17	11.45%	4.84%
六、每股收益							
基本每股收益(元/股)	68.64	59.49	49.93	9.15	9.56	15.38%	19.15%
稀释每股收益(元/股)	68.64	59.49	49.93	9.15	9.56	15.38%	19.15%
七、其他综合收益	−385.45	471.52	224.1	−856.97	247.42	−181.75%	110.41%
八、综合收益总额	8 933 087.35	7 752 619.15	6 537 737.77	1 180 468.2	1 214 881.38	15.23%	18.58%
归属于母公司所有者的综合收益总额	8 622 429.19	7 473 878.67	6 271 868.47	1 148 550.52	1 202 010.2	15.37%	19.17%
归属于少数股东的综合收益总额	310 658.16	278 740.47	265 869.30	31917.69	12 871.17	11.45%	4.84%

表 10-8　利润表垂直分析

报表日期	2024 年 12 月 31 日	2023 年 12 月 31 日	2022 年 12 月 31 日	结构比重情况			结构变动情况	
				2024 年	2023 年	2022 年	2024 年	2023 年
一、营业总收入	17 414 407.00	15 056 033.03	12 755 395.94	100.00%	100.00%	100.00%	0.00%	0.00%
营业收入	17 089 915.23	14 769 360.50	12 409 984.38	98.14%	98.10%	97.29%	0.04%	0.80%
二、营业总成本	5 452 397.15	4 696 088.95	3 974 830.96	31.31%	31.19%	31.16%	0.12%	0.03%
营业成本	1 378 948.24	1 186 727.39	1 009 346.86	7.92%	7.88%	7.91%	0.04%	−0.03%
税金及附加	2 692 616.15	2 223 417.59	1 849 581.85	15.46%	14.77%	14.50%	0.69%	0.27%
销售费用	563 930.01	464 861.36	329 772.42	3.24%	3.09%	2.59%	0.15%	0.50%
管理费用	931 565.01	972 938.93	901 219.11	5.35%	6.46%	7.07%	−1.11%	−0.60%
财务费用	−147 021.99	−178 950.37	−139 180.58	−0.84%	−1.19%	−1.09%	0.34%	−0.10%
研发费用	21 837.55	15 737.19	13 518.57	0.13%	0.10%	0.11%	0.02%	0.00%
资产减值损失	—	—	—					
公允价值变动收益	6 098.07	315.2	—	0.04%	0.00%		0.03%	
投资收益	913.03	3 402.60	6 384.00	0.01%	0.02%	0.05%	−0.02%	−0.03%
其中：对联营企业和合营企业的投资收益	—	—	—					
汇兑收益	—	—	—					
三、营业利润	11 968 857.95	10 370 865.52	8 787 952.18	68.73%	68.88%	68.90%	−0.15%	−0.01%
加：营业外收入	7 093.66	8 677.97	7 085.23	0.04%	0.06%	0.06%	−0.02%	0.00%
减：营业外支出	12 093.78	13 288.12	24 888.43	0.07%	0.09%	0.20%	−0.02%	−0.11%
其中：非流动资产处置损失	—	—	—					

续表

报表日期	2024年12月31日	2023年12月31日	2022年12月31日	结构比重情况			结构变动情况	
				2024年	2023年	2022年	2024年	2023年
四、利润总额	11 963 857.82	10 366 255.37	8 770 148.97	68.70%	68.85%	68.76%	−0.15%	0.09%
减：所得税费用	3 030 385.02	2 614 107.74	2 232 635.30	17.40%	17.36%	17.50%	0.04%	−0.14%
五、净利润	8 933 472.80	7 752 147.63	6 537 513.68	51.30%	51.49%	51.25%	−0.19%	0.24%
归属于母公司所有者的净利润	8 622 814.64	7 473 407.16	6 271 644.37	49.52%	49.64%	49.17%	−0.12%	0.47%
少数股东损益	310 658.16	278 740.47	265 869.30	1.78%	1.85%	2.08%	−0.07%	−0.23%
六、每股收益								
基本每股收益(元/股)	68.64	59.49	49.93	0.00%	0.00%	0.00%	0.00%	0.00%
稀释每股收益(元/股)	68.64	59.49	49.93	0.00%	0.00%	0.00%	0.00%	0.00%
七、其他综合收益	−385.45	471.52	224.1	0.00%	0.00%	0.00%	−0.01%	0.00%
八、综合收益总额	8 933 087.35	7 752 619.15	6 537 737.77	51.30%	51.49%	51.25%	−0.19%	0.24%
归属于母公司所有者的综合收益总额	8 622 429.19	7 473 878.67	6 271 868.47	49.51%	49.64%	49.17%	−0.13%	0.47%
归属于少数股东的综合收益总额	310 658.16	278 740.47	265 869.30	1.78%	1.85%	2.08%	−0.07%	−0.23%

1. 利润表水平分析

(1) 营收与盈利增长分析。2022—2024 年营业总收入从 12 755 395.94 万元增长至 17 414 407.00 万元，呈现“高增后稳健”趋势，2023 年、2024 年增速分别为 18.04%、15.66%，收入规模持续扩大但增速略有放缓。

(2) 净利润同步增长分析。2024 年净利润为 8 933 472.80 万元，同比增长 15.24%，较 2023 年 18.58% 的增速同步放缓，与营收增速趋势一致；归属于母公司所有者的净利润增速 (2023 年为 19.16%、2024 年为 15.38%) 略高于整体净利润，核心股东回报能力更优。

(3) 成本费用控制有效性分析。营业成本增速 (2023 年为 17.57%、2024 年为 16.20%) 与营收基本匹配，保持同步趋势；管理费用呈现“由增转降”趋势 (2023 年增长 7.96%、2024 年下降 4.25%)，管控成效显现；销售费用增速虽从 2023 年的 40.96% 降至 2024 年的 21.31%，但仍高于营收增速，需关注市场推广效率。

2. 利润表垂直分析

(1) 盈利空间分析。营业利润占营收比重保持稳定 (2022 年为 68.90%、2023 年为 68.88%、2024 年为 68.73%)，始终维持在 68%～69%；净利润占比呈现“稳中小幅波动”趋势 (2022 年为 51.25%、2023 年为 51.49%、2024 年为 51.30%)，远超行业平均水平，体现强品牌力支撑的高附加值特性。

(2) 成本结构分析。营业成本占营收比重长期低于 8% (2022 年为 7.91%、2023 年为 7.88%、2024 年为 7.92%)，波动极小；税金及附加占比持续提升 (2022 年为 14.50%、2023 年为 14.77%、2024 年为 15.46%)；管理费用占比持续下降 (2022 年为 7.07%、2023 年为 6.46%、2024 年为 5.35%)，费用端对利润的侵蚀逐步减弱，盈利稳定性增强。

(三) 现金流量表分析

现金流量表水平分析 (见表 10-9)，现金流量表垂直分析 (见表 10-10)。

1. 现金流量表水平分析

(1) 经营活动现金流分析。经营活动现金流呈现“加速增长后放缓”趋势，2024 年经营活动现金流量净额为 9 246 369.22 万元，同比增长 38.85%，较 2023 年 81.46%的高速增长明显回落，但仍保持高位；销售商品收到的现金与营收规模始终保持匹配增长，回款能力强，为核心现金来源。

(2) 投资与筹资活动分析。投资活动现金流净额呈现“净流出扩大后收窄”趋势，2024 年为—178 520.26 万元，同比改善 81.64%，主要因投资支出减少；筹资活动现金流净额呈现“净流出持续扩大”趋势 (2023 年为—5 888 910.20 万元、2024 年为—7 106 750.65 万元)，主要用于股利分配，分红规模持续增长 (2023 年增长 2.41%、2024 年增长 20.76%)，回报稳定性强。

2. 现金流量表垂直分析

(1) 现金流入结构分析。经营活动现金流入占比呈现“高位微降后企稳”趋势 (2022 年为 99.99%、2023 年为 95.61%、2024 年为 95.86%)，始终超 95%，占绝对主导；投资活动流入占比从 2022 年的 0.01%升至 2024 年的 4.14%；筹资活动无流入，现金来源高度依赖核心业务，稳定性强。

(2) 现金流出结构分析。2024 年经营活动流出占 56.91%，较 2022 年 61.62%持续下降，反映经营效率提升；投资活动流出占比呈现“低增后回落”趋势 (2022 年为 3.38%、2023 年为 9.80%、2024 年为 5.52%)，与投资节奏同步；筹资活动流出占比呈现“稳中小幅提升”趋势 (2022 年为 35.00%、2023 年为 33.08%、2024 年为 37.58%)，2024 年显著提升，显示企业将更多现金用于股东回报，投资支出占比可控。

表 10-9　现金流量表水平分析

报表日期	2024 年 12 月 31 日	2023 年 12 月 31 日	2022 年 12 月 31 日	变动额情况		变动额情况	
				2024 年与 2023 年变动额	2023 年与 2022 年变动额	2024 年变动率	2023 年变动率
一、经营活动产生的现金流量							
销售商品、提供劳务收到的现金	18 264 520.33	16 369 990.94	14 069 167.86	1 894 529.39	2 300 823.08	11.57%	16.35%
收到的税费返还	—	150	3 319.19		−3 169.19		−95.48%
收到的其他与经营活动有关的现金	325 809.77	234 619.65	275 942.22	91 190.12	−41 322.57	38.87%	−14.98%
经营活动现金流入小计	20 008 633.47	16 825 616.90	13 781 587.49	3 183 016.57	3 044 029.41	18.92%	22.09%
购买商品、接受劳务支付的现金	1 082 487.42	1 102 947.60	835 785.92	−20 460.18	267 161.68	−1.86%	31.97%
支付给职工以及为职工支付的现金	1 535 254.10	1 384 529.39	1 175 224.16	150 724.71	209 305.23	10.89%	17.81%
支付的各项税费	7 705 562.15	6 668 347.25	6 204 332.45	1 037 214.9	464 014.8	15.55%	7.48%
支付的其他与经营活动有关的现金	901 541.28	794 370.95	512 308.74	107 170.33	282 062.21	13.49%	55.06%
经营活动现金流出小计	10 762 264.25	10 166 292.12	10 111 727.91	595 972.13	54 564.21	5.86%	0.54%
经营活动产生的现金流量净额	9 246 369.22	6 659 324.77	3 669 859.58	2 587 044.45	2 989 465.19	38.85%	81.46%
二、投资活动产生的现金流量							
收回投资所收到的现金	855 000.00	754 994.73	—	100 005.27		13.25%	
取得投资收益所收到的现金	9 238.22	14 071.50	588	−4 833.28	13 483.5	−34.35%	2 293.11%

续表

报表日期	2024 年 12 月 31 日	2023 年 12 月 31 日	2022 年 12 月 31 日	变动额情况		变动额情况	
				2024 年与 2023 年变动额	2023 年与 2022 年变动额	2024 年变动率	2023 年变动率
处置固定资产、无形资产和其他长期资产所收回的现金净额	71.57	2 494.84	35.51	−2 423.27	2 459.33	−97.13%	6 925.74%
处置子公司及其他营业单位收到的现金净额	—	—	—				
收到的其他与投资活动有关的现金	553.25	460.59	497.18	92.66	−36.59	20.12%	−7.36%
投资活动现金流入小计	864 863.04	772 021.65	1 120.69	92 841.39	770 900.96	12.03%	68 788.06%
购建固定资产、无形资产和其他长期资产所支付的现金	467 871.21	261 975.59	530 654.64	205 895.62	−268 679.05	78.59%	−50.63%
投资所支付的现金	574 513.60	1 481 785.28	21 000.00	−907 271.68	1 460 785.28	−61.23%	6 956.12%
取得子公司及其他营业单位支付的现金净额	—	—	—				
支付的其他与投资活动有关的现金	998.5	702.19	3 148.68	296.31	−2 446.49	42.20%	−77.70%
投资活动现金流出小计	1 043 383.30	1 744 463.06	554 803.32	−701 079.76	1 189 659.74	−40.19%	214.43%
投资活动产生的现金流量净额	−178 520.26	−972 441.40	−553 682.63	793 921.14	−418 758.77	−81.64%	75.63%
三、筹资活动产生的现金流量							
吸收投资收到的现金	—	—	—				
其中:子公司吸收少数股东投资收到的现金	—	—	—				
取得借款收到的现金	—	—	—				

续表

报表日期	2024年12月31日	2023年12月31日	2022年12月31日	变动额情况		变动额情况	
				2024年与2023年变动额	2023年与2022年变动额	2024年变动率	2023年变动率
发行债券收到的现金	—	—	—				
收到其他与筹资活动有关的现金	—	—	—				
筹资活动现金流入小计	—	—	—				
偿还债务支付的现金	—	—	—				
分配股利、利润或偿付利息所支付的现金	7 095 102.77	5 875 478.67	5 737 019.62	1 219 624.1	138 459.05	20.76%	2.41%
其中：子公司支付给少数股东的股利、利润	216 414.86	220 453.04	261 881.51	−4 038.18	−41 428.47	−1.83%	−15.82%
支付其他与筹资活动有关的现金	11 647.88	13 431.53	5 433.28	−1 783.65	7 998.25	−13.28%	147.21%
筹资活动现金流出小计	7 106 750.65	5 888 910.20	5 742 452.90	1 217 840.45	146 457.3	20.68%	2.55%
筹资活动产生的现金流量净额	−7 106 750.65	−5 888 910.20	−5 742 452.90	−1217840.45	−146 457.3	20.68%	2.55%
四、汇率变动对现金及现金等价物的影响	−108.27	171.83	91.11	−280.1	80.72	−163.01%	88.60%
五、现金及现金等价物净增加额	1 960 990.03	−201 855.00	−2 626 184.84	2 162 845.03	2 424 329.84	−1071.48%	−92.31%
加：期初现金及现金等价物余额	15 036 018.90	15 237 873.90	17 864 058.74	−201 855	−2 626 184.84	−1.32%	−14.70%
六、期末现金及现金等价物余额	16 997 008.93	15 036 018.90	15 237 873.90	1 960 990.03	−201 855	13.04%	−1.32%

表 10－10　现金流量表垂直分析

报表日期	2024.12.31	2023.12.31	2022.12.31	结构分析		
				2024 年	2023 年	2022 年
经营活动现金流入小计	20 008 633.47	16 825 616.90	13 781 587.49	95.86%	95.61%	99.99%
投资活动现金流入小计	864 863.04	772 021.65	1 120.69	4.14%	4.39%	0.01%
筹资活动现金流入小计	—	—	—			
现金流入	20 873 496.51	17 597 638.55	13 782 708.18	100.00%	100.00%	100.00%
经营活动现金流出小计	10 762 264.25	10 166 292.12	10 111 727.91	56.91%	57.12%	61.62%
投资活动现金流出小计	1 043 383.30	1 744 463.06	554 803.32	5.52%	9.80%	3.38%
筹资活动现金流出小计	7 106 750.65	5 888 910.20	5 742 452.90	37.58%	33.08%	35.00%
现金流出	18 912 398.2	17 799 665.38	16 408 984.13	100.00%	100.00%	100.00%

（四）主要财务指标分析

贵州茅台财务比率指标，如表 10－11 所示。

表 10－11　贵州茅台财务比率指标

项目	2024 年 12 月 31 日	2023 年 12 月 31 日	2022 年 12 月 31 日
一、短期偿债能力比率			
1. 流动比率	4.45	4.62	4.41
2. 速动比率	3.49	3.67	3.62
3. 现金比率	1.05	1.43	1.19
二、长期偿债能力比率			
1. 资产负债率	19.04%	17.98%	19.42%
2. 产权比率	0.24	0.22	0.24
3. 权益乘数	1.23	1.22	1.24
三、资产管理能力比率			
1. 应收账款周转率	4 308 次	3 633 次	5 927 次
应收账款周转天数	0.08 天	0.10 天	0.06 天
2. 存货周转率	0.27 次	0.28 次	0.26 次
存货周转天数	1 352 天	1 304 天	1 404 天
3. 流动资产周转率	0.72	0.67	0.57
流动资产周转天数	507 天	545 天	640 天
4. 总资产周转率	0.6	0.56	0.49
总资产周转天数	608 天	652 天	745 天
四、盈利能力比率			
1. 销售毛利率	91.93%	91.98%	91.87%
2. 总资产净利率	31.26%	29.41%	25.70%
3. 成本费用利润率	219.85%	220.10%	220.65%
4. 净资产收益率	38.37%	36.17%	31.90%
五、发展能力分析			
1. 销售增长率	15.71%	19.01%	—
2. 总资产增长率	9.62%	7.21%	—
3. 资本积累率	8.21%	9.12%	—
4. 资本保值增值率	108.21%	109.12%	—
5. 营业利润增长率	15.41%	18.01%	—
6. 净利润增长率	15.24%	18.58%	—

1. 短期偿债能力分析

短期偿债能力的核心在于流动资产对流动负债的即时覆盖能力。根据表 10－11 的数据，贵州茅台2022—2024年流动比率分别为4.41、4.62、4.45，均显著高于2∶1的行业基准值，表明每单位流动负债有4倍以上流动资产作为偿还保障，短期债务覆盖能力处于绝对安全区间。速动比率（剔除存货后的流动性指标）维持在3.49～3.67，远高于1∶1的临界值，验证了排除长期储存的基酒等存货后，企业仍具备充足的即时变现资产。现金比率作为刚性支付能力指标，连续三年保持在1.05～1.43，意味着现金类资产可直接覆盖全部流动负债，形成近乎无风险的短期偿债格局。

从财务理论看，超额流动性虽降低了偿债风险，但可能导致资金配置效率损失。过高的流动资产占比若长期闲置，将偏离“流动性与盈利性平衡”的最优目标，构成短期财务策略的潜在优化空间。

2. 长期偿债能力分析

长期偿债能力反映企业财务结构的可持续性。表10-11显示，贵州茅台2022—2024年资产负债率稳定在17.98%～19.42%，显著低于白酒行业40%～50%的平均水平，且无长期有息负债（结合指标特征推导），表明资本结构以权益资本为主导，债权人资金占比极低。产权比率（负债总额/所有者权益）维持在0.22～0.24，远低于1∶1的合理阈值，反映股东资本对债权的超强保障；权益乘数（资产总额/所有者权益）稳定在1.22～1.24，表明企业几乎未使用财务杠杆，完全依赖内生积累驱动发展。

这种“低负债、高权益”结构虽规避了财务风险，但从资本结构理论看，未充分利用债务税盾效应可能降低企业价值。适度提升负债至30%安全阈值内，或可优化资本配置效率。

3. 资产管理能力分析

资产管理能力体现资产运营的投入产出效率，贵州茅台指标呈现显著行业特异性。应收账款周转率表现极端优异，2022—2024年分别达5 927次、3 633次、4 308次，对应周转天数仅0.06～0.10天，与“先款后货”的渠道控制模式直接相关，表明对经销商的绝对议价权使资金回笼效率达行业巅峰。

存货管理受工艺约束显著，存货周转率仅0.26～0.28次，周转天数1 304～1 404天，远超120天的通用标准。这源于酱香型白酒“5年陈酿”特性，基酒长期储存虽降低周转效率，但通过“时间增值效应”支撑了超高毛利率，构成差异化竞争的财务基础。

整体资产利用效率呈优化趋势，流动资产周转率从0.57提升至0.72，总资产周转率从0.49提升至0.60，表明规模扩张中通过渠道优化与产能释放，实现了资产创收能力的持续提升。

4. 盈利能力分析

盈利能力是核心竞争力的财务体现，贵州茅台指标构建了行业难以复制的壁垒。销售毛利率连续三年稳定在91.87%～91.98%，较行业次位企业高约16个百分点，源于品牌垄断形成的定价权——作为高端白酒标杆，产品溢价不受常规成本约束，基酒成本仅占售价的5%左右（结合行业特征推导），形成“低成本＋高定价”的盈利闭环。

净资产收益率从31.90%提升至38.37%，在低杠杆背景下实现增长，表明股东资本增值效率持续优化；成本费用利润率维持在219.85%～220.65%，意味着每单位成本费用可创造2倍以上利润，反映品牌力替代传统营销投入的独特盈利模式。

5. 发展能力分析

发展能力衡量持续创造价值的潜力，贵州茅台呈现“稳中有进”特征。销售增长率虽从 19.01% 降至 15.71%，但仍高于行业 8%～10% 的平均增速，反映高端市场需求韧性；总资产增长率（7.21%→9.62%）与销售增长同步，表明资产扩张与营收匹配，未出现盲目投资。

净利润增长率（18.58%→15.24%）与营收增速协同，隐含的经营活动现金流净额增速高于净利润，验证盈利质量真实性；资本积累率（从 9.12%下降为 8.21%）与资本保值增值率（109.12%→108.21%）保持高位，表明股东权益持续增厚，为长期发展奠定资本基础。这种内生增长模式符合成熟期企业“质量优先于规模”的战略特征。

综合评判，贵州茅台的财务能力呈现“全维度领先且与行业特性深度适配”的特征：短期偿债能力构建了“超额流动性”的安全垫，长期偿债能力依托“低杠杆”实现财务稳健，资产管理能力在行业工艺约束下形成“应收账款高效周转 ＋ 存货时间增值”的独特模式，盈利能力凭借品牌垄断形成难以复制的超额收益，发展能力则通过内生增长实现质量与规模的平衡。

其核心优势在于将行业特性（如工艺周期、品牌壁垒）转化为财务竞争力，但若从优化资本配置角度看，仍存在提升空间：一是通过数字化精准调控存货周转，在保障品质的前提下降低资金沉淀；二是适度提升财务杠杆至安全区间，利用债务税盾效应进一步放大股东回报。总体而言，茅台的财务体系是“行业特性＋战略选择＋运营效率”的完美融合，构成了白酒行业难以撼动的财务标杆。

知识链接

ESG 信息披露：财务分析的新维度与价值洞察

一、ESG 的内涵

ESG 是环境（Environmental）、社会（Social）和公司治理（Governance）的缩写，是衡量企业可持续发展能力与社会责任履行情况的评价体系。它突破传统财务指标局限，从非财务视角评估企业长期价值与风险，成为全球资本市场重要的投资决策依据。

环境（E）维度聚焦企业对自然环境的影响，涉及气候变化应对、资源循环利用、污染物控制等，如制造业的碳排放强度、快消企业的包装回收计划等。社会（S）维度关注企业与利益相关方的关系，包括员工权益保护、供应链责任等。公司治理（G）维度侧重内部管理机制规范性，涉及股权结构、董事会独立性、高管薪酬等。

二、企业进行 ESG 信息披露的原因

企业披露 ESG 信息是外部压力与内在价值追求共同作用的结果。外部压力方面，监管政策趋严，“双碳”目标下的强制披露要求倒逼企业合规；机构投资者将 ESG 表现纳入投资模型，影响企业融资能力；消费者、人才及供应链对 ESG 表现的要求形成市场倒逼。内在价值层面，披露能帮助企业识别环境事故、劳资纠纷等潜在风险，提前防控损失；推动节能减排和流程优化，降低运营成本；增强品牌信任，吸引长期合作资源，支撑可持续发展。

三、ESG信息披露的政策要求

ESG信息披露政策呈现“国际引领、国内深化”特征。国际上，GRI等主流框架提供标准化指标，虽非强制，却被全球企业广泛参考，成为国际资本市场衡量企业ESG表现的重要依据。国内政策持续发力，《公司法》《证券法》明确企业社会责任披露义务；上交所、深交所要求科创板及部分上市公司强制或半强制披露ESG报告，规范内容框架；证监会与生态环境部推动环境信息依法披露，“双碳”目标下碳排放报告成重点。

四、ESG信息披露的价值

对企业高质量发展而言，可优化资源配置（如通过ESG数据识别高能耗环节，引导资本投向绿色技术降本）；增强抗风险能力（如健全机制减少环保丑闻冲击）；塑造竞争优势（如绿色产品、负责任供应链吸引长期投资与市场份额）。对财务分析而言，可识别潜在风险（如高碳排放企业的碳税负债、劳资纠纷导致的停产损失）；发现增长机遇（如清洁技术投入、员工培训带来的长期价值）；修正财务指标局限（补充评估品牌声誉等难以量化的无形资产）；提升估值全面性（将ESG风险与机遇纳入现金流预测，使估值更贴合长期实际）。

总之，ESG信息是财务分析的“补充报表”，理解其逻辑与价值是现代财务分析师的重要技能，也是评估企业长期价值的关键。

任务实施

内容	结论
1. 按编写时间，财务报表分析报告应分为几类来编写？	
2. 按编写内容，财务报表分析报告应分为几类来编写？	
3. 财务报表分析报告的格式段包括什么？	
4. 撰写财务报表分析报告的步骤有哪些？	
5. 撰写财务报表分析报告应注意的问题有哪些？	
教师评价	

组号		姓名		组长签字	
教师签字		日期			

综合素养提升

扫码查看泰达股份财务报表（见模块二的“综合素养提升”），利用 Excel 等工具计算并分析泰达股份 2023 年、2024 年盈利能力水平的变化，评价该公司的盈利能力。

【学习效果检验】

实务题

按照一般企业财务报表分析报告框架，撰写某上市公司上年度财务报表分析报告。

【学习评价】

1. 学生自我评价表

学生自我评价表

班级		姓名		学号	
模块名称					
评价指标	评价内容			分数	自我评分
数字素养	能够快速有效地获取财务信息，并具备评价、整合、交流信息的能力。			5分	
职前工作	能感知工作岗位职责，认同工作价值。			5分	
参与态度	积极主动参与课上讨论、课后组内任务，与教师、同学之间相互尊重、理解。			5分	
学习能力	主动探究、自主学习；能发表个人见解；能按要求完成实训任务；能够虚心倾听、协作共享。			5分	
学习方法	学习方法得体；实操技能得到提高。			5分	
学习过程	遵守实训室管理规程；出勤、任务完成等情况良好。			5分	
知识目标	掌握财务报表分析报告的内容、框架。			20分	
能力目标	能撰写财务报表分析报告。			20分	
素养目标	具备做事务实、做人踏实、技术扎实的会计工匠精神，遵守会计职业道德，保守商业机密。			20分	
自评反馈	按时按质完成工作任务；较好地掌握专业知识点；具有较强的信息分析能力和理解能力；具有较为全面严谨的思维能力并能条理清晰地进行有效沟通。			10分	
自评分数					
存在的不足					
努力的方向					

2. 教师评价表

教师评价表

<table>
<tr><td>班级</td><td></td><td>组名</td><td></td><td>姓名</td><td></td></tr>
<tr><td>模块名称</td><td colspan="5"></td></tr>
<tr><td>评价内容</td><td colspan="3">评价要点</td><td>分数</td><td>教师评分</td></tr>
<tr><td>1. 数据获取情况</td><td colspan="3">任务实施过程中数据获取能力</td><td>10 分</td><td></td></tr>
<tr><td>2. 互动交流情况</td><td colspan="3">组内交流，教学互动</td><td>10 分</td><td></td></tr>
<tr><td rowspan="4">3. 任务完成情况</td><td colspan="3">掌握财务报表分析报告的格式</td><td>10 分</td><td></td></tr>
<tr><td colspan="3">掌握财务报表分析报告撰写的步骤</td><td>10 分</td><td></td></tr>
<tr><td colspan="3">能构建财务报表分析报告专项架构</td><td>20 分</td><td></td></tr>
<tr><td colspan="3">能独立撰写出财务报表分析报告</td><td>20 分</td><td></td></tr>
<tr><td rowspan="8">4. 素养目标达成情况</td><td colspan="3">团队协作</td><td rowspan="8">20 分</td><td></td></tr>
<tr><td colspan="3">自主探究</td><td></td></tr>
<tr><td colspan="3">学习态度</td><td></td></tr>
<tr><td colspan="3">课堂纪律</td><td></td></tr>
<tr><td colspan="3">出勤情况</td><td></td></tr>
<tr><td colspan="3">守法奉公</td><td></td></tr>
<tr><td colspan="3">守责敬业</td><td></td></tr>
<tr><td colspan="3">守正创新</td><td></td></tr>
<tr><td colspan="4">合计</td><td>100 分</td><td></td></tr>
<tr><td>教师签名</td><td colspan="5"></td></tr>
</table>

参考文献

1. 张新民，钱爱民．财务报表分析．6版．北京：中国人民大学出版社，2023.

2. 肖星．一本书读懂财报．2版．浙江．浙江大学出版社，2022.

3. 谢士杰．财务报表分析：看透财务数字的逻辑与真相．北京：机械工业出版社，2022.

4. 李燕翔．500强企业财务分析实务：一切为经营管理服务．2版．北京：机械工业出版社，2021.

5. 袁小勇．财务报表分析与商业决策．北京：人民邮电出版社，2021.

6. 肖志源．财务报表分析．北京：清华大学出版社，2021.